协同推进新型城镇化
与乡村振兴研究

耿献辉　周恩泽　徐　霞　等　著

国家社会科学基金重点项目（批准号：22AZD045）成果

科学出版社

北　京

内 容 简 介

本书通过系统分析城乡空间格局、资源配置效率和制度创新，探讨如何协同推进新型城镇化与乡村振兴。研究重点包括城乡二元结构的现状和原因、城乡融合发展的理论框架、资源禀赋与产业发展的关系及农村产业多目标协同发展路径。本书不仅结合了马克思主义理论和资本循环理论，深入阐述了城乡关系的发展逻辑，还采用了实证分析、模型测算等方法，揭示了城乡发展中的关键制约因素及其解决路径，为推动城乡协调发展提供了丰富的理论支持和实践指导。

本书适合从事城乡规划、经济管理、公共政策等领域的研究人员、政府决策者，以及关注城乡融合发展的学者和学生阅读。

图书在版编目（CIP）数据

协同推进新型城镇化与乡村振兴研究 / 耿献辉等著. — 北京：科学出版社, 2025. 3. — ISBN 978-7-03-081416-6

Ⅰ. F320.3；F299.21

中国国家版本馆CIP数据核字第2025RP9172号

责任编辑：魏如萍 / 责任校对：贾娜娜
责任印制：张　伟 / 封面设计：有道设计

科学出版社 出版
北京东黄城根北街 16 号
邮政编码：100717
http://www.sciencep.com

北京中科印刷有限公司印刷
科学出版社发行　各地新华书店经销

2025 年 3 月第　一　版　　开本：720×1000 1/16
2025 年 3 月第一次印刷　　印张：13
字数：260 000

定价：150.00 元
（如有印装质量问题，我社负责调换）

序　言

《协同推进新型城镇化与乡村振兴研究》在中国进入全面深化改革、推进中国式现代化和实施乡村振兴战略的背景下应运而生。伴随着中国经济快速增长和城镇化进程的加速，城乡发展不平衡问题愈加突出。解决城乡二元结构、促进城乡融合发展，不仅是实现国家现代化的重要步骤，也是实现共同富裕、推进新型城镇化和乡村振兴战略的核心任务。为此，该书旨在通过理论创新与实践探索，系统分析当前城乡关系发展中的关键问题，提出切实可行的政策建议和路径选择。

该书缘起于国家新型城镇化战略和乡村振兴战略的实际需求。在撰写过程中，作者结合多年来对城乡发展问题的研究积累，广泛参考了国内外相关理论与实践经验，运用了大数据、实证分析等方法，逐步形成了系统性的理论框架和分析模型。全书结构清晰，主要包括城乡空间格局的演变与耦合发展，城乡要素配置效率与制度分析，城乡产业协同发展，农村新产业、新业态的培育等多个专题。该书不仅涵盖了城乡融合发展的理论探讨，还辅以实证研究和案例分析，展示了各类政策工具的实际应用效果。

该书的特色在于以系统性的视角揭示城乡融合发展的内在逻辑和运行机制，重点关注了资源配置、制度创新与公共服务均等化的深层次问题。尤其是围绕着以人为核心的城镇化与乡村振兴如何协同推进展开，研究深入细致，覆盖面广，既有理论创新，也有对实践经验的总结与反思。作者还通过空间经济学、产业经济学和社会政策等多学科的交叉分析，为城乡融合发展提供了一个全景式的视角。

在农村发展、城乡规划、农林经济管理和公共政策领域，该书无疑具有重要的学术价值和实践指导意义。它不仅丰富了关于城乡融合发展的理论，也为政府决策提供了具有现实操作性的参考。对从事相关领域研究的学者、政策制定者和学生来说，该书无疑是一部不可或缺的参考著作。通过该书的研究成果，可以更好地理解中国城乡关系的历史演变、制度障碍及未来发展方向，为推进城乡融合、实现共同富裕提供理论依据和政策支持。

中国农业经济学会副会长

江西财经大学中国农业农村现代化研究院院长、教授

周应恒

2024 年 10 月

目　　录

序言

第一章　绪论 ·· 1

  第一节　本书研究背景与意义 ································ 2

  第二节　本书研究内容 ···································· 4

  第三节　本书研究思路与方法 ································ 7

  第四节　本书内容框架 ···································· 11

  参考文献 ·· 12

第二章　我国城乡关系发展的理论逻辑、制度变迁与社会实践 ··· 14

  第一节　我国城乡关系的发展历程 ··························· 14

  第二节　城乡关系发展的理论逻辑 ··························· 15

  第三节　我国城乡关系发展的制度变迁 ······················· 19

  第四节　我国城乡关系发展的社会实践 ······················· 21

  第五节　理论、制度与实践的动态关联 ······················· 24

  参考文献 ·· 26

第三章　我国新型城镇化与乡村振兴的空间演化和耦合发展研究 ··· 28

  第一节　新型城镇化和乡村振兴的耦合协调测度 ················ 29

  第二节　新型城镇化和乡村振兴的空间演化 ··················· 33

  第三节　不同驱动机制下城乡耦合发展的空间分布特征 ··········· 36

  参考文献 ·· 45

第四章　数字经济发展对乡村振兴的影响与作用机制——基于二元结构视角··· 48

  第一节　二元经济的理论背景和机制分析 ····················· 49

  第二节　实证策略和数据描述 ······························ 52

  第三节　实证结果分析与讨论 ······························ 55

  参考文献 ·· 66

第五章　建构中国农村一二三产业融合的理论框架：诱致性创新的视角 ········ 69

  第一节　农村一二三产业融合的主要理论假说 ················· 71

  第二节　诱致性创新的理论框架建构 ························· 75

  参考文献 ·· 81

第六章　中国城乡产业关联的乘数效应、溢出效应和反馈效应研究 ……………84

　　第一节　理论基础 …………………………………………………………85

　　第二节　区域产出模型框架与数据处理 …………………………………86

　　第三节　中国城乡产业经济影响的整体测算与解读 ……………………89

　　第四节　城乡经济影响的产业细分与解读 ………………………………93

　　参考文献 …………………………………………………………………97

第七章　城市经济增长对城乡收入差距的影响研究 ……………………98

　　第一节　文献综述与理论模型构建 ………………………………………99

　　第二节　计量模型、灯光数据与统计分析 ……………………………102

　　第三节　实证结果分析 …………………………………………………108

　　参考文献 ………………………………………………………………124

第八章　转移人口市民化的制度联动改革与集成创新路径研究 ………127

　　第一节　基于政策工具的转移人口市民化政策文本分析框架 ………128

　　第二节　政策文本选取与编码 …………………………………………130

　　参考文献 ………………………………………………………………138

第九章　数字经济对县域农民工市民化的影响：经验分析与实证检验 …140

　　第一节　文献综述与理论假设 …………………………………………140

　　第二节　数据、变量及模型 ……………………………………………143

　　第三节　实证分析 ………………………………………………………145

　　第四节　机制检验 ………………………………………………………151

　　参考文献 ………………………………………………………………153

第十章　协同推进新型城镇化与乡村振兴的主要制约因素及制度壁垒研究 …155

　　第一节　文本分析框架和研究样本 ……………………………………157

　　第二节　政策文本分析 …………………………………………………159

　　参考文献 ………………………………………………………………166

第十一章　城乡基础设施与公共服务均等化实施路径与优化策略研究 …168

　　第一节　新时代推进城乡基础设施与公共服务均等化意义 …………168

　　第二节　城乡基础设施与公共服务不均衡现状分析 …………………170

　　第三节　城乡基础设施与公共服务非均等化原因分析 ………………173

　　第四节　城乡基础设施与公共服务均等化效应 ………………………175

　　第五节　城乡基础设施与公共服务均等化实施路径与优化策略 ……176

　　参考文献 ………………………………………………………………181

第十二章　双重目标约束下农户土地配置机制研究——基于江苏省粮食
　　　　　种植户的实证分析 ·· 183
　　第一节　中国农业政策演进 ··· 184
　　第二节　理论分析与方法设计 ··· 186
　　第三节　粮食安全与农民增收的偏差测算 ····································· 188
　　第四节　农户土地错配程度的影响因素研究 ································· 191
　　参考文献 ··· 194
后记 ··· 196

第一章 绪 论

中国经过 40 多年改革开放历程，不断推进市场化、城市化和工业化改革，为中国实现快速且持续的经济增长提供基础(张海鹏，2019；樊纲等，2011)。2000年中国国内生产总值为 1.21 万亿美元，占世界生产总值的 3.57%；2007 年中国国内生产总值达到 3.55 万亿美元，超过德国成为世界第三大经济体；2010 年中国生产总值达到 6.09 万亿美元超过日本成为世界第二大经济体。到 2022 年，我国国内生产总值已经达到 17.96 万亿美元，占世界生产总值的 17.8%。

在经济迅速增长的同时，中国也面临种种挑战，其中城乡二元结构导致的城乡发展不平衡是阻碍经济进一步发展的重要因素(马晓河和杨祥雪，2023；蔡昉，2022)。中国存在严重的城乡二元结构，主要表现在以下几个方面。其一，过大的城乡收入差距(胡雪萍等，2023；骆永民等，2020)。1978 年中国的城乡收入差距为 1.7 倍，到了 2003 年城乡收入差距扩大到 3.2 倍，居世界第一。根据国家统计局的报告，2021 年，农村居民可支配收入为 1.89 万元，城镇居民可支配收入为 4.74 万元，是农村居民的 2.5 倍，相较于 2003 年的 3.2 倍虽然有所下降，但还是世界上最高的收入差距水平之一。其二，城乡社会福利保障的差距非常大。目前我国城市医疗和养老的社会保障仍然在全覆盖推进中，但农村的情况不容乐观。就养老而言，根据人力资源和社会保障部发布的数据，2023 年 5 月，全国参加基本养老保险的城镇职工人数为 4.33 亿人，基本养老金累计发放 1.14 万亿元；参加城乡居民基本养老保险的人数为 5.45 亿人，基本养老金累计发放 0.39 万亿元。可以看出，城乡居民基本养老保险的参保人数虽然超过城镇职工基本养老保险的参保人数，但是城乡居民基本养老金的发放金额却远低于城镇职工基本养老金的发放金额。这说明，我国城乡社会保障制度存在明显的城乡差异，农村居民只能得到较低水平的社会保障待遇。其三，无论是人均教育水平还是教育资源的城乡差距都是巨大的，体现在教育资源的分配不均、教育机会的差异和教育成果的差异。城市的教育机构数量、教室质量和教育设备远优于农村，教育的差距导致了城乡人力资本的差距，根据国家统计局数据，2023 年城市高中毕业比例为 93%，而农村仅为 78%，此外，城市大学生比例为 48%，而农村仅为 15%。其四，城乡公共服务的不平等始终没有改变，城市公共服务无论是在质量上还是在数量上都要远远高于农村，农村基础设施水平更是远不如城市。总之，中国的城乡二元结构是多方面、全方位的。

第一节　本书研究背景与意义

1. 本书研究背景

需要认识到消除城乡二元结构对经济发展的不利影响是一个缓慢的过程，最根本的解决办法是推动农村人口向城市转移。2022 年末中国的全国常住人口城镇化率为 65.22%，与发达国家仍然存在一定差距，美国的城镇化率为 82.3%，俄罗斯是 74.4%，韩国是 81.5%，日本是 91.6%。由于中国人口基数大，即使中国的城镇化率达到 70%，也会有 4 亿多人留在农村，如果不解决农村自身的发展问题，城乡发展不平衡问题不但不会得到根本的改善，城乡差距反而会越来越大。

为了解决城乡发展不平衡问题，党的十八大以来，中国正式开启了新型城镇化进程，并在 2013 年 12 月的中共中央政治局会议上明确提出"要走新型城镇化道路"。新型城镇化，是以城乡统筹、城乡一体、产城互动、节约集约、生态宜居、和谐发展为基本特征的城镇化，是大中小城市、小城镇、新型农村社区协调发展、互促共进的城镇化。乡村振兴战略是党的十九大报告中提出的[①]。十九大报告指出，"实施乡村振兴战略。农业农村农民问题是关系国计民生的根本性问题，必须始终把解决好'三农'问题作为全党工作重中之重"[①]。并强调"要坚持农业农村优先发展，按照产业兴旺、生态宜居、乡风文明、治理有效、生活富裕的总要求，建立健全城乡融合发展体制机制和政策体系，加快推进农业农村现代化。巩固和完善农村基本经营制度，深化农村土地制度改革，完善承包地'三权'分置制度。保持土地承包关系稳定并长久不变，第二轮土地承包到期后再延长三十年。深化农村集体产权制度改革，保障农民财产权益，壮大集体经济。确保国家粮食安全，把中国人的饭碗牢牢端在自己手中。构建现代农业产业体系、生产体系、经营体系，完善农业支持保护制度，发展多种形式适度规模经营，培育新型农业经营主体，健全农业社会化服务体系，实现小农户和现代农业发展有机衔接。促进农村一二三产业融合发展，支持和鼓励农民就业创业，拓宽增收渠道。加强农村基层基础工作，健全自治、法治、德治相结合的乡村治理体系。培养造就一支懂农业、爱农村、爱农民的'三农'工作队伍"[①]。协同推进新型城镇化和乡村振兴战略已经成为打破城乡二元结构，解决城乡发展不平衡的重要指导方针。

自新型城镇化和乡村振兴两大战略实施以来，我国城乡关系展现出不一样的发展动力与势能（姜长云，2018）。第一，城镇化水平持续提高。2000 年初，我国年末总人口为 12.58 亿，城镇人口为 4.38 亿，城镇化率仅为 34.82%。到 2021 年，

---

① 《习近平：决胜全面建成小康社会　夺取新时代中国特色社会主义伟大胜利——在中国共产党第十九次全国代表大会上的报告》，https://www.gov.cn/zhuanti/2017-10/27/content_5234876.htm，2017 年 10 月 27 日。

我国城镇化率达到 64.72%，截至 2023 年底，城镇人口规模已经达到 9.32 亿，整体城镇化率达到 66.16%。第二，农村居民收入持续增长。随着乡村振兴战略的推进，农村居民的收入也在持续增长。2017 年至 2023 年底，全国农村居民人均可支配收入由 13 432 元增至 21 691 元，年均实际增长 8.32%。第三，城乡发展差距缩小。随着城乡一体化发展的推进，城乡居民收入比呈现显著的逐年下降趋势，同时随着农村医疗保险制度和农村居民基本养老制度的建立与完善，城乡医疗保险与养老资源实现均衡发展，基本消除了乡村教育、养老和医疗的空白。第四，为了支持乡村振兴和新型城镇化，金融支持力度持续加大(胡奕明等，2017)，各项涉农贷款发放额度逐年增加。以涉农贷款余额和普惠型涉农贷款余额为例，截至 2023 年 6 月，涉农贷款余额 47.1 万亿元，普惠型涉农贷款余额 9.91 万亿元，相较于 2017 年末分别上涨超过 52% 和 94%。第五，县域城镇化建设初显成效。为了推动新型城镇化，以县城为重要载体的城镇化建设取得初步成效。县城的基础设施不断完善，公共服务水平不断提高，吸引了大量人口聚集。《2020 中国人口普查分县资料》显示，中国县域常住人口已经达到 7.48 亿人，占全国人口总量的 52%，县域平均人口达到 3909 万人，常住人口超过 80 万人的县域共有 208 个，占总数的 11%。

　　2. 本书研究意义

　　工业与城市优先的经济发展策略导致了城乡发展差距不断扩大，成为当前城乡关系发展面临的一个现实困境，也是导致城乡收入差距和农村发展不平衡的根本原因。根据配第–克拉克定理，世界产业发展与结构演变规律是农业、工业、服务业次第发展，城市与乡村的发展水平及地位也就不断变化。工业革命前，乡村作为农产品的生产地在经济上主导着城镇；工业革命释放了工业生产力，促使世界从农业社会向工业社会发展，城镇数量迅速增加，城市居于主导地位，成为人口、生产工具、资本、享乐和需求的集中之地，要素的单向流动促使农村发展边缘化、非均衡化，城乡收入差距不断扩大；第二次世界大战后，世界进入现代城镇化发展阶段，由工业生产中心转变为服务业中心，大城市人口与经济活动由城市中心向外围扩散，城市带与城镇群大量出现，生产要素逐渐向外延流动，县域经济与乡村产业得以快速发展。要想实现复兴梦想，就要持续推进我国的现代化进程，如何突破城乡分裂，促进城乡关系的转变与升级是持续推进现代化的关键问题。中国工农城乡关系的演进历史体现出其从分割走向融合的鲜明特征，这一过程也逐步推动了均衡发展。在新中国成立初期，我国通过实施重工业发展打造现代化起飞基础，通过城乡二元分割的制度体系支持工业和城市发展，干扰了城乡兼顾的城乡关系目标；在改革开放和社会主义现代化建设时期，我国从制度和体制出发，消除造成城乡关系失衡的不利条件，使城乡关系由二元分割局面向双向的互促互动局面转变，逐步实现城乡发展的统筹兼顾；在全面建设社会主义现代化的新时代，我国将农业农村的现代化及处理好工农关系、城乡关系置于重要位置。

本书的研究意义在于以下方面。

第一，通过对协同推进新型城镇化和乡村振兴战略中城乡关系转型嬗变的研究，围绕人、地、钱要素在城乡之间的分配与流动，映射以人为核心的城镇化与农业农村现代化，全面阐明由点到面、从局部先发到城乡整体联动的推进脉络。

第二，本书通过空间经济的分析技术，系统梳理城乡空间的理论，开展城乡空间分异与其形成机制的分析，以"格局—分异—机制—优化"为主线，结合县域尺度进行实证分析，揭示县域城乡空间分异与其形成机制，提出县域城乡空间优化的路径。并且从规模和形态两方面探索城乡空间分异规律，综合考虑空间分布、规模和形态等，确定驱动力因子，揭示城乡空间分异的形成机制。

第三，本书通过围绕工农城乡关系，将以人民为中心的立场贯穿始终，服务社会主义现代化建设的主线，动态把握工农城乡融合发展的趋势，以协同推进新型城镇化与乡村振兴战略为支点，促进工农城乡间政策协调、经济协作、社会统筹和融合发展。

第四，通过总结新型城镇化和乡村振兴的产业发展路径，在总结资源禀赋、城乡产业发展理论逻辑和历史实践的基础上，立足资源禀赋优势，凝练总结打造城镇特色产业集群和培育产业链隐形冠军、小巨人和主链的内在动力机制；探索粮食安全和农民增收双目标约束的农业高质高效发展路径，这将有利于培育文化传承、生态屏障、农民增收等，实现多目标协同的农村新产业、新业态。

第五，新型城镇化制度创新不足导致制度供给与需求失衡，协同推进新型城镇化与乡村振兴的制度内容与实际发展脱节，制度障碍迟滞或阻碍新型城镇化与乡村振兴的协同发展。这主要是供给侧的问题，制度供给落后、滞后于实践需求，尚无形成政府赋能、创新驱动、需求拉动、市场支撑、多主体共同参与的保障新型城镇化与乡村振兴协同发展的制度框架、创新机制。围绕以上问题，通过总结协同推进新型城镇化与乡村振兴过程中出现的制度障碍，对户籍制度、土地制度、财政金融制度、农村集体产权制度进行梳理，围绕影响要素流动、空间组织、产业发展和公共资源配置的制度障碍，进行制度联动改革与政策集成创新应用，为政策工具组合优化与集成创新方案提供支撑条件、实现路径与组织保障。

第二节　本书研究内容

1. 新型城镇化与乡村振兴的历史方位及两大系统协同发展的理论逻辑

城镇化与乡村振兴改变了传统城乡附属结构关系，将城市与乡村作为融合的两端，在各自比较优势处互补，在发展短板处互助，使其在经济、社会、文化、生态方面走向协同，在不断的要素交换与发展互补中，城乡发展水平接近，从以人为核心的视角来看，居民待遇相当，思想观念与生活方式基本一致。分析新型城镇化和乡村振兴在百年历史中的阶段性特征，明确新时代新型城镇化与乡村振兴的历史方位。

协同推进以人为核心的新型城镇化与乡村振兴，资源要素实现市场自由配置。以市场配置为主导，市场自动识别高回报率部门(地区)，引导要素向高效率地方集聚，推动生产力发展，刺激产业活力；要素的流动必须是无障碍和无摩擦的。市场基于效率原则的要素配置并不能自动消除城乡差距，城乡二元制度结构桎梏制约了市场要素的配置有效性，农村要素无法充分参与市场配置，城镇要素向农村扩散程度不足。协同推进新型城镇化与乡村振兴过程中的制度创新可以削弱城乡二元制度壁垒，为要素流动破除藩篱，既保障市场效率配置，又通过公共资源均衡配置实现城乡平等发展，城乡居民获得平等的社会权利，从而提高整个社会的福祉。

2. 基于规模和形态的城乡空间分异特征及形成机制研究

本书研究城镇规模分布的分异格局及变化特征。我国不同地区城乡空间格局在空间分布、规模和形态等方面存在分异，综合指标因子作为变量进行空间聚类，将城乡划分为不同类型：高密度大规模城乡一体化发展型、中密度中规模较高水平城乡均衡发展型、高密度小规模首位城镇空间均衡发展型、低密度中规模首位城镇空间非均衡发展型、低密度小规模较低水平城乡均衡发展型。城乡空间分异的形成受制于自然条件、城镇化发展、经济发展、交通条件和政策规划调控等诸多因素，这些因素在区域内部有机结合，相互影响，共同作用于城乡空间。自然环境是导致城乡空间分异的基础因素，不仅影响城乡空间分布格局，也在一定程度上影响城乡发展规模。社会物质生产方式是影响城乡发展的根本因素，城乡空间分异的形成在某种程度上受到城镇化、经济发展和交通条件的支配。政策规划调控因素是城乡空间分异的重要外部因素，对城乡空间分异的形成起到重要的引导作用。分析城乡空间分异的影响因素，确定城乡空间分异的驱动力因子，分析城乡空间分异的形成机制。

3. 城乡要素配置效率评价与影响因素

在要素总量限制下，要素配置效率对产出收益存在重要影响，当前促进城乡经济发展的过程中应解决哪些要素的配置问题？包括如何配置生产要素？配置多少要素？定义农村部门产业为农村的一二三产业总量，通过投入产出表计算出农村部门产业增加值与要素投入，城镇部门即除农村部门以外的产业范畴。具体研究要素配置效率测评，基于两部门生产模型，考虑土地、资本、劳动力为基本的生产投入要素，定义生产函数形式，从利润最大化角度出发，当不存在要素扭曲时要素实现最优配置，推导出效率状态下各生产要素在区域间、城乡间的配置权重，比较效率配置下的产出水平与实际产出水平，对要素配置效率进行测度评价；对要素配置扭曲度进行测评，从要素相对扭曲系数出发，分析各部门各类生产要素的配置效率程度。

梳理国内外城乡要素流动的影响因素文献，归纳影响要素流动的条件与作用机制，在前文城乡要素配置效率测评数据的基础上，采用面板回归模型，除考虑市场势力（市场化指数、市场势力指数等）、制度摩擦（政府干预力度等）和经济结构差异（城乡二元结构强度指数等）三类影响要素外，将地区基础设施条件、公共服务、收入差距、经济发展水平、城镇化率等因素也作为影响变量引入，分别测算它们对于城乡要素配置效率、土地要素扭曲度、劳动要素扭曲度、资本要素扭曲度等的影响程度，以总结影响要素合理流动的障碍壁垒。

4. 资源禀赋特征与城乡产业发展的历史实践和理论逻辑

无论是城镇还是农村的产业发展，必须立足本身的资源禀赋特征。日本和亚洲"四小龙"的发展经验也表明，他们在经济发展的每个阶段所实施的产业政策和发展战略都与当时资源禀赋所决定的比较优势相匹配，并且资源禀赋结构在产业发展过程中也得以改善和优化。产业发展与资源禀赋结构相匹配发展的理论逻辑是如果产业发展能够充分发挥资源禀赋决定的比较优势，产品的生产成本就会比较低，国际竞争力较强，其创造的资本积累也会比较多，如此往复能推动产业与资源禀赋结构优化的良性循环。城乡产业发展都是立足于区域内的资源禀赋（自然资源、劳动和资本等要素），因此，城乡产业的产品和要素流动必然将产业紧密联系在一起。内容主要包括：构建资源禀赋与城乡产业发展的理论模型，从理论上阐述资源禀赋与城乡产业发展之间的关系；城乡产业发展互促互进关系的实证分析，具体是通过编制城乡投入产出表，从宏观整体与产业细分的视角测算出城乡产业互动的乘数效应、溢出效应及反馈效应。

5. 培育文化传承、生态屏障、农民增收等多目标协同的农村新产业、新业态

乡村产业除了保障粮食安全和增加农民收入的功能定位以外，还需要承担文化传承、生态屏障的功能，如果在发挥这些功能的同时创造经济价值，那么，这也是增加农民收入的重要渠道。基于该理念，全国涌现了一批乡村新产业、新业态的典范。这些新产业、新业态大多是由市场需求驱动而产生的，因此，政府可以做的是营造良好的乡村新产业、新业态孵化环境，完善农村基础设施建设，鼓励企业家创新创业，以及建立容忍试错的机制。

本书研究的重点是采用案例分析的形式，从价值链交叉程度视角切入，系统梳理和总结农村一二三产业融合的主要模式，包括农业产业链纵向延伸、横向拓

展和农业多功能潜力挖掘，完善利益联结机制，依托"互联网+"培育新业态。在不同区域和经济发展程度背景下，明确各种典型模式的内涵和特征，分析各种模式的优势和不足，阐述各种模式的适用情境，提出各个模式实施所需要的支撑条件、运行机制、制度逻辑和实现路径。

案例分析的对象不仅包括国内案例，还包括国际案例的分析。比如，农村一二三产业融合发展离不开财政支持和资本支撑，融合过程中政府、市场、农民三方的资金投入结构也决定了产业内部企业的组织结构，这也是本书研究的重中之重，总结日本六次产业化的经验，对我国农村一二三产业融合发展进行详细调查，包括金融补贴、教育和咨询、研究开发、营销等内容，作为我国农业一二三产业融合发展的主要模式总结、相关政策制定的重要参考和基础资料使用。

6. 城乡基础设施与公共服务均等化实施路径和优化策略研究

根据教育、健康等公共产品的属性特征，明确资源投入方向、参与主体和投入方式，分级分类推进实施，结合要素条件、运行机制和制度环境，重构城乡基础设施与公共服务均等化实施路径，并根据多主体参与模式进行路径优化。基本公共服务均等化有助于城乡融合，但现实中依然存在发展不平衡的现象。这体现了城乡关系从分割到统筹再到一体化和融合的演变。通过转移支付制度，可以实现公共服务的平衡发展、调节收入分配和实现政府目标。为此，要加大财政转移支付的力度，增加对农村地区的财政支持，促进城乡公共服务的协调发展，使国民收入和财政支出更多地向农村倾斜，建立和完善农业金融支持稳定增长机制，增加农村公共服务支出的比例，加强对社会生活的投资。以实现均等化为目标，逐步缩小城乡基本公共服务的差距。

传统资源分配政策重城市轻农村，城乡公共服务体系存在显著差距。当前的社会治理体制以城市为核心，资源配置向外递减，导致偏远地区被边缘化，进而使乡镇财政短缺、农村经济发展水平低、农民生产剩余少，最终导致农村公共产品供给不足。通过创新农村居民和农村户籍流动人口公共产品供给模式，建立多元化普惠共享的供给机制，以尽快提高农村公共服务水平。农村公共服务涵盖教育、医疗、文化、社会保险、社会救助和社会治理等多个方面，这些都关系到农村居民的生存、生活和发展质量。只有通过改革和创新，才能有效缩小城乡差距，促进社会的全面协调发展。

第三节 本书研究思路与方法

1. 本书研究思路

国外发达国家城镇化和乡村振兴的已有经验与模式是我国协同推进新型城镇化和乡村振兴的重要参考与比较对象。在发达国家的城乡发展进程中，逐渐由农村独立发展的模式向城乡区域统筹的发展模式转变，通过统筹整合城乡邻近区域的规划与政策，形成统一发展整体。比如，美国注重分散式乡村居民点的建设和相关规划对居民点的管理；英国以城市村庄作为城乡接合的纽带，配置适合于乡村居住的规划建设标准，通过城镇规划发展多样化的乡村经济，制定完善的城乡一体化发展政策和法规；德国秉承城乡等值化均衡发展理念，形成城乡统筹、产业布局合理、均衡发展的模式；日本各地自发组建农民协会，开展"新村运动"；拉美国家"过度城市化"造成了农村发展的落后。这些国家的典型做法和经验教训为分析我国新型城镇化和乡村振兴战略提供了有力的帮助，研究思路如图 1-1所示。

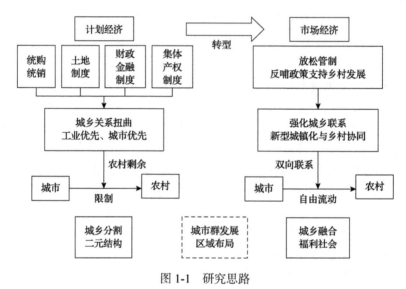

图 1-1　研究思路

自新中国成立以来，我国的工业与农业、城市与农村相互影响，城乡关系体现出不同的优先次序。重工业优先发展战略下我国逐渐建立起城乡分割的体制，造成城乡分离和发展差距。改革开放以后，二元体制不断被打破，城乡关系不断走向融合。随着城乡关系的不断演进，我国城乡政策也在发生变化，其中包括统购统销、土地制度、财政金融制度和集体产权制度。户籍人口城镇化率低于常住人口城镇化率，这个差距体现在未享受到城市基本公共服务的流动人口上。户籍制度成为农村人口向城市流动、平等享有城市人口所拥有的社会福利的主要障碍。户籍制度改革并没有提高农业转移人口的市民化率，转移人口在获得公共服务方面仍存在障碍。现有的土地制度，尤其是农村集体产权制度也阻碍了城乡要素自由流动，如工商资本进入农村经营仍存在阻碍。偏向于城市的财政金融政策进一步加剧了城乡不平等。地方财政分权，导致地方政府更倾向于将生产要素和政策资源优先向城市汇集，城市的财政支出远远高于农村，最终政府的激励扭曲导致城乡基本公共服务供给差距逐渐扩大。协同推进以人为核心的新型城镇化与乡村振兴，重在推动城乡间生产要素双向流动。改变城乡关系政策安排，包括阻碍产业融合的制度，如用地指标，以及关于公共资源与服务的制度，如财政金融制度和集体产权制度。

2. 本书研究方法

1）构建社会核算矩阵，定量衡量城镇和乡村经济社会关联

构造宏观社会核算矩阵能够提供关于经济活动和各个经济主体之间相互关系的详细信息。具体而言，本书使用了 2017 年我国最新公布的投入产出表及其他宏观统计数据。这些数据来源为编制详细的社会核算矩阵提供了坚实的依据。在数据基础方面，本书主要依赖于 2017 年发布的《中国投入产出表》，以及其他权威的宏观统计数据。这些数据为构建具有高度细分和精确性的社会核算矩阵提供了必要的基础资料。同时，还综合利用了来自《中国统计年鉴 2020》《中国财政年鉴 2020》以及海关部门的进出口统计数据。这些多样的数据来源确保了社会核算矩阵的全面性和准确性。为了使宏观社会核算矩阵更具实用性和详细性，本书对矩阵中的各个账户进行了细分。这些账户包括商品、活动、要素、居民、企业和政府等多种类型。通过这种细分，编制出了一个详细的分解社会核算矩阵。该矩阵不仅详细反映了各个经济主体之间的交易和互动，还涵盖了经济活动的多个方面，为后续的经济分析提供了丰富的数据支持。

基于编制出的细化社会核算矩阵，利用社会核算矩阵乘数对城镇与乡村经济关联进行测度。将社会核算矩阵中的账户分为内生和外生账户，内生账户一般包括活动、商品、要素、居民，外生账户一般包括政府、资本、国外，利用社会核算矩阵乘数，得到各个社会经济子系统之间的关系。账户乘数矩阵不仅是乘数分析法的基础工具，还能够细致地反映社会核算矩阵中各个账户之间的复杂关联。进一步地，利用社会核算矩阵路径分析方法揭示城乡经济活动关联的路径。在社会核算矩阵的结构中，用连接两个内生账户的"弧"来表示每个内生账户与其他账户间的关系。通过选取路径的起点和终点，特定地揭示出产业关联和需求关联的主要路径、路径强度和传导效率。利用情景分析，体现"双循环"经济背景下，经济活动的变化以及产业关联、需求关联的变化。

2）熵值法设计新型城镇化与乡村振兴协同指数

新型城镇化与乡村振兴协同指数的测算重点在于评价指标的选取和测算方法的选择，评价指标的选择要遵循代表性、可比性、可行性、独立性等四大原则，评价指标的选择能够真实地反映评价对象的水平，尽量选取人均指标，方便评价对象间的区别，所选的评价指标要互相独立且数据可获（徐雪和王永瑜，2022）。

在系统评价指标体系的构建过程中，对每个子指标赋予的权重会影响评价指标整体的准确性和客观性。权重测算的方法有层次分析法、德尔菲法、变异系数法和熵权法，前两种方法的主观影响较强，变异系数法相比这两者虽然较为客观，但是对指标的具体含义没有充分反映，通过综合考虑，本书采用熵权法测算城乡融合发展情况。客观赋值法中的熵权法，能够更加全面系统、客观地反映城乡融合发展的水平。指标能够提供的信息量取决于指标的信息熵值和变异程度，较小的信息熵值和较大的变异程度意味着指标能够提供较多的信息量，在整个指标体系中所占的权重也就较大；较大的信息熵值和较小的变异程度表示指标无法提供充足的信息量，在指标体系中所占比重也就较小。熵权法的赋值计算过程如下。

对数据标准化处理：由于所选取的各个指标单位不一致，在进行指数计算之前，需要对各指标的特征值进行标准化处理，将指标的绝对值变化为可比较的相对值，正向指标和负向指标标准化计算方法有所不同，其具体公式为

$$\text{负向指标：} X'_{ij} = \left[\frac{\max(X_{1j}, X_{2j}, \cdots, X_{nj}) - X_{ij}}{\max(X_{1j}, X_{2j}, \cdots, X_{nj}) - \min(X_{1j}, X_{2j}, \cdots, X_{nj})} \right] + 0.01$$
$$\text{正向指标：} X'_{ij} = \left[\frac{X_{ij} - \min(X_{1j}, X_{2j}, \cdots, X_{nj})}{\max(X_{1j}, X_{2j}, \cdots, X_{nj}) - \min(X_{1j}, X_{2j}, \cdots, X_{nj})} \right] + 0.01 \tag{1-1}$$

其中，X_{ij} 表示处理后的第 i 个样本第 j 个指标值。其中 $i = 1, 2, 3, \cdots, n$；$j = 1, 2, 3, \cdots, m$。

计算第 i 个样本占第 j 个指标的比重：

$$P_{ij} = X'_{ij} \bigg/ \sum_{i=1}^{n} X'_{ij} \tag{1-2}$$

计算第 j 个指标的熵值：

$$e_j = -1/\ln(n) \sum_{i=1}^{n} P_{ij} \ln(P_{ij}) , \ 0 \leqslant e_j \leqslant 1 \tag{1-3}$$

计算样本的综合得分：

$$s_i = \sum_{j=1}^{m} w_j X' \tag{1-4}$$

3）实证分析方法对城乡要素配置效率的影响因素测度

市场配置能力与政府干预程度影响城乡要素配置效率，进而影响城乡要素的流动。此外，对于劳动力配置来说，城乡部门预期收入差距［城乡收入差距、泰尔(Theil)指数、基尼系数等］、生活成本(生活消费支出)、迁徙成本(交通便捷度等)、公共服务水平(医疗、教育、卫生服务等)等是影响人口就业地区选择的重要

因素；对于资本要素来说，资本可获得性（金融服务信贷约束等）、基础设施完备性（基础设施建设）、财政扶持力度（政府财政自由度等）等是促进资本要素流动的重要因素；对于土地资源配置，流转制度完备性等是影响土地要素流动的主要因素。采用面板回归模型，测算各因素对要素配置效率、要素配置扭曲度的影响程度。具体模型为

$$\text{rural\_vitalize}_{it} = \alpha + \beta_1 \times \text{digitalize}_{it} + \text{Control}_{it} \times \beta' + \lambda_i + \eta_t + \varepsilon_{it} \quad (1\text{-}5)$$

其中，$\text{rural\_vitalize}_{it}$ 表示第 i 个地级市第 j 年的乡村振兴指数；α 表示常数项；β_1 表示自变量数字经济（digitalize_{it}）的估计系数，由于控制了地级市的个体效应和年份效应，β_1 具体表示数字经济对乡村振兴的平均处理效应；Control_{it} 表示第 i 个地级市第 j 年的控制变量向量；β' 表示控制变量的估计系数向量；λ_i 表示地级市 i 的个体效应；η_t 表示第 t 年的时间效应；ε_{it} 表示误差项。

4）利用文本分析工具讨论新型城镇化和乡村振兴的政策协同效应

解决新型城镇化与乡村振兴协同发展的制度供给与需求失衡矛盾、破除阻碍城乡要素流动的制度障碍，围绕"以人为核心"这个本质，加强制度联动改革与集成创新，通过制度供给侧结构性改革，对阻碍和迟滞新型城镇化与乡村振兴协同发展的制度及其内容进行创新，在制度均衡和制度适宜中实现制度需求与供给由低端平衡上升为高端平衡。围绕要素流动、空间组织、产业协同和公共资源配置，梳理影响新型城镇化与乡村振兴协同发展的体制制约因素和制度障碍，聚焦"村民"进入城市、融入城市变成"市民"和"市民"进入乡村、融入乡村变成"村民"等，人的流动会带动资金、技术与土地的流动，据此进行制度联动改革与政策集成创新，加强顶层设计、统筹协调推进，加强分工与协作，为制度落实提供支撑条件和组织保障。

参考文本分析的一般做法，依据乡村振兴和新型城镇化相关政策的颁布时间、适用对象、政策内容以及政策颁布形式对政策文本进行分析，构建"四维度"分析框架，对从政策提出到目前为止的可获取政策样本进行系统研究，总结归纳乡村振兴与新型城镇化政策演变过程和特征、现实环境和制度障碍。

第四节　本书内容框架

本书主要内容包括以下六部分。

第一部分为子课题一"百年城乡关系的理论逻辑、国内外实践、趋势研判与阶段性特征研究"的相关内容，为本书的第二章。该部分研究依据新中国成立以来的城乡关系发展历程，对其理论逻辑、制度变迁与社会实践进行系统分析，探寻三者之间的互动关系和演进逻辑，以期能够系统阐述我国城乡关系的发展脉络，

为我国协同推进乡村振兴与新型城镇化、促进城乡融合发展提供决策参考与事实依据。

第二部分为子课题二"新型城镇化与乡村振兴的空间协同图谱与要素驱动机制研究"的相关内容，为本书的第三、四章。该部分研究构建了 2000 年至 2020 年我国新型城镇化指数和乡村振兴指数，并测算了两大战略的耦合协调度，探索了人才、资本和技术创新对城乡融合发展影响的空间依赖性与异质性，并且从产业融合角度研究了数字经济这一新技术对打破城乡二元结构的影响。

第三部分为子课题三"城镇产业升级与乡村经济多元化问题的创新机制研究"的相关内容，为本书的第五、六、七章。该部分参考产业融合假说、六次产业假说、发展阶段假说，构建诱致性创新的理论框架并对我国农村一二三产业融合进行了深入的理论探索。通过区域产出模型对我国城乡间乘数效应、溢出效应和反馈效应进行测算，并且通过夜间灯光数据实证分析了城市发展过程中城乡收入差距变化的影响。

第四部分为子课题四"制度创新与组织保障推动城乡权益平等的政策工具组合研究"的相关内容，为本书的第八、九章。该部分研究从政策工具的视角，首先查找并筛选转移人口市民化相关政策文本，构建了一个政策文本库；随后，对政策文本的内容单元进行了详尽的编码，并以此为基础构建了一个涵盖政策工具与政策目标的二维分析框架，运用频数统计分析和多维度的比较分析方法，对政策文本的具体内容和编码结果进行深入的剖析，总结归纳出我国转移人口市民化政策工具的构成体系。并且实证研究数字经济发展对县域农民工市民化意愿的影响，探索数字经济作为一种技能偏向型技术，对农民工市民化进程的影响，深入讨论农民工市民化影响的理论机制和异质性。

第五部分为子课题五"基础设施一体化与公共服务均等化问题的政府赋能路径研究"的相关内容，为本书的第十、十一章。该部分研究阐述了新时代推进城乡基础设施与公共服务均等化的重要意义并分析城乡基础设施与公共服务不均衡现状及原因。从收入效应和消费效应两方面分析了基础设施与公共服务均等化效应。

第六部分为专题，探讨"双重目标约束下农户土地配置机制研究——基于江苏省粮食种植户的实证分析"的相关内容，为本书的第十二章。该部分研究通过分析中国农业政策的演进方向，结合江苏省粮食种植户的实证数据，探讨了农户土地配置的错配现状及其影响因素，并提出了优化土地配置、促进农业高质量发展的政策建议。

参 考 文 献

蔡昉. 2022. 刘易斯转折点：中国经济发展阶段的标识性变化[J]. 经济研究, 57(1): 16-22.

樊纲, 王小鲁, 马光荣. 2011. 中国市场化进程对经济增长的贡献[J]. 经济研究, 46(9): 4-16.

胡雪萍, 史倩倩, 向华丽. 2023. 中国农村劳动力人口变动趋势研究[J]. 人口与经济, (2): 27-44.

胡奕明, 王雪婷, 张瑾. 2017. 金融资产配置动机: "蓄水池"或"替代"? ——来自中国上市公司的证据[J]. 经济研究, 52(1): 181-194.

姜长云. 2018. 科学理解推进乡村振兴的重大战略导向[J]. 管理世界, 34(4): 17-24.

骆永民, 骆熙, 汪卢俊. 2020. 农村基础设施、工农业劳动生产率差距与非农就业[J]. 管理世界, 36(12): 91-121.

马晓河, 杨祥雪. 2023. 城乡二元结构转换过程中的农业劳动力转移: 基于刘易斯第二转折点的验证[J]. 农业经济问题, (1): 4-17.

徐雪, 王永瑜. 2022. 中国乡村振兴水平测度、区域差异分解及动态演进[J]. 数量经济技术经济研究, 39(5): 64-83.

张海鹏. 2019. 中国城乡关系演变70年: 从分割到融合[J]. 中国农村经济, (3): 2-18.

第二章 我国城乡关系发展的理论逻辑、制度变迁与社会实践

新中国成立以来，城乡关系发生深刻变革。城乡关系发展过程中的理论逻辑、制度变迁与社会实践形成了相互支撑的动态关系，三者共同作用推动我国城乡关系从分割走向融合。在理论逻辑上，马克思主义指明了城乡关系将经历从分离对立到融合发展的过程，资本在空间范围内的循环为这一过程提供了机理上的支撑；在制度变迁上，我国的土地制度、户籍制度、分配制度在城乡关系发展过程中不断进步完善，推动着不同要素更加有序地流动。在社会实践中，我国积累了在市场化农村改革中赋予农民更多权利、多维度破除城乡二元结构和推动城乡关系渐进发展的重要经验。

第一节 我国城乡关系的发展历程

城乡关系是我国"十四五"以及远景规划关注的重大战略问题。解决城乡差距问题，重塑城乡关系也是社会主义现代化建设进程中的应有之义（姚毓春和梁梦宇，2020）。回望我国千年历史，城乡关系随社会和时代变迁而不断发展。在封建社会时期，城市与乡村存在着经济和政治上相互附庸的关系。乡村服从于城市的政治统领，城市又依附于乡村的经济基础，由此表现出不可分割的一元化特征（任吉东，2013）。近代以来，城乡关系发生新的变化，城市商业经济的发展促进了城乡在经济上的沟通与互动。从1840年鸦片战争到1949年中华人民共和国成立以前，我国社会性质为半殖民地半封建社会，这一时期加剧了城市对于农村在经济上的掠夺和侵占，致使城乡关系严重失衡（蔡云辉，2003）。在近代复杂的历史环境中，城乡之间难以谋求共同进步与发展。新中国成立以来，特别是改革开放之后，城乡关系开始产生实质性变化。我国城乡关系发展处于动态演进中，整体上沿着马克思主义从分离对立到融合发展的理论路径变迁。由于特定的国情与制度影响，我国城乡关系发展实践中也表现出中国特色的路径特征（周志山，2007；徐宏潇，2020）。

新中国成立以来对城乡关系的阶段划分已有较多研究，多以城乡发展的现实境况或特定的历史节点作为划分依据，形成了较为统一的能够反映我国城乡关系发展历程的文献研究脉络（黄少安，2018；张英男等，2019；韩俊，2009；年猛，

2020；张海鹏，2019)。我国城乡关系发展的现实特征，遵循马克思主义的科学指导，实现了理论与现实的结合，丰富了中国特色社会主义城乡关系的研究(白永秀和王颂吉，2014；许彩玲和李建建，2019)。总体而言，新中国成立以来，我国城乡关系发展经历了乡村支持城市、农业支持工业，城乡共进、二元破冰，以工补农、以城带乡，乡村振兴、城乡融合发展的动态演进过程。

我国城乡关系的发展过程是理论与实践不断交织的过程，已有文献对此进行了丰富的探讨。对城乡关系的深入研究需要突破城乡关系的表面特征，与马克思主义提出的城乡关系发展路径进行联系，特别需要对于城乡关系发展过程中的内部机理进行系统阐述。在理论逻辑的基础上，我国的城乡关系发展还依赖于理论逻辑、制度变迁与社会实践以及这三者之间的互动关系，需要从整体和联动的角度对三者关系进行系统研究。基于此，本章依据新中国成立以来的城乡关系发展历程，对其理论逻辑、制度变迁与社会实践进行系统分析，探寻三者之间的互动关系和演进逻辑，以期能够系统阐述我国城乡关系的发展脉络，为我国协同推进乡村振兴与新型城镇化、促进城乡融合发展提供决策参考与事实依据。

第二节　城乡关系发展的理论逻辑

一、马克思主义的城乡关系发展历程

马克思主义从事物本质出发，扬弃了空想社会主义思想与古典政治经济学思想，站在唯物史观立场上对城乡关系进行探索研究，科学预测了城乡关系从"无差别统一"到"分离对立"，最终实现"融合发展"的完整路径(马克思和恩格斯，2009a)。城乡关系的演进不是一蹴而就的，城乡融合发展的最终实现也需要现实条件的支撑。马克思主义明确指出了生产力与生产关系的矛盾运动是人类社会发展的本质原因，城乡关系的发展离不开物质条件基础，依赖于生产力条件的支持。城乡融合发展及其进步也是消灭阶级和阶级对立的最主要结果(马克思和恩格斯，2009b)。只有随着社会生产力的不断发展，城乡关系才能不断进步，同时只有消灭阶级对立，城乡关系才能从无差别统一发展到分离对立，最后实现融合发展。

城乡无差别的统一是城乡关系的初级阶段，此时社会生产力低下，城市与乡村、农业与手工业还不具备分化的条件，城乡除了在地理位置与自然环境上有所差别之外，内部居民并没有生活水平的区别，呈现的是"城市乡村化"特征(徐宏潇，2020)。随着社会进步和生产力发展，城乡差距逐渐显现，工商业与农业分工形成，使得城乡发生分离。马克思主义指出民族内部的分工会引起工商业和农业以及城市和乡村之间的利益分离(马克思和恩格斯，1995)。城市从农村中分离出来，社会分工促使要素资源进一步向城市集聚，导致城乡关系分离。要素过多地流向城市，城乡之间矛盾凸显，城乡关系形成对立态势。城乡分离对立是社会在进步状态下产生的结果，随着社会条件的变化将过渡到城乡融合发展（马克思和恩格斯，1958）。城乡融合发展指结合城市和乡村生活方式的优点，实现全体成员的全面发展。城乡融合发展是城乡关系发展的高级阶段，是从二元结构重新走向一元，从而消除城乡之间的各类差异。

二、资本循环视角的城乡融合发展实现

虽然马克思主义对城乡关系遵循的演进路径科学预测为"无差别的统一，分离对立，融合发展"，但是关于这一过程的内部机理，后续却几乎没有进行深入研究。西方马克思主义学者大卫·哈维提出的资本三循环理论将资本循环流动与空间特征联合起来，有助于利用资本循环的视角对城乡关系问题进行剖析。资本三循环是指在城乡关系发展进程中，资本将进行三次循环。第一次循环是资本在手工业产业内的循环，称为初级循环；初级循环的资本累积过剩时，资本将转向空间建设领域，开启第二次循环，即次级循环，资本的这一次循环是在城市空间范围内，通过城市基本建筑的建设，使居民对空间消费成为可能，城市化现象初步显现。在初级循环和二次循环过程中，资本积累过剩促使资本进行第三次循环，在第三次循环中科学技术成为主要的投入要素进入城市第三产业当中，这一次循环称为三级循环，三级循环中溢出的资本会转移到农村地区，从而推动农村的发展，并且开始农村的资本三循环（王有正和张京祥，2018）。

(一)初级循环与次级循环：城乡关系的分离与对立

马克思主义指出城乡关系在发展过程中将会出现城乡间分离与对立的现象。这一过程的理论解释即为资本三循环过程中的初级循环与次级循环。手工业产业内资本初级循环过程中，价值增值通过不断的生产运动实现，马克思主义经典资本循环理论也涉及这一内容，即产业资本依次经过购买阶段、生产阶段和售卖阶段而最终实现价值的增值。

在初级循环过程中，资本的循环与积累过程并不建立在两个独立的空间部门的基础上，加上城市与农村较低的生产力水平，城乡发展呈现统一而非分割的状态。资本的循环和增值使社会生产能力得到增强。此时手工业领域内资本积累过剩，导致利润率的降低、生产过剩及剩余价值的不足等问题。为了避免危机，资本需要探索新的增长空间，以实现持续的增值。因此，城乡地区开始展示出分化的趋势，其中一些区域由于资本的大量注入而逐渐在经济发展中占据领先地位。

资本在缓解危机的过程中开始了次级循环。由于资本的边际报酬开始出现差异，过剩的资本将优先向报酬高的区域汇集，城乡发展开始由统一向分割局势转变，城市化现象初显。在这一转变过程中，通过手工产业积累的大量财富逐渐向城市汇集，通过城市的基础设施建设实现财富的再一次增值。由于城市发展迅速，大量资源流入，而乡村发展缓慢，资源流失，城乡差距日趋严重，城乡便形成对立关系。

(二)三级循环：城乡关系的融合发展

马克思提出城乡关系发展第三个阶段是城乡的融合发展，这与资本三循环中的三级阶段对应。资本三循环的次级循环中积累过剩的资本从城市基础建设中溢出，向城市以及农村和郊区两个方向转移，开始城乡融合发展。

由于城市固定资产建设已经具有相当规模，次级循环过剩的资本会继续向城市集聚，不同的是，科学技术和第三产业的发展大大增强了资本的增值空间，资本开始从城市基础设施建设涌入科学技术以及第三产业。伴随着资本源源不断涌入科学技术和第三产业，城市的公共服务和现代化体系逐步成熟。然而，这又会进一步扩大城乡差距，这种差距既体现在经济层面，也体现在城市和农村两个部门居民所享受的基础设施和公共服务所带来的生活福利上。

城市由于大量的资本积累，大大增加了资本的竞争紧张度和降低了资本回报率，少数资本开始向城郊和农村地区流动。相较于城市，虽然城郊和农村地区的经济活力相对较弱，但优势在于拥有十分丰富的资源禀赋，包括丰富的土地、自然资源以及相对廉价的劳动力资源，并且农村作为新的资本投入场所，资本的边际收益处在较高水平。故而城市内部的一部分资本流向农村，开启农村内部资本三循环。在资本的推动下，农村地区将实现资源的高效配置，进而促进经济的增长。随着大量资本的投入以及城市先进技术的流入，农村内部的资本循环逐渐完善，城乡发展差距缩小。不过从农村资本三循环的开启到融合发展的深度实现，不是一蹴而就的，需要较长的时间和先进的生产力来进行弥合。

(三)拓展的资本三循环：中国特色社会主义的城乡融合发展

资本三循环理论为阐释马克思主义城乡关系发展的过程提供了理论依据，但是在应用于中国场景的过程中仍具有其自身的局限性，该理论要解释中国的现实情况，还需要进行不断的拓展和完善(龙启蒙等，2016)。资本三循环理论与中国国情和实践的结合，主要存在两方面的问题：一是在资本的三级循环的过程中，城市溢出的资本流向农村，这是由于城市的基础设施已经十分成熟，生产力也已经提高到了一定的水平，而在现实情形尤其是我国的国情中，城市资本流向农村不一定只依赖于生产力进步和城市发展完备的条件；二是资本三循环理论的分析过程中，在各个循环内部主要关注的是资本在城乡之间的单向流动，在次级循环中，农村资本流向城市，在三级循环中，一部分城市资本溢向农村，在我国各地城乡关系发展的现实中，普遍存在着资本在城市与农村之间双向流动的事实。考虑到中国特色社会主义的城乡融合发展过程，必须厘清上述两方面问题。

马克思主义的资本循环理论为我们在空间层面利用资本三循环理论解释资本在空间中的循环与流动规律提供了理论基础，不过在我国实际情景下，影响资本流动的本质动因不再是资本的剥削属性，而是资本的逐利性和政策导向。纵观我国城乡关系由城乡分割到城乡融合的发展历程，农村的发展虽然总体上滞后于城市，但在城市内部经济不断发展但平均利润率下降的情况下，一些资源禀赋条件较好的农村地区反而有了更高的平均利润率，致使部分资本从城市流向农村以谋求价值增值。在社会主义初级阶段的城乡关系发展过程中，资本的逐利性对于生产力的提升发挥着重要的积极作用。政策的调控和引导作用在我国城乡关系实践中发挥着重要作用，我国实行的是社会主义市场经济，在资源配置中，市场起着根本性的作用，是决定资源分配的关键因素。与此同时，政府的角色同样不可忽视，它在引导城乡之间资源和要素的双向流动中扮演着至关重要的角色。随着全面实施乡村振兴战略，我国已逐步走向农村资源要素优先配置和乡村优先发展的格局，这将大力推动城市资本流向农村，助力农村经济社会发展。因此城市的资本溢出流向农村，既是生产力水平不断发展和市场作用下资本逐利的结果，在市场失灵之处也受到政府政策导向的影响。

马克思主义指出在时间上继起和在空间上并存是资本循环过程具备的特征。并且资本三循环是资本循环在空间范围内的表现，因而这种特征对于城乡之间资本三循环的过程也同样适用。在时间上，资本三循环的过程依次开展，当生产力水平不断提高，内外部的基础条件得到满足，将会推动资本从初级循环走向次级循环，继而走向三级循环。在空间上，城乡关系发展是动态的过程，我国城乡融合发展水平尚处于初级阶段，在不同地区也会存在相应的水平和程度差异。资本三循环的过程同时存在，既有农村资本流向城市的初级和次级循环，也有城市资本流向农村的三级循环，城乡间资本的双向流动更是普遍存在。总体而言，资本在城乡之间的双向流动是符合我国现实情况的，也是对资本三循环理论的重要补充，将推动我国高水平、高质量城乡融合发展的最终实现。

在资本三循环的驱动下，我国城乡关系的发展既遵循马克思主义提出的中国特色城乡关系发展路径，也展现出中国特色社会主义的特征。资本在空间范围内的循环与城乡关系发展路径的结合，构成了马克思主义城乡关系发展的理论逻辑。在理论逻辑的阐释下，城乡关系发展既具有外部层面的演进路径，也有内部层面的机理支撑(图 2-1)。

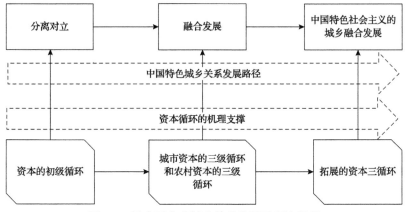

图 2-1　马克思主义城乡关系发展的理论逻辑

第三节　我国城乡关系发展的制度变迁

城乡关系发展的过程也是制度变迁的过程，制度变迁是推动城乡关系发展的重要力量。我国城乡关系发展过程中制度的变迁与理论逻辑息息相关，理论逻辑表明资本循环推动着城乡关系从二元走向一元，从分离走向融合，制度的变迁也与此相适配。我国的土地制度、户籍制度与分配制度分别从土地使用、劳动力流动和财富与收入分配的角度体现了制度变迁的倾向，即遵循于理论逻辑，并不断推动不同层面的要素更加科学有序地流动以缩小城乡差距，实现城乡融合发展。

一、土地制度：从集权走向放权

土地制度是城乡关系发展过程中的基础性制度。土地资源的使用与流转直接关系农民的生产生活，也关系城市的发展规模与城镇化水平。新中国成立以来，党和政府高度重视土地制度的构建与实施，经历了从集权走向放权的土地制度演变历程。

"耕者有其田"是千百年来我国农民最基础和重要的目标。新中国成立以来，中国共产党带领人民完成社会主义革命，确立社会主义基本制度，坚持公有制的主体地位。在社会主义制度初步建立时期，我国建立了以农民土地所有制为主体的土地制度。后续为了加快实现社会主义经济建设进程，农村的土地制度从农民私有转变为集体共有。政府以合作社的形式将农民组织起来，将土地集中起来，在这一时期土地的所有权和使用权实际上归集体所有。1978 年开始实行的家庭联产承包责任制是我国土地制度改革历史上的重大事件，标志着农民在土地的使用上拥有了自主的权利。家庭联产承包责任制实行土地所有权和使用权的分离，集体拥有土地所有权，农民拥有土地使用权。这一制度极大地提升了农民生产的积极性，也提高了农民的收入水平。随着社会主义市场经济的不断发展，我国进一步放开土地使用的权利。2014 年我国政府提出农村土地所有权、承包权、经营权"三权分置"。农村集体经营性建设用地入市也是农村土地制度改革的重要内容，构建城乡统一的土地要素市场，农民在对土地的利用上拥有了更多自主和公平的权利。农村集体经营性建设用地入市使得土地市场放活，城市资本流向农村谋求增值发展，有利于城乡的协同和融合发展。

二、户籍制度：从禁锢走向开放

户籍制度是限制劳动力自由流动的最主要壁垒，也是城乡融合发展过程中的制度阻碍。我国政府在城乡关系发展历程中，依据变化的条件不断推动户籍制度从禁锢走向开放。

新中国成立到改革开放这段时期，我国为了快速实现工业化目标，采取了乡村支持城市、农业支持工业的发展模式，致使城乡关系在此阶段产生分离和对立。乡村支持城市、农业支持工业，具体来说就是采用工农业产品剪刀差等方式将农业剩余转移到工业化建设当中，为了保证农业剩余的充足，在劳动力层面我国设立了严格的户籍制度屏障。1958 年颁布的《中华人民共和国户口登记条例》对于农民从农村的迁出设置壁垒，标志着我国城乡二元户籍制度的正式建立。这一制度使得城乡之间强制性地建立起隔阂，农村人口难以自由地进入城市，只能从事农业生产而难以进行非农业的务工行为，此举保障了农业的剩余，也保障了农村支持城市、农业支持工业发展的物质转移。随着改革开放后我国经济的迅速发展，严格的户籍制度开始松动，农民走向城市不再受到强制性管制。1984 年的中央一号文件指出"允许农民和集体的资金自由地或有组织地流动，不受地区限制"。1994 年我国明确划分了农业与非农业户口，城乡二元户籍制度既在城乡之间勾勒了一道界线，也容纳了从农村进入城市从事非农工作和进行经济建设的农村剩余劳动力。进入 21 世纪后，我国的户籍制度发生了根本性变化。2014 年颁布的《国务院关于进一步推进户籍制度改革的意见》指出要统一城乡户口登记制度。随着户籍制度的深化改革，人为分割的农业与非农业的户口制度得以取消，城市由禁锢走向开放，劳动力这一重要的要素能够在城乡之间自由地流动，极大推动了城乡融合发展。

三、分配制度：从单一走向多元

分配制度与收入和财富的分配公平性以及城乡发展差距密切相关。长期以来，我国城乡之间存在着较大的收入差距，这不仅是由于城市相对于农村有更先进的生产力和更丰富的资源要素，我国特定的分配制度也是诱致因素。城市在发展过程中分配到了更多的财富与收入，极大地提高了其在基础设施和公共服务方面的建设水平，由此也导致了一系列的城乡不公平问题。随着经济社会的不断发展，农村发展不充分、城乡之间发展不平衡成为我国城乡关系的显著阻碍。分配制度的完善是解决这些问题的重要途径，也是我国政府的改革方向。在经历了从计划经济到市场经济的探索阶段后，我国的分配制度呈现出从单一走向多元的特征。

在计划经济时期，我国采用严格的按劳分配制度，财富在社会中的分配追求绝对的公平化，分配制度呈现目标和形式上的绝对化与单一化，农村实行合作社分红制，城市实行工资制。在此过程中，城市工人和农村农民难以通过劳动获得额外的收入，生产积极性受挫。改革开放之后，我国逐步建立起了按劳分配为主体，多种分配方式并存的分配制度。在原有按劳分配的基础上，在农村实行家庭联产承包责任制，使得农民能够获得除上交给国家和集体之外的多余收入；城市工人的工资收入开始与自身创造出的经济绩效直接挂钩，同时能够获得分红、奖金、利息收入等其他形式的收入，这极大地提升了城市内部的劳动效率与生产效益。在按劳分配为主体的分配方式上，党的十六大强调，要"确立劳动、资本、技术和管理等生产要素按贡献参与分配的原则"[①]。党的十七大报告提出，"健全劳动、资本、技术、管理等生产要素按贡献参与分配的制度"[②]。城市与农村由于分配制度的改革获得了极大发展。

党的十八大以来，我国的分配制度改革进一步深化，主要表现在分配要素和分配方式上的多元化。党的十九届四中全会首次提出将数据作为生产要素参与分配，这是新时期下分配制度的新特征，是对原有分配制度范围的扩大。在分配的方式上，在初次分配和再分配的基础上，党的十九届四中全会明确提出"重视发挥第三次分配作用"。初次分配、再分配和第三次分配协同作用的制度体系是分配制度的重要完善，是有为政府、有效市场和有情社会在新时期的共同作为。分配方式的多元化将有效地缓解社会上的收入差距问题，有助于实现共同富裕的社会主义目标。在全社会收入差距不断收敛直至消除的路径中，我国的城乡差距也会消除，最终实现城乡融合发展和共同富裕。

第四节 我国城乡关系发展的社会实践

在城乡关系动态发展过程中，我国进行了波澜壮阔的社会实践。对过往的实践脉络进行梳理分析，可以系统窥探新中国成立以来社会主义建设过程和城乡关系变迁的历史。我国在实践探索的道路上也积累了宝贵的经验。

---

① 《全面建设小康社会，开创中国特色社会主义事业新局面——在中国共产党第十六次全国代表大会上的报告》，https://fuwu.12371.cn/2012/09/27/ARTI1348734708607117.shtml，2002 年 11 月 8 日。

② 《高举中国特色社会主义伟大旗帜 为夺取全面建设小康社会新胜利而奋斗——胡锦涛在中国共产党第十七次全国代表大会上的报告》，2007 年 10 月 27 日。

一、城乡关系发展的实践脉络

新中国刚成立时，百废待兴，城市与乡村的落后状态亟须打破。在当时的生产力条件下，城市与农村难以实现共同发展，通过乡村支持城市、农业支持工业的工业化优先发展战略，有助于快速构建现代化的工业体系。新中国成立到改革开放这一时期，我国政府为推动生产力发展和工农业劳动力分离制定了相应的制度体系，在工业化的发展过程中筑起城乡界线，推动分工体系的构建与完成，保证农业剩余不断流向城市，以实现乡村支持城市、农业支持工业并快速推进工业化的目的。在实践探索过程中，我国进入城乡分离对立的阶段，形成了经济上的二元格局(魏后凯等，2020)。

改革开放以后，计划经济时期形成的制度体系和政策导向开始逐步调整。农村与农业的发展不再以服务于城市和工业的发展为主要任务。农民的生产积极性经历家庭联产承包责任制改革之后在很大程度上得到了提高。随着市场化进程的加快，乡镇企业异军突起，农民在农业和非农业领域中进行着广泛的实践探索。农村经济获得迅速发展，生产力得以极大释放，城乡二元结构在经济层面开始瓦解，城乡共进成为不可逆转的趋势。

21世纪以来，我国城乡关系进一步发展并呈现新的特征。我国已初步具备了工业反哺农业的条件(白永秀和王颂吉，2014)，城乡关系进入新阶段。党的十六大和十七大报告中分别提出"统筹城乡经济社会发展"[①]和"形成城乡经济社会发展一体化新格局"[②]，表明我国城乡关系开始从分离对立的状态中脱离出来，城乡之间差距的缩小不仅是经济层面，更是包括社会、文化和生态等各个层面的统筹与一体化发展。这一阶段的探索实践处于城乡分离对立和融合发展过渡期，为全面乡村振兴和城乡融合发展做了重要准备与铺垫。

经过城乡统筹和一体化发展阶段之后，我国进入城乡融合发展和全面乡村振兴阶段。"十四五"规划指出"健全城乡融合发展体制机制"[③]，党的十九大提出乡村振兴战略[④]。城乡融合发展和乡村振兴以及新型城镇化相辅相成，互为依托，城乡融合是实现乡村振兴的必由之路(何仁伟，2018)。

---

① 《全面建设小康社会，开创中国特色社会主义事业新局面——在中国共产党第十六次全国代表大会上的报告》，https://fuwu.12371.cn/2012/09/27/ARTI1348734708607117.shtml，2002年11月8日。

② 《高举中国特色社会主义伟大旗帜 为夺取全面建设小康社会新胜利而奋斗——胡锦涛在中国共产党第十七次全国代表大会上的报告》，2007年10月27日。

③ 《中华人民共和国国民经济和社会发展第十四个五年规划和2035年远景目标纲要》，https://www.gov.cn/xinwen/2021-03/13/content_5592681.htm，2021年3月13日。

④ 《习近平：决胜全面建成小康社会 夺取新时代中国特色社会主义伟大胜利——在中国共产党第十九次全国代表大会上的报告》，http://www.xinhuanet.com/politics/19cpcnc/2017-10/27/c_1121867529.htm，2017年10月27日。

二、城乡关系发展的经验汲取

(一)在市场化农村改革中赋予农民更多权利

市场化导向是我国农村发展演变的重要主线(刘俊杰,2020)。从计划经济走向市场经济,城乡关系发生深刻变革,农民在从事农业生产中有了更多自主的权利,农民的地位不断提升。农村实行家庭联产承包责任制,农民在生产过程中可以自行决定生产行为。我国延续两千多年的农业税制度被取缔,减轻了农民的负担,提升了农民的收入水平。土地制度的改革不断深化,农村土地的流转与利用更加科学有序,农村耕地"三权分置"等一系列重要的制度创新使得农民获得了更多处置土地的权利。农民在从事非农工作和城镇化的历程中也获得了更多的选择机会。户籍制度的改革使得农民不再局限在农业生产中,可以更加自由地进入城市参与众多非农工作。随着农村人口进入城市和以人为核心的新型城镇化水平的不断提升,农村转移人口和"新市民"享受到更为公平的基础设施和公共服务,福利水平和获得感大幅度提升。

(二)多维度破除城乡二元结构

马克思主义指出城乡融合发展的最终目标是实现全体成员的全面发展,这就要求在发展过程中多维度破除城乡二元结构,弥合城乡各个层面之间的鸿沟。

城乡二元结构最突出的表现是城乡居民收入的不平等。改革开放后的一段时期内,制度改革红利释放,农村经济发展动能大幅度提高,城乡之间的经济水平差异缩小。在党的十六大和十七大报告中我国政府相继提出"统筹城乡经济社会发展"[①]与"形成城乡经济社会发展一体化新格局"[②],开始在多层面推动城乡之间的协调发展。城市与农村在经济、社会、文化、生态等各个方面唇齿相关,在缓解城乡收入差距的同时,我国政府从多个维度精准施策,对于农村的直接支持与间接补贴力度不断增加,极大地提高了农村基础建设、公共服务和居民生活水平(林万龙,2007)。多维度破除城乡二元结构,最终的走向是城乡融合发展和全体成员全面发展。

(三)推动城乡关系渐进发展

新中国成立至今,我国城乡关系经历了分离对立、统筹一体化以及融合发展

[①]《全面建设小康社会,开创中国特色社会主义事业新局面——在中国共产党第十六次全国代表大会上的报告》,https://fuwu.12371.cn/2012/09/27/ARTI1348734708607117.shtml,2002年11月8日。

[②]《高举中国特色社会主义伟大旗帜 为夺取全面建设小康社会新胜利而奋斗——胡锦涛在中国共产党第十七次全国代表大会上的报告》,2007年10月27日。

的过程。城乡融合发展目标的最终实现是渐进的过程，依赖于政策制度和社会实践的推动。在新中国成立初期的一段时间内，我国盲目追求跨越式激进式的发展，追求社会主义的绝对公平，违背了客观的生产力条件的制约，城乡关系在一定时间内分离对立并停滞不前。改革开放后，我国采取渐进式改革举措，持续推动城乡关系改善。从城乡分离到融合发展并非一蹴而就的，需要社会生产力的不断提高、体制机制的不断健全和全体人民的共同努力。目前我国在整体上初步进入了城乡融合发展阶段，需要依据现实特征制定阶梯性、渐进性、可操作性的政策体系，推动城乡关系实现高质量融合发展。

第五节　理论、制度与实践的动态关联

纵观我国的城乡关系发展历程，其内含的理论逻辑、制度变迁与社会实践不是割裂的独立存在，三者动态关联造就了新中国城乡关系不断演进的格局。从三者的互动关系可以审视我国城乡关系发展的内外部特征。

从理论逻辑视角来看，马克思主义科学地预判了城乡关系的发展过程，资本三循环理论则对于这一过程进行了机理上的支撑，构成了完整的城乡关系发展理论逻辑。我国城乡关系发展的制度变迁从理论逻辑中引申而来，通过制度的深化改革，推动生产要素在城乡之间能够更加自由有序地流动，强化市场对于要素配置的决定性作用，重视政府的协调引导作用，为我国城乡关系的社会实践奠定政策基础。城乡关系发展的理论逻辑是制度变迁和社会实践的先导，在发展过程中，我国不断践行马克思主义城乡关系发展的理论，同时又对这一理论进行发扬和创新，使得马克思主义的中国化不断迈向新的高度。

从制度变迁视角来看，我国城乡关系发展中的制度创新和政策实施遵循马克思主义理论逻辑的指导，具有显著的中国特色社会主义特征。制度体系的完善服务于马克思主义城乡关系发展理论逻辑在中国化进程中的实现，又为社会实践提供政策向导与支持。我国城乡关系发展的制度与实践都存在动态演变和优化的特征，制度与实践相互协调且共同进步。制度的变迁搭建起了理论与实践之间的桥梁，使得我国城乡关系始终在政府的顶层设计下寻求发展与进步。

从社会实践视角来看，马克思主义城乡关系发展的理论逻辑指导了我国城乡关系发展实践，社会实践又发展和丰富了马克思主义理论，实现城乡融合发展在实践和理论上的互构（王芳和贾秀飞，2021）。实践与理论是具有辩证关系的一对概念，实践需要理论的指导，理论又需要实践的支撑，城乡关系的变迁和城乡融合发展是马克思主义城乡关系理论所进行的设想，在我国社会实践中得以实现。社会实践受制度政策的引导，并通过经验的积累不断完善和优化制度。在理论逻辑、制度变迁与社会实践的动态关联和共同作用下，我国逐步形成了中国特色社

会主义城乡关系发展格局(图 2-2)。

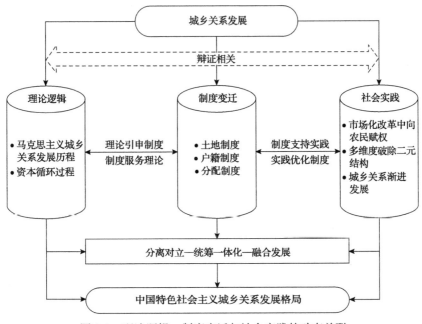

图 2-2　理论逻辑、制度变迁与社会实践的动态关联

本 章 小 结

回望新中国成立以来 70 多年的城乡关系发展历程,我国经历了从分离对立到统筹一体化发展,再到融合发展的路径过程。在发展过程中,理论逻辑、制度变迁与社会实践相互作用,形成了中国特色社会主义城乡关系发展格局。马克思主义扬弃了前人的研究观点,科学预想了社会主义国家的城乡关系发展过程,资本在空间内的流动循环为这一过程提供了机理支撑,由此形成了我国城乡关系发展的基本理论逻辑。在理论指导下,城乡关系发展中的制度不断变迁,推动了要素的自由流动和市场化配置,土地制度、户籍制度、分配制度分别从土地利用、劳动力流动、财富与收入分配的角度实现了制度变革和自我完善。波澜壮阔的社会实践推动着城乡关系发展并积累了宝贵经验,为城乡融合发展和乡村振兴的全面实现提供历史镜鉴。在城乡关系发展过程中,理论逻辑、制度变迁与社会实践互相支撑,动态关联,以制度变迁为桥梁连接起理论逻辑与社会实践,在三者的共同作用下,中国特色社会主义的城乡关系不断发展和进步。

展望未来,随着社会生产力水平不断进步,城乡之间的要素流动更加畅通,我国必然能够实现全方位的城乡融合发展。这一过程既是马克思主义城乡关系发展理论中国化的过程，也是我国制度体系和社会实践完善创新的过程。当前我国依然存在农村发展不充分和城乡发展不平衡等社会矛盾，这与马克思主义设想的真正完全意义上的城乡融合发展依然存在差距。在未来的发展过程中，需要发挥理论、制度和实践的协同作用并完善三者之间的互动关系，通过长期的不懈努力推进城乡融合发展和乡村振兴战略全面实施，最终实现全体人民共同富裕。

参 考 文 献

白永秀, 王颂吉. 2014. 马克思主义城乡关系理论与中国城乡发展一体化探索[J]. 当代经济研究, (2): 22-27.

蔡云辉. 2003. 城乡关系与近代中国的城市化问题[J]. 西南师范大学学报(人文社会科学版), (5): 117-121.

韩俊. 2009. 中国城乡关系演变 60 年: 回顾与展望[J]. 改革, (11): 5-14.

何仁伟. 2018. 城乡融合与乡村振兴:理论探讨、机理阐释与实现路径[J]. 地理研究, 37(11): 2127-2140.

黄少安. 2018. 改革开放 40 年中国农村发展战略的阶段性演变及其理论总结[J]. 经济研究, 53(12): 4-19.

林万龙. 2007. 中国农村公共服务供求的结构性失衡: 表现及成因[J]. 管理世界, (9): 62-68.

刘俊杰. 2020. 我国城乡关系演变的历史脉络: 从分割走向融合[J]. 华中农业大学学报(社会科学版), (1): 84-92, 166.

龙启蒙, 傅鸿源, 廖艳. 2016. 城乡一体化的资本困境与突破路径: 基于西方马克思主义资本三循环理论的思考[J]. 中国农村经济, (9): 2-15.

马克思, 恩格斯. 1958. 马克思恩格斯全集: 第 4 卷[M]. 北京: 人民出版社: 368.

马克思, 恩格斯. 1995. 马克思恩格斯选集: 第 1 卷[M]. 北京: 人民出版社: 68.

马克思, 恩格斯. 2009a. 马克思恩格斯文集: 第 1 卷[M]. 北京: 人民出版社: 689.

马克思, 恩格斯. 2009b. 马克思恩格斯文集: 第 4 卷[M]. 北京: 人民出版社: 371.

年猛. 2020. 中国城乡关系演变历程、融合障碍与支持政策[J]. 经济学家, (8): 70-79.

任吉东. 2013. 历史的城乡与城乡的历史: 中国传统城乡关系演变浅析[J]. 福建论坛(人文社会科学版), (4): 106-112.

王芳, 贾秀飞. 2021. 双重互构逻辑下中国城乡关系的演进规律与时代抉择: 基于马克思恩格斯城乡融合思想的分析[J]. 北京行政学院学报, (1): 45-53.

王有正, 张京祥. 2018. 资本的城市化: 基于资本三级循环理论的改革开放后我国城市发展初探[J]. 现代城市研究, (6): 99-105.

魏后凯, 苑鹏, 芦千文. 2020. 中国农业农村发展研究的历史演变与理论创新[J]. 改革, (10): 5-18.

徐宏潇. 2020. 城乡融合发展: 理论依据、现实动因与实现条件[J]. 南京农业大学学报(社会科学版), 20(5): 94-101.

许彩玲, 李建建. 2019. 城乡融合发展的科学内涵与实现路径: 基于马克思主义城乡关系理论的思考[J]. 经济学家, (1): 96-103.

姚毓春, 梁梦宇. 2020. 新中国成立以来的城乡关系: 历程、逻辑与展望[J]. 吉林大学社会科学学报, 60(1): 120-129, 222.

张海鹏. 2019. 中国城乡关系演变70年: 从分割到融合[J]. 中国农村经济, (3): 2-18.

张英男, 龙花楼, 马历, 等. 2019. 城乡关系研究进展及其对乡村振兴的启示[J]. 地理研究, 38(3): 578-594.

周志山. 2007. 从分离与对立到统筹与融合: 马克思的城乡观及其现实意义[J]. 哲学研究, (10): 9-15.

第三章 我国新型城镇化与乡村振兴的空间演化和耦合发展研究

党的二十大报告指出，要全面推进乡村振兴，坚持农业农村优先发展，深入实施新型城镇化战略[1]。现阶段我国社会的主要矛盾转变为人民日益增长的美好生活需要和不平衡不充分的发展之间的矛盾，最大的不平衡是城乡之间发展不平衡，最大的不充分是农村发展不充分，缩小城乡发展差距成为解决当前社会主要矛盾的重要抓手。2014年国家公布了新型城镇化综合试点名单，2017年中央农村工作会议提出实施乡村振兴战略，城乡一体化已经成为新时代的主要发展方向，促进城乡融合发展成为解决我国结构转型、提高人民生活质量和实现现代化的关键。

作为世界上最大的发展中国家，我国城乡发展失衡主要体现在城市与农村的二分式结构和区域间城乡一体化程度的差异性上。从我国的城乡发展历程来看，由于受到二分范式思维惯性影响，城市农村之间表现为对立竞争而非融合发展的趋势。长期从农业生产中汲取价值并向城市输送的发展理念，导致农业竞争力薄弱和乡村发展滞后，进一步加剧了城乡发展关系的不平衡(刘守英和龙婷玉，2022)。此外，区域发展不协调也是我国城乡发展不平衡的体现(李国平和何晶彦，2023)。欧美发达国家的城市设计和管理体系多是以"切块"的模式设置，尽管一定时期内存在局部城市发展的兴衰，但从整体的城市体系上观察城市的发展水平和发展速度与期初的城市设置无关。与欧美发达国家不同的是，我国的城市设置采取的是"整建制"模式，包括城区(市辖区)与乡村在内的行政区域，分直辖市、副省级城市、省会城市、地级市、县级市等行政等级(魏守华等，2020)，使得不同行政级别的城市之间无论是资源分配还是发展机遇都存在明显的区域差异(魏后凯，2014)。

新型城镇化和乡村振兴两大战略的部署与实施成为解决我国城乡失衡难题、实现城乡融合发展的"一体两翼"。在此背景下，已有文献对新型城镇化和乡村振兴战略下我国城乡融合发展的现状和内在影响机制进行了广泛讨论。马广兴(2020)通过探究河南省新型城镇化和乡村振兴的耦合性，发现河南省新型城镇化

---

[1] 《习近平：高举中国特色社会主义伟大旗帜 为全面建设社会主义现代化国家而团结奋斗——在中国共产党第二十次全国代表大会上的报告》，https://www.gov.cn/xinwen/2022-10/25/content_5721685.htm，2022年10月25日。

增长水平要快于乡村振兴水平,两者的耦合性呈现逐年递增的趋势。孙杰等(2023)通过对浙江省新型城镇化和乡村振兴协调发展进行评估,发现两个系统发展的空间差异逐渐下降,在空间上已经趋于均衡,高水平城市的带动效应并不明显。李俊蓉和林荣日(2023)发现农业机械化水平对城乡耦合发展的影响最大,不同影响因素的作用效果存在空间差异性,西部需要人力资本投入而东部需要继续增加农村物流水平和创新水平。薄文广等(2023)基于2003年至2018年我国156个地级市面板数据对新型城镇化和乡村振兴的交互影响进行了实证研究。

关于我国新型城镇化和乡村振兴协调发展问题的探索仍然存在研究空间。已有文献大多以某一省份或部分地级市作为观察样本,所得研究结论具有一定区域局限性,并不能完全揭示我国新型城镇化和乡村振兴耦合发展的整体趋势;对于不同因素的空间异质性影响分析不够充分;已有研究没能将城乡发展的空间异质性和依赖性进行有机统一,只关注城乡融合发展的空间差异,或者只关注城乡融合的空间溢出效应,并不能全面地揭示我国城乡耦合协调发展的空间规律。结合对已有研究的整合分析,本章研究做出以下边际改进:针对观察样本有限这一问题,通过对2000年至2020年256个地级市面板数据进行分析,在样本的个数和时间跨度上进行扩充;针对研究空间异质性工具不足的问题,使用空间计量模型中的地理加权回归模型对不同影响因素的空间异质性作用进行实证研究;从空间异质性和空间依赖性相结合的研究视角,对我国新型城镇化和乡村振兴协调发展的空间规律与内在动因进行分析,丰富并拓展研究视角。

第一节　新型城镇化和乡村振兴的耦合协调测度

一、新型城镇化和乡村振兴的测度

新型城镇化的核心价值是以人为核心,促进农业转移人口市民化,以县域为主战场,促进农业转移人口就近城镇化。根据新型城镇化的主要内容,本章从人口城镇化、经济城镇化、社会城镇化和生态城镇化等四个方面构建新型城镇化指数,具体评价体系如表3-1所示。

表3-1　新型城镇化评价指标体系

子系统	具体指标	单位
人口城镇化	常住城镇人口比重	
	城市人口密度	
	在校普通高等学校学生数	万人
经济城镇化	人均地区生产总值	万元

续表

子系统	具体指标	单位
经济城镇化	产业结构	
	城镇人均可支配收入	万元
社会城镇化	教育支出占财政支出比重	
	每万人拥有医生数	人
	每万人拥有公共汽车数	辆
	人均道路面积	米²/人
	百人图书馆藏书量	本
生态城镇化	建成区绿化覆盖率	
	每平方公里工业二氧化硫排放量	吨
	$PM_{2.5}$浓度	微克/米³

《乡村振兴战略规划(2018—2022年)》明确提出乡村振兴的根本要求是"产业兴旺、生态宜居、乡风文明、治理有效、生活富裕"。参考徐雪和王永瑜(2022)对乡村振兴指标的构建方法,对地级市乡村的产业兴旺、生态宜居、乡风文明、治理有效和生活富裕这五个子系统进行测度,具体指标评价体系如表3-2所示。

表3-2　乡村振兴评价指标体系

子系统	维度	具体指标	单位
产业兴旺	农业生产能力基础	人均农业机械总动力	千瓦
		粮食综合生产能力	万吨
	农业生产效率	农业劳动生产率	元/人
	产业融合水平	规模以上农产品加工企业主营业务收入	亿元
生态宜居	农业绿色发展	农药、化肥施用量	万吨
		畜禽粪污综合利用率	
	农村人居环境治理	对生活污水进行处理的行政村占比	
		对生活垃圾进行处理的行政村占比	
		卫生厕所普及率	
	农村生态保护	农村绿化率	
乡风文明	农民受教育程度	农村居民教育文化娱乐支出占比	
		农村义务教育学校专任教师本科以上学历比例	
		农村居民平均受教育年限	年

续表

子系统	维度	具体指标	单位
乡风文明	传统文化传播	有线电视覆盖率	
		开通互联网宽带业务的行政村比重	
	乡村公共文化建设	乡村文化站数量	个
治理有效	治理能力	村民委员会主任、村党支部书记"一肩挑"比例	
	治理举措	已编制村庄规划的行政村占比	
		已开展村庄整治的行政村占比	
生活富裕	农民收入水平	农民人均纯收入	元
		农民人均收入增长率	
		城乡居民收入比	
		农村贫困发生率	
	农民生活条件	每百户汽车拥有量	辆
		农村居民人均住房面积	米²
	农民消费结构	农村居民恩格尔系数	
	基础设施建设水平	村庄道路硬化率	
		人均道路面积	米²
		安全饮用水普及率	
	基本公共服务保障水平	农村每千人拥有卫生技术人员数	人

为了避免选用测算指标的主观性，采用熵权法构建新型城镇化指数和乡村振兴指数。熵权法被广泛应用在指数构建的研究当中，优势在于熵权法不需要对所选指标的重要性进行主观赋权，这极大地减少了主观性对指数的影响。为了避免指标测算结果无意义的情况，对各指标进行标准化处理，具体为对测算指标统一加 0.01 进行非负处理。具体方法为

$$负向指标：X'_{ij} = \left[\frac{\max(X_{1j}, X_{2j}, \cdots, X_{nj}) - X_{ij}}{\max(X_{1j}, X_{2j}, \cdots, X_{nj}) - \min(X_{1j}, X_{2j}, \cdots, X_{nj})} \right] + 0.01$$

$$正向指标：X'_{ij} = \left[\frac{X_{ij} - \min(X_{1j}, X_{2j}, \cdots, X_{nj})}{\max(X_{1j}, X_{2j}, \cdots, X_{nj}) - \min(X_{1j}, X_{2j}, \cdots, X_{nj})} \right] + 0.01$$

(3-1)

其中，X_{ij} 表示处理后的第 i 个地级市第 j 个指标值。其中 $i = 1, 2, 3, \cdots, n$，$j = 1, 2, 3, \cdots m$。

计算第 i 个地级市占第 j 个指标的比重：

$$P_{ij} = X'_{ij} \Big/ \sum_{i=1}^{n} X'_{ij} \tag{3-2}$$

计算第 j 个指标的熵值：

$$e_j = -1/\ln(n)\sum_{i=1}^{n} P_{ij}\ln(P_{ij}), \ 0 \leqslant e_j \leqslant 1 \tag{3-3}$$

最后，计算地级市的综合得分：

$$s_i = \sum_{j=1}^{m} w_j X'_{ij} \tag{3-4}$$

二、新型城镇化和乡村振兴耦合机理与测度

新型城镇化和乡村振兴两大战略是内生联动的，只有实现两大战略协同推进、互促互进，才能充分发挥城市和农村各自的资源优势与发展潜力，实现共同富裕、推进现代化发展的战略目标（谢天成，2021）。党的二十大报告指出，"中国式现代化是人与自然和谐共生的现代化"[①]。新型城镇化低碳、环保、绿色的发展理念与乡村振兴倡导的建设生态宜居的美丽乡村，这两大战略从理念上共同引导生态经济发展。新型城镇化建设促进农民跨产业转移和非农转化，拓宽农民就业和增收渠道，乡村振兴也为新型城镇化提供新的发展活力和突破口。新型城镇化建设需要大量劳动力，为进城务工农民提供了工作机会，乡村振兴也需要各类人才，通过城市人才向乡村转移的方式实现由城市向乡村的技术外溢，提升乡村人力资本水平，实现人力资本的配置效率优化。新型城镇化和乡村振兴两大战略形成人才互补的融合机制。新型城镇化过程中，产业向农村转移为农村产业升级提供物力财力基础，农村的产业升级则能为城市提供品质更高的农产品，城市与农村间的产业互动给双方带来新的发展契机。城镇产业向农村转移，通过产业溢出效应向农村输送大量的物力和财力资源，提高农村产业生产效率，加快农业现代化进程。在乡村振兴进程中，随着生产效率的提高和农业现代化，农村对城镇企业的承接能力不断加强，农村产业结构得到优化调整和升级。

耦合协调度被广泛用于分析事物的协调发展水平，为了分析新型城镇化和乡村振兴两大战略发展的动态联系，以及两大战略间相互依赖和相互制约的影响程度，对新型城镇化和乡村振兴测算指标的耦合协调度进行测算，能够从宏观角度

---

①《习近平：高举中国特色社会主义伟大旗帜　为全面建设社会主义现代化国家而团结奋斗——在中国共产党第二十次全国代表大会上的报告》，https://www.gov.cn/xinwen/2022-10/25/content_5721685.htm，2022 年 10 月 25 日。

反映不同地区间新型城镇化和乡村振兴的关联性、协同性和协调性（王淑佳等，2021）。耦合协调度计算公式为

$$D=\left\{\left[\frac{U_1 \times U_2}{\left(\frac{1}{2}U_1+\frac{1}{2}U_2\right)^2}\right]^{\frac{1}{2}} \times \frac{1}{2}(U_1+U_2)\right\}^{1/2} \qquad (3-5)$$

其中，D 表示地级市新型城镇化和乡村振兴的耦合协调度；U_1 表示地级市新型城镇化指数；U_2 表示地级市乡村振兴指数。

图 3-1 绘制了 2000 年至 2020 年全国、东部、中部和西部地区耦合协调度的均值折线图。从图中可以看出，东部地区的耦合协调度高于全国平均水平，中部和西部地区的耦合协调度要低于全国的平均水平，除了在 2013 年东部、西部地区和全国的耦合协调度有略微下降，各地区的耦合协调度在 2000 至 2020 年整体呈现上升趋势。在 2012 年后，上升趋势放缓，其中西部地区最为明显。

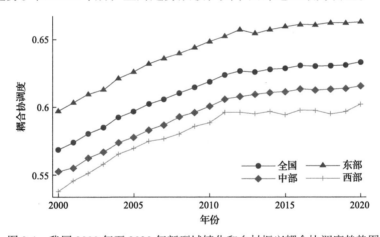

图 3-1　我国 2000 年至 2020 年新型城镇化和乡村振兴耦合协调度趋势图

第二节　新型城镇化和乡村振兴的空间演化

一、我国新型城镇化的空间演化

2000 年我国新型城镇化指数呈现多中心趋势，表现为省会城市和沿海城市优先发展，周边城市跟进发展的趋势。在这一阶段，地域发展机会的差异促使劳动力、资本和技术优先向具有先发优势的城市集聚并形成集聚中心。由于处于城镇化的初期阶段，城市承载能力较强，资源的大量流入对公共服务资源和生态资源

的边际成本影响较弱，但为城市化和经济发展提供了充足动力，提高了资源流入地的新型城镇化水平，也形成了较为明显的地区间水平差异。到 2010 年，新型城镇化发展整体放缓，但中心趋势仍然明显，表现为中部以甘肃省东部、宁夏回族自治区和陕西省西部为中心，东部以河南省、安徽省和江苏省为中心，东南部城市群保持了发展趋势。这一阶段资源的集聚对于流入地的生态资源和公共服务资源的影响开始显现。较快的经济发展所带来的工业废气废水排放使生态环境恶化，同时劳动力的持续涌入对城市的公共服务供给增加了压力，"城市病"问题初现。到 2020 年，全国新型城镇化的中心化趋势消失，城市间新型城镇化差异减小，空间分布呈现趋同趋势。"逆城市化"趋势显现，在空间分布上表现为京津冀、长三角和西南城市群的新型城镇化水平下降并开始低于周边城市。在这一阶段，随着市场机制的不断完善，要素开始向欠发达地区流动：人民生活追求全面化，货币工资和非货币收入共同引导了劳动力的跨区转移；基础设施建设的不断完善使城市的发展机会均等化，后发城市相较于拥挤的大城市更具有发展潜力。发达城市的承载能力面临饱和，大城市发展所带来的"城市病"问题凸显，环境资源、教育资源和社会保障资源等竞争愈发激烈，这给继续提升新型城镇化水平带来挑战。

二、我国乡村振兴的空间演化

从 2000 年至 2020 年，我国地级市乡村振兴水平整体呈上升趋势，空间分布趋势呈现由多中心发展向区域趋同转变。2000 年，乡村振兴水平较高的地区主要集中在黑龙江地区、环渤海地区、东南沿海地区、两湖两广地区及中部地区。这些地区主要凭借自身的耕地和气候等自然资源优势，成为我国重要的粮食作物和经济作物的种植区，抢占了乡村振兴的先机。2010 年前后，这一阶段我国农村的土地管理制度与农业技术得到新进展。2005 年颁布并实施的《农村土地承包经营权流转管理办法》，加快了农村零散土地整合，为农村实现规模化生产和现代化生产提供可能，推动了农业技术的创新与推广，大大提高了农业生产力水平。乡镇企业迎来发展浪潮，形成"苏南模式""温州模式""珠江模式"，农村工业化所带来的巨大收益为乡村发展提供了新的内生动力。从空间分布来看，东部地区和东南部地区的乡村振兴水平整体高于 2000 年水平，并且在中部地区、东部沿海和东南沿海地区形成高水平极值点。2020 年，随着我国农村基础设施建设，尤其是交通道路基础设施和信息网络基础设施的逐步完善，乡村发展形成空间联动效应（董光龙等，2023）。农业企业的迅速发展为农村劳动力的非农就业提供市场，不断促进农村劳动力由第一产业向第二、第三产业转移，优化了劳动力的收入结构（刘进等，2017）。农村企业生产率的提升缩小了城乡产业边际收益的差距，资本下乡和劳动力返乡成为趋势，扩大了农村企业的生产可能性边界，资本和劳动力下乡伴随着技术转移，进一步提高了农村企业的生产效率。从空间分布上可以看出，2020

年围绕乡村振兴的高水平中心向邻近地区溢出，最终形成区域内乡村振兴的整体高水平，但是区域间乡村振兴水平仍然存在较明显的空间差距，东部水平高而中西部水平低，南部水平高而北部水平低。

三、我国城乡融合发展与乡村振兴的空间演化

2000 年我国正式加入世贸组织，这给我国现代化发展带来机遇，农村生产要素向城市的非农化转移加速了要素极化的过程(程响和何继新，2018)。城乡经济基础的地域性差异导致城乡要素流动的互动机制也不一致，如在"苏南模式""温州模式""珠江模式"下，农村生产要素并不是单一向城市集聚，而是通过市场调节机制平衡城乡的回报率差异，畅通城乡互动机制和提高城乡要素配置效率，形成耦合发展的城乡关系。落后地区生产要素和发展机会都明显不足，促使农村要素向城市工业和服务业的单向转移，不平等的交换机制进一步拉大了城乡发展差距。2000年我国新型城镇化和乡村振兴耦合协调度的空间分布差异明显，耦合协调序高的极值点主要分布在东南沿海地区和东北地区东部的城市，分布较为稀疏，低水平点主要集中于西部地区和北部地区。到 2010 年，随着地区间基础设施差距的逐步缩小和信息化技术的广泛应用，城市发展由"极化效应"向"涓滴效应"转变，"涓滴效应"主要表现为两种形式，一是由城市向农村溢出；二是城市间的发展溢出。随着城镇化水平的不断提高，城市发展面临饱和而农村具有更大的潜力，农村基础设施的完善以及城市的技术外溢逐步地缩小了城乡投资回报差异。虽然城乡要素流动配置仍然受到户籍等相关制度影响，但边际收益差距的减小促进了市场机制在城乡要素分配中的作用，削弱了"城乡二元结构"对城乡协同发展的不利影响。区域间基础设施的完善和发展机遇的均等化扩大了地域间的学习效应，使得地区间城乡发展的耦合差距逐渐缩小。2010 年我国新型城镇化和乡村振兴水平的耦合协调度的空间分布由 2000 年的极化点向邻近地区扩散，形成高耦合协调度的集聚规律，到 2020年低耦合地区逐渐转变为高耦合地区，高度耦合的空间集聚范围进一步扩大。

四、新型城镇化和乡村振兴耦合协调度的空间趋势

为了能够更加准确地刻画新型城镇化和乡村振兴耦合协调度的空间趋势，分别绘制了 2000 年和 2020 年耦合协调度的空间趋势图。从图 3-2 可知，我国新型城镇化和乡村振兴耦合协调度的整体趋势是东高西低、南高北低(X 轴正方向为东，Y 轴正方向为北)。但是由西向东的耦合协调度差距逐渐缩小，表现为横向虚线为凹的趋势线，而由北向南耦合协调度差距逐渐扩大，表现为纵向实线为凸的趋势线。相较于 2000 年，2020 年南北差异趋势变化并不大，趋势的变化主要体现在东西差异上。表现在图上为 2020 年横向虚线趋势线有更高的初始值，这说明 2020 年西部城市的耦合协调度较 2000 年有了大幅提升，同时 2020 年横向虚线趋

势线更加趋于平缓,说明 2020 年东西城市的新型城镇化和乡村振兴耦合协调度差异较 2000 年逐渐变小。

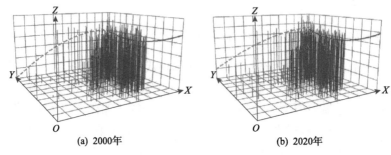

(a) 2000年   (b) 2020年

图 3-2　2000 年和 2020 年耦合协调度的空间趋势图

第三节　不同驱动机制下城乡耦合发展的空间分布特征

一、数据说明与变量构建

本章使用的原始数据来源于 Wind 数据库、中国经济社会大数据研究平台《中国社会统计年鉴》、《中国城乡统计年鉴》、《中国农村统计年鉴》、《中国人口和就业统计年鉴》、各省统计年鉴及其他统计年鉴。样本删除了存在缺失值的地级市,共收集了 2000 年至 2020 年我国 265 个地级市宏观经济面板数据,所有经济指标数据都以 2000 年为基期进行平减,而美元使用额则用当年美元对人民币的平均汇率将其换算成人民币的数值来表示。地级市地位经纬度数据为市政府所在地坐标。

耦合协调度为因变量,通过计算我国新型城镇化和乡村振兴的耦合协调度得到,具体过程见上文。核心解释变量为投资驱动(Investment)、劳动力驱动(Labol)和创新驱动(Innovation),分别为地级市固定资产投资、一二三产业就业人数总额和地级市专利授予数。控制变量为经济规模(GDP)、人口规模(Population)、外商投资(FDI)和财政支出(Fiscal),分别为地级市地区生产总值、年末平均人口、实际使用外商投资额和预算内财政支出,所有变量都通过 $\lg(x+1)$ 的方式进行平滑以缩小方差。变量的描述性统计见表 3-3。

表 3-3　描述性统计

变量		样本数	均值	标准差	最小值	最大值
因变量	耦合协调度	5565	0.612	0.066	0.374	0.751
核心解释变量	投资驱动	5565	15.299	1.517	9.127	19.429
	劳动力驱动	5565	3.493	0.782	1.483	6.896

续表

变量		样本数	均值	标准差	最小值	最大值
核心解释变量	创新驱动	5565	6.454	2.095	0	12.312
控制变量	经济规模	5565	15.856	1.192	12.097	19.704
	人口规模	5565	5.839	0.715	2.831	8.137
	外商投资	5565	2.899	1.563	0	8.248
	财政支出	5565	13.931	1.272	9.705	18.129

二、不同驱动机制下城乡耦合发展的空间异质性

我国城乡关系经历了由城乡分割、城乡二元到城乡统筹、城乡融合的转变过程(陈坤秋和龙花楼，2019)。城乡要素流动是城乡关系发展的重要载体，包括劳动力要素、资本要素和技术要素的跨区域流动，要素流动的形式和方向变化对新型城镇化与乡村振兴起到了关键作用。基于前面对我国新型城镇化与乡村振兴的空间分布趋势与耦合规律的可视化分析得到特征事实：我国新型城镇化的整体水平呈现下降趋势，下降趋势并不明显，地区间差异不断缩小；乡村振兴在东部沿海地区和内陆一些发达城市率先发展起来，并且在后面年份可以观测到明显的空间联动效应，乡村振兴水平形成高的空间集聚；新型城镇化和乡村振兴的耦合协调度在开始年份由于地区间城乡关系的差异而导致空间异质性较为明显，在随后年份，空间异质性转化为空间依赖性，区域内开始实现协同发展。本章更关心新型城镇化和乡村振兴背景下城乡耦合发展的内在驱动因素，以及不同驱动因素所引致的空间分布规律的异同。

为了探寻不同驱动因素对城乡耦合协调度影响的空间异质性，使用地理加权回归模型(GWR Model)对其进行检验(王银等，2023；王羲泽等，2023；李松亮等，2020)。地理加权回归广泛地应用于地理经济和空间模式分析的相关研究中。为了刻画地级市间的空间关系，参照 Brunsdon 等(1999)的方法构建空间权重矩阵。空间相关性设定为自适应带宽，核函数选用高斯核函数。空间权重矩阵的构建过程如式(3-6)所示：

$$W_{\{i\}} = \begin{bmatrix} W_{\{i\}_1 \to i} & 0 & \cdots & 0 \\ 0 & W_{\{i\}_2 \to i} & \cdots & 0 \\ \vdots & \vdots & & \vdots \\ 0 & 0 & \cdots & W_{\{i\}_h \to i} \end{bmatrix}$$

$$W_{\{i\}_h \to i} = \begin{cases} f(D_{\{i\}_h \to i}, \bar{d}), & D_{\{i\}_h \to i} \leqslant \bar{d} \\ 0, & 其他 \end{cases} \tag{3-6}$$

其中，$W_{\{i\}_h \to i}$ 表示第 h 个地级市与第 i 个地级市的空间相关关系；$D_{\{i\}_h \to i}$ 表示两个地级市之间的地理距离。由于空间在局部存在平滑趋势，地理加权回归在局部回归分析和变参数分析的基础上，通过借点原理解决了对不同样本的空间异质性估计的问题（Fotheringham and Brunsdon，1999）。主要步骤为对每一个局部点形成一个局部模型，以其对应的空间权重矩阵作为加权权重，使用广义最小二乘（generalized least square，GLS）法进行局部模型的参数估计。地理加权回归模型的公式为

$$W_{\{i\}} y_{\{i\}} = W_{\{i\}} X_{\{i\}} \beta(i) + W_{\{i\}} \mu_{\{i\}} \tag{3-7}$$

其中，$W_{\{i\}}$ 表示空间权重矩阵中的对应元素；$y_{\{i\}}$ 表示第 i 个地级市新型城镇化和乡村振兴的耦合协调度；$X_{\{i\}}$ 表示驱动因素，代表地级市的劳动力水平、固定资产投资水平和科研创新能力；$\mu_{\{i\}}$ 表示误差项；β 表示各驱动因素对耦合协调度的影响。

　　相较于 2000 年，2020 年空间高值集聚区域在长三角地区有所扩大，东北地区东部的高值集聚的显著性有所下降，西藏地区由显著的高值集聚转换为显著的低值集聚。投资驱动的城乡耦合空间异质性变化明显。在 2000 年，投资驱动的城乡耦合高值集聚区域主要集中在东北地区的东北部和西藏地区，在中部地区和西南沿海地区的部分城市也呈现出一定的高值集聚趋势。到了 2020 年，变化最为明显的是东北地区由显著的高值集聚转变为低值集聚，华中地区和华北地区呈现显著的高值集聚的空间分布特征。本节研究由创新驱动的城乡耦合发展的空间异质性分布发现，从 2000 年到 2020 年创新驱动的城乡耦合的空间分布较为分散，规律并不明显。说明创新驱动相较于劳动力驱动和投资驱动的空间影响有限，并不能发挥显著的空间带动效应。

三、不同驱动机制下城乡耦合发展的空间联动效应

　　区域协调发展是高质量发展的重要要求，区域协调发展机制不健全，发展不均衡仍是我国经济高质量发展面临的重要问题（张军扩等，2019）。我国经济已经从高速增长阶段转向高质量发展阶段，尤其是在供给侧结构性改革之后，如何实现利用有限的资源用于重点区域发展的同时通过区域联动效应带动邻近地区发展，是衡量高质量发展的一个重要特征。发展的空间联动效应的重要性还体现在公平分享发展成果方面。我国在经济高速增长阶段，为实现后发赶超，坚持"效率优先、兼顾公平"的发展原则，实现了东南沿海城市的快速发展，率先完成了城镇化。但这一分配原则导致了区域间经济发展成果分配的不均衡，体现在城乡之间和地区之间的教育医疗、基础设施和社会保障资源的差距加大以及社会矛盾逐渐激化方面。

发挥城乡发展耦合的空间联动效应，既是经济高质量发展的需要，也是完善成果分享机制的重要途径。为了检验劳动力、资本和技术创新驱动的新型城镇化和乡村振兴耦合发展是否发挥了空间联动效应，使用全局空间计量模型对耦合发展的空间溢出效应进行统计分析。全局空间计量模型在空间溢出效应分析中被广泛使用（郭元源等，2023；杨轩宇等，2023）。空间计量模型的一般设定如式（3-8）所示：

$$y_{it} = \alpha_0 + \beta_0 w_{it} y_{it} + \beta_1 x_{it} + \beta_2 w_{it} x_{it} + \mu_i + \eta_t + \varepsilon_{it}$$
$$\varepsilon_{it} = \delta_{it} + \beta_3 w_{it} \delta_{it}$$
(3-8)

其中，y_{it} 表示地级市新型城镇化和乡村振兴的耦合协调度；x_{it} 表示解释变量；μ_i 表示个体固定效应；η_t 表示年份固定效应；ε_{it} 表示误差项；$w_{it} y_{it}$ 和 $w_{it} x_{it}$ 分别表示被解释变量和解释变量的空间滞后项，当认定存在误差项的空间相关性时，模型中应该加入误差项的空间滞后项 $w_{it} \delta_{it}$。

在使用全局空间计量模型之前，首先需确定是否存在统计显著的空间相关性，使用空间莫兰指数对空间相关性进行确定。全局莫兰指数的计算公式为

$$I = \frac{n\sum_{i=1}^{n}\sum_{j=1}^{n} w_{ij}\left(x_i - \overline{x}\right)\left(y_i - \overline{y}\right)}{\sum_{i=1}^{n}\sum_{j=1}^{n} w_{ij}\sum_{i=1}^{n}\left(x_i - \overline{x}\right)^2}$$
(3-9)

其中，n 表示样本地级市数量；w_{ij} 表示 i 地级市和 j 地级市的空间邻近关系。据此绘制了 2000 年至 2020 年中每五年的莫兰指数图，可以看出，地级市新型城镇化指数和乡村振兴指数的耦合协调度基本分布在第一象限和第三象限（图 3-3），且全局莫兰指数在 1% 的置信度下显著，说明 2000 年至 2020 年新型城镇化和乡村振兴指数的耦合协调度存在显著的正向空间相关关系，这为使用全局空间计量模型提供了依据。

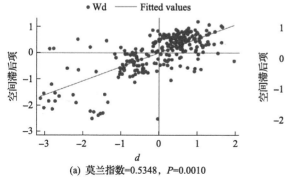

(a) 莫兰指数=0.5348，P=0.0010

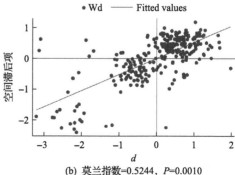

(b) 莫兰指数=0.5244，P=0.0010

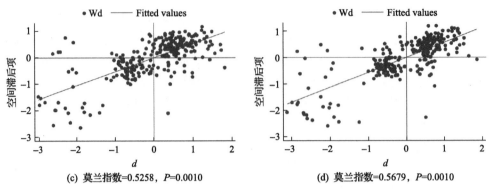

(c) 莫兰指数=0.5258，P=0.0010　　　　　(d) 莫兰指数=0.5679，P=0.0010

图 3-3　2000 年至 2020 年新城城镇化和乡村振兴耦合协调度的空间莫兰指数图

Wd 指空间滞后项，Fitted values 指模型预测的拟合值，即模型根据自变量计算的因变量估计值，
在图中为一条倾斜的线，表示预测值和自变量间的线性关系

　　表 3-4 汇报了投资驱动的空间杜宾模型(spatial Durbin model，SDM)的回归结果。从回归结果来看〔表 3-4 中(1)列〕，投资驱动的回归系数为 0.002，且在 5% 的置信水平下显著，说明增强地级市的创新能力能够显著促进城乡耦合发展，地级市固定投资每增加 1%，就会使城乡耦合协调度上升约 0.003%(0.002%/0.612)。

表 3-4　投资驱动的空间杜宾模型

变量		(1)	(2)	(3)	(4)
		耦合协调度	直接效应	空间效应分解溢出效应	总效应
核心解释变量	投资驱动	0.002** (0.018)	0.002** (0.018)	0.002 (0.163)	0.004*** (0.005)
控制变量	经济规模	−0.002 (0.149)	−0.003 (0.112)	−0.019*** (0.000)	−0.022*** (0.000)
	人口规模	−0.001 (0.661)	−0.001 (0.745)	0.011 (0.176)	0.010 (0.185)
	外商投资	−0.002*** (0.005)	−0.002*** (0.004)	−0.003 (0.177)	−0.004** (0.022)
	财政支出	−0.002* (0.087)	−0.002* (0.066)	−0.006* (0.057)	−0.008*** (0.004)
空间滞后项	$W \times$ 耦合协调度	0.055* (0.086)			
	$W \times$ 投资驱动	0.002 (0.210)			
	$W \times$ 经济规模	0.002 (0.210)			
	$W \times$ 人口规模	−0.018*** (0.000)			

续表

变量		(1)	(2)	(3)	(4)
		耦合协调度	直接效应	空间效应分解溢出效应	总效应
空间滞后项	W×外商投资	−0.003 (0.183)			
	W×财政支出	−0.005* (0.064)			
个体固定效应		是	是	是	是
年份固定效应		是	是	是	是
拟合优度		0.620			
样本数		5565	5565	5565	5565

***、**、*分别表示在1%、5%和10%的显著性水平

通过分解投资驱动的空间效应发现，投资驱动的直接效应为0.002，且在5%的置信水平下显著，而空间效应分解溢出效应并不显著。这说明地级市增加投资，能够显著促进当地的城乡耦合协调度，但对邻近地区的耦合协调度影响不大。

表3-5汇报了劳动力驱动的空间杜宾模型的回归结果。从(1)列可知，劳动力驱动的回归系数为−0.001，并不显著，这说明劳动力流入并不能显著提高城乡耦合发展水平。相应地，从劳动力驱动的空间效应分解结果来看 [表3-5中(2)~(4)列]，直接效应的系数为−0.001且并不显著，也证实了劳动力驱动无法直接影响当地的城乡耦合协调度。劳动力驱动空间效应分解溢出效应的回归系数为−0.005，且在10%的置信水平下显著，说明加大劳动力的集聚会抑制邻近地区的城乡耦合，这也导致了劳动力驱动的总效应为负 [表3-5中(4)列]。

表3-5　劳动力驱动的空间杜宾模型

变量		(1)	(2)	(3)	(4)
		耦合协调度	直接效应	空间效应分解溢出效应	总效应
核心解释变量	劳动力驱动	−0.001 (0.724)	−0.001 (0.742)	−0.005* (0.080)	−0.005* (0.055)
控制变量	经济规模	−0.002 (0.312)	−0.002 (0.259)	−0.012*** (0.001)	−0.014*** (0.000)
	人口规模	−0.002 (0.585)	−0.001 (0.664)	0.018** (0.048)	0.016* (0.052)
	外商投资	−0.002** (0.010)	−0.002*** (0.008)	−0.001 (0.669)	−0.002 (0.191)
	财政支出	−0.002 (0.163)	−0.002 (0.137)	−0.004 (0.174)	−0.005** (0.031)
空间滞后项	W×耦合协调度	0.055* (0.088)			

变量		(1)	(2)	(3)	(4)
		耦合协调度	直接效应	空间效应分解溢出效应	总效应
空间滞后项	W×劳动力驱动	−0.004* (0.085)			
	W×经济规模	−0.012*** (0.001)			
	W×人口规模	0.017* (0.053)			
	W×外商投资	−0.001 (0.658)			
	W×财政支出	−0.004 (0.183)			
个体固定效应		是	是	是	是
年份固定效应		是	是	是	是
拟合优度		0.614			
样本数		5565	5565	5565	5565

***、**、*分别表示1%、5%和10%的显著性水平

表3-6汇报了创新驱动的空间杜宾模型的回归结果。创新驱动的回归系数为0.001，且在5%的置信水平下显著，这表明提高地方创新能力能够显著地提高城乡耦合发展程度，创新能力每提高1%，就能使城乡耦合协调度上升约0.002%（0.001%/0.612）。对创新驱动的空间效应进行分解发现，直接效应的回归系数为0.001，在5%的置信水平下显著，空间效应分解溢出效应的回归系数为0.002，在5%的置信水平下显著，这说明提高地方创新能力，不仅能够显著地促进本地区的城乡耦合协调度，还能够促进邻近地区城乡耦合协调度的上升，创新驱动每增加1%，邻近地区的城乡耦合协调度就能上升约0.003%（0.002%/0.612）。

表3-6　创新驱动的空间杜宾模型

变量		(1)	(2)	(3)	(4)
		耦合协调度	直接效应	空间效应分解溢出效应	总效应
核心解释变量	创新驱动	0.001** (0.023)	0.001** (0.023)	0.002** (0.042)	0.002*** (0.055)
控制变量	经济规模	−0.002 (0.313)	−0.002 (0.260)	−0.013*** (0.000)	−0.015*** (0.000)
	人口规模	−0.002 (0.441)	−0.002 (0.455)	0.008 (0.315)	0.006 (0.429)

续表

变量		(1)	(2)	(3)	(4)
		耦合协调度	直接效应	空间效应分解溢出效应	总效应
控制变量	外商投资	−0.002*** (0.008)	−0.002*** (0.006)	−0.001 (0.562)	−0.003 (0.131)
	财政支出	−0.002 (0.230)	−0.002 (0.205)	−0.005* (0.088)	−0.006** (0.015)
空间滞后项	W×耦合协调度	0.052 (0.108)			
	W×创新驱动	0.002* (0.060)			
	W×经济规模	−0.012*** (0.000)			
	W×人口规模	0.009 (0.310)			
	W×外商投资	−0.001 (0.545)			
	W×财政支出	−0.005* (0.091)			
个体固定效应		是	是	是	是
年份固定效应		是	是	是	是
拟合优度		0.618			
样本数		5565	5565	5565	5565

***、**、*分别表示1%、5%和10%的显著性水平。

表3-4至表3-6分别分析了投资驱动、劳动力驱动、创新驱动对新型城镇化和乡村振兴耦合协调的影响以及空间效应的分解。结果说明，以增加固定资产来驱动城乡耦合发展只能作用于当地，对邻近地区并不能产生显著的带动效应；劳动力的集聚并不能推动城乡耦合，相反，无序的劳动力集聚对邻近地区的城乡耦合协调度产生负面影响；提高地级市的创新能力，不仅能够直接影响当地的城乡耦合协调度，还能显著地促进邻近地区的城乡耦合协调度。

已有经验表明，劳动力从农村流入城市，为农产品消费拓展了市场，改善了农业经营方式并扩大经营规模，推动了农产品生产的商品化、专业化和规模化。劳动力的转移与收入之间存在显著的正相关关系。离开农业生产并进入非农产业的劳动力通常能够获得比农业生产更高的工资收入，这种收入的增加为农村人口在教育和文化方面的支出提供了经济基础，从而提升了农村人力资本水平。这不仅改善了个体及其家庭的生活质量，也为整个农村地区的发展奠定了基础。与此同时，返乡劳动力在农村发展中发挥了重要作用。进城务工的劳动力在积累了一定的资本和技能后返乡，他们带回的不仅是资金，还有先进的生产技术和管理经验。这些返乡劳动力的资本投入促进了农村基础设施的改善和农业生产的投资，进而提升了农村的生活和生产条件。然而，劳动力的差异性和户籍制度的限制对劳动力流动形成了障碍。只有具备较高人力资本水平和一定物质资本水平的劳动者才能克服这些制度性障碍，实现职业的稳定转变。因此，流出的农村劳动力通常呈现出年轻、高技能、高素质和高收入的特征。这一现象导致农村剩余劳动力主要由年龄较大、技能较低的人群构成，进一步加剧了农业生产效率的下降。高质量劳动力的外流给农业生产带来了负面影响。由于大量年轻劳动力和高技能劳动力的离开，农业生产主要由妇女和老年人承担，导致农业生产效率下降，甚至出现部分耕地荒废的情况。这不仅影响了农业的产出，也削弱了农村经济的可持续发展能力。劳动力外流还伴随着资源的流失，尤其是伴随着教育收益和物质资本的流失。农村地区原本在教育和物质资本方面就存在投入不足的问题，高素质劳动力的外流使这一问题更加严重，导致农村陷入"成本在内，收益在外"的困境。这种倒置格局加剧了农村发展的困难，亟须政策层面的支持和干预，以实现城乡之间的协调发展。劳动力的无序集聚和区别流动导致扩大劳动力规模并不能实现区域带动效应，反而会对邻近地区的城乡协调产生负面影响。

已有研究肯定了扩大投资对缩小城乡发展差距的作用，尤其是增加公共医疗、教育和基础设施建设的投入，能够显著地增加城乡居民收入和提高生活质量（苏素和宋云河，2010）。但是我国渐进型市场化改革导致地区间市场化程度存在显著差异，资本要素的配置扭曲成为限制资本要素发挥空间带动效应的主要因素。市场化程度的区域性差异导致实体经济过度金融化，由于对金融市场的依赖，资本要素想要通过跨区域改善公共医疗和教育，完善基础设施进而提高邻近地区的城乡耦合更加困难。

两大战略耦合协调发展的直接效应来源于城乡人力资本差距的缩小和城乡产业结构的协同升级。创新推动的教育形式的改变，使农村劳动力能够通过在线学习、远程培训等方式获得教育资源（陈丽等，2024），消除城乡教育资源的不平等，创新推动的城乡人才流动也进一步弥合了城乡人力资本差距。创新常常伴随着新兴产业的涌现，不仅给城市带来新的增长点，也为城乡的产业互动提供机会，尤其是信息技术的创新更加促进了城乡产业的互联互通（庞丹和张晗，2023）。创新驱动的空间效应分解溢出效应来源于创新的集聚所产生的知识和技术的外溢，表现为地区创新能力的提升有利于形成知识蓄水池，突破信息、市场和人才等要素的行业限制和空间限制（陈建军等，2009；王文成和隋苑，2022）。

本 章 小 结

本章通过对我国 2000 年至 2020 年 256 个地级市新型城镇化和乡村振兴耦合

协调发展的实证研究发现，我国新型城镇化和乡村振兴的耦合协调度整体呈现东高西低、南高北低的空间趋势，东西差距和南北差距的空间趋势存在不同，东西地级市间的差距由西向东递减，而南北差距由北向南递增。本章发现 2000 年到 2020 年，劳动力驱动的耦合协调发展在南部城市的影响逐渐扩大，而对东北地区的影响减小；投资驱动对东北地区的影响由高转低，在 2020 年投资驱动影响效应主要集中在华中地区和华北地区；创新驱动的影响并没有明显的空间差异。在空间依赖性的分析中发现，劳动力驱动的耦合协调发展并未产生显著的直接效应，相反，劳动力的无序集聚和区别转移反而导致了邻近地区耦合协调度的降低；投资驱动的直接效应显著，但市场化程度的区域差异导致资本要素产生市场依赖，投资驱动并未能发挥空间带动效应；创新驱动能够直接影响当地的城乡耦合协调度，发挥显著的空间效应分解溢出效应，这得益于创新集聚所产生的知识和技术外溢。

结合本章的研究结论，提出以下三点针对性的政策建议。

第一，我国新型城镇化与乡村振兴耦合协调发展的东西差异和南北差异存在结构性的不同，东西差异逐渐缩小而南北差异存在明显的扩大趋势，南北地区间的城乡发展失衡成为地区发展不平衡的主要问题。鉴于投资驱动在北部地区尤其是东北地区的影响已经很低，应该加大北部城市促进人才和创新集聚的政策支持。

第二，劳动力驱动的负向空间效应分解溢出效应是由于劳动力的无序集聚和区别转移，投资驱动由于资本要素的市场依赖并未发挥显著的区域带动效应，我国市场化体制改革仍然滞后。应继续深化户籍制度改革和金融市场化改革，畅通劳动力要素和资本要素的空间流动。

第三，支持由创新驱动的城乡协调发展，理由是创新驱动的影响效应并不存在显著的空间差异，并且创新驱动通过形成知识技术蓄水池可以有力地打破要素流动的产业限制和空间限制，具有显著的空间效应分解溢出效应。

参 考 文 献

薄文广, 钱镱, 屈建成, 等. 2023. 新型城镇化与乡村振兴耦合协调及交互影响研究: 基于 156 个地级市面板数据的实证分析[J]. 中国软科学, (9): 106-116.

陈建军, 陈国亮, 黄洁. 2009. 新经济地理学视角下的生产性服务业集聚及其影响因素研究: 来自中国 222 个城市的经验证据[J]. 管理世界, (4): 83-95.

陈坤秋, 龙花楼. 2019. 中国土地市场对城乡融合发展的影响[J]. 自然资源学报, 34(2): 221-235.

陈丽, 徐亚倩, 杨阳. 2024. "互联网+教育" 的方法论: 共享驱动创新[J]. 中国远程教育, 44(1): 25-34.

程响, 何继新. 2018. 城乡融合发展与特色小镇建设的良性互动: 基于城乡区域要素流动理论视角[J]. 广西社会科学, (10): 89-93.

董光龙, 王珏, 程伟亚, 等. 2023. 山东省城镇化对农村居民点利用的直接效应与空间溢出效应研究[J]. 地理研究, 42(6): 1629-1646.

郭元源, 秦武, 吴亮, 等. 2023. 共同富裕政策推进区域共同富裕水平的空间溢出效应[J]. 经济地理, 43(9): 20-30.

李国平, 何晶彦. 2023. 中国区域协调发展: 经验事实、理论阐释及机制创新[J]. 广东社会科学, (6): 48-57.

李俊蓉, 林荣日. 2023. 乡村振兴与新型城镇化耦合协调度的测度与影响因素研究[J]. 浙江农业学报, 35(10): 2477-2489.

李松亮, 曾小明, 曾祥炎, 等. 2020. 地级市尺度下人力资本的空间特征及驱动因子[J]. 经济地理, 40(8): 43-48, 113.

刘进, 赵思诚, 许庆. 2017. 农民兼业行为对非农工资性收入的影响研究: 来自 CFPS 的微观证据[J]. 财经研究, 43(12): 45-57.

刘守英, 龙婷玉. 2022. 城乡融合理论: 阶段、特征与启示[J]. 经济学动态, (3): 21-34.

马广兴. 2020. 河南新型城镇化与乡村振兴耦合性分析[J]. 中国农业资源与区划, 41(3): 103-112.

庞丹, 张晗. 2023. 中国式现代化进程中城乡产业融合驱动共同富裕: 现实梗阻及纾解之策[J]. 农村经济, (10): 124-134.

苏素, 宋云河. 2010. 中国各地区城乡收入差距及其影响因素研究[J]. 技术经济, 29(12): 107-112.

孙杰, 于明辰, 甄峰, 等. 2023. 新型城镇化与乡村振兴协调发展评估: 浙江省案例[J]. 经济地理, 43(2): 115-123.

王淑佳, 孔伟, 任亮, 等. 2021. 国内耦合协调度模型的误区及修正[J]. 自然资源学报, 36(3): 793-810.

王文成, 隋苑. 2022. 生产性服务业和高技术产业协同集聚对区域创新效率的空间效应研究[J]. 管理学报, 19(5): 696-704.

王羲泽, 罗玮幸, 刘琼, 等. 2023. 中国城市住房限购强度的时空扩散特征及其形成机制[J]. 经济地理, 43(10): 75-86.

王银, 叶文丽, 吴孔森, 等. 2023. 生态脆弱区乡村建设水平对农户生计恢复力的影响: 以黄土高原佳县为例[J]. 经济地理, 43(2): 181-189.

魏后凯. 2014. 中国城市行政等级与规模增长[J]. 城市与环境研究, 1(1): 4-17.

魏守华, 杨阳, 陈珑隆. 2020. 城市等级、人口增长差异与城镇体系演变[J]. 中国工业经济, (7): 5-23.

谢天成. 2021. 乡村振兴与新型城镇化融合发展机理及对策[J]. 当代经济管理, 43(3): 43-48.

徐雪, 王永瑜. 2022. 中国乡村振兴水平测度、区域差异分解及动态演进[J]. 数量经济技术经济研究, 39(5): 64-83.

杨轩宇, 任胜钢, 靳海攀. 2023. 中国 287 个城市创新的空间分异与溢出效应[J]. 经济地理, 43(9): 52-61.

姚洋, 张牧扬. 2013. 官员绩效与晋升锦标赛: 来自城市数据的证据[J]. 经济研究, 48(1): 137-150.

张军扩, 侯永志, 刘培林, 等. 2019. 高质量发展的目标要求和战略路径[J]. 管理世界, 35(7): 1-7.

Brunsdon C, Fotheringham A S, Charlton M. 1999. Some notes on parametric significance tests for geographically weighted regression[J]. Journal of Regional Science, 39(3): 497-524.

Fotheringham A S, Brunsdon C. 1999. Local forms of spatial analysis[J]. Geographical Analysis, 31(4): 340-358.

第四章　数字经济发展对乡村振兴的影响与作用机制
——基于二元结构视角

党的二十大报告将"全面推进乡村振兴"作为"加快构建新发展格局，着力推动高质量发展"的五大重点任务之一，强调"全面建设社会主义现代化国家，最艰巨最繁重的任务仍然在农村"，要"坚持农业农村优先发展""扎实推动乡村产业、人才、文化、生态、组织振兴"。[①]全面推进乡村振兴战略成为促进我国农业农村现代化的重要部署，研究乡村振兴的驱动因素和作用机制具有重要的现实意义。

由历史原因形成的我国城乡经济二元结构格局至今尚未完全打破。二元结构下"劳动力市场分割"阻碍了城乡市场统一的进程（解安和林进龙，2023；胡雪萍等，2023）。劳动力市场分割表现在城乡劳动力市场分割和城市内部二级劳动力市场形成的"二重二元结构"（魏后凯，2014；夏柱智和贺雪峰，2017；张海鹏，2019）。目前，我国的二元结构依然存在（蔡昉，2022），在深化市场化改革过程中我国城乡之间与城市内部的劳动力要素也并未实现完全流动，并且长期保持"二元悖论"的状态，即经济快速增长而就业吸纳能力不断下降。随着全面推进改革开放，以出口为导向的城市发展模式大大刺激了工业和服务业的发展。我国工业化的资金积累主要依靠农业产品价格剪刀差的方式从农业提取。市场化改革后，受从农业提取工业化资金积累惯性的作用，我国对农业和农村发展的支持力度仍然不足。2004年以后，城乡发展差距问题得到重视，国家试图通过支持农产品价格和免征农业税等方式促进资金流入农村和农业，但农业与工业和服务业的边际报酬差距扩大，导致无法通过市场机制实现城市资金进入农村（国务院发展研究中心农村经济研究部课题组等，2023）。

寻找新的增长动能，成为打破城乡二元结构、推动乡村振兴亟须思考的问题。随着信息技术的发展，数字经济正在成为中国经济发展的新动能。对于农村劳动力而言，数字经济的包容性能够为低收入劳动者提供更多的就业选择（张勋等，2019）并营造良好的创业环境（谢绚丽等，2018）。对农业生产而言，数字经济与农业形成有机结合，通过电商等新的营销模式提高农产品的附加值（温涛和陈一明，

[①]《习近平：高举中国特色社会主义伟大旗帜　为全面建设社会主义现代化国家而团结奋斗——在中国共产党第二十次全国代表大会上的报告》，https://www.gov.cn/xinwen/2022-10/25/content_5721685.htm，2022年10月25日。

2020)。数字经济对于乡村振兴的影响不仅在于劳动力市场，对农业生产的影响也不容忽视。数字经济赋能我国农业农村现代化，对于实现城乡要素双向自由流动和市场化配置具有积极意义。

要素的配置效率与二元结构息息相关(付敏杰和张平，2022)。我国要素市场化改革经历了漫长的过程(樊纲等，2011)，要素错配也是我国二元经济结构的典型特征(Banerjee and Duflo，2005)。资本和劳动力要素的错配通过降低成本为企业带来好处，尤其在晋升激励下，地方官员更倾向于扭曲要素配置获得地域竞争优势。鉴于此，本章研究通过测算 272 个地级市的数字经济成分指标和乡村振兴指数，构建双向固定效应模型和空间计量模型检验数字经济对乡村振兴的影响以及作用机制和边际条件。本章研究发现，数字经济发展能够显著地促进乡村振兴，主要通过扩大就业、产业协调和区域带动这三条途径实现：对扩大就业的影响表现在数字经济显著促进就业规模的扩大，以及为农业生产提供更多的就业岗位和减小城市职工与农民之间的收入差距方面；对产业协调的影响表现在数字经济促进三次产业的协调发展，以及提高农业企业的盈利能力以及提高农民的工资水平方面；对区域带动的影响表现在数字经济通过跨区域的技术溢出及要素流动产生区域带动效应。本章研究还发现数字经济对乡村振兴的促进作用需要一定条件，只有在劳动力和资本配置扭曲较小的环境下数字经济才能够充分发挥作用。以"宽带中国"战略实施方案作为加快数字经济建设的外生政策冲击，发现数字基础设施建设能够显著促进乡村振兴。

本章研究可能存在的边际贡献：①在乡村振兴背景下重新审视我国二元结构问题，提出解决二元结构对乡村振兴的影响不仅体现在劳动力市场上，更体现在农业自身的竞争力上，丰富了二元结构理论的应用场景；②研究发现在不同要素错配环境下，数字经济对乡村振兴的影响及作用机制存在异质性，较低的要素配置扭曲更有利于数字经济发挥影响，对资源错配理论的经验分析进行了补充；③通过渐进双重差分模型发现数字基础设施建设虽然促进了乡村振兴，但有可能会扩大试点城市与其他城市之间乡村振兴的差距，这可以为我国推进数字经济建设政策的实施提供依据。

第一节　二元经济的理论背景和机制分析

一、二元结构与我国经济发展

以 Lewis(1954)为代表的二元结构理论一直是发展经济学的核心理论。二元结构理论把发展中国家分为典型的两个部门，农业部门(传统部门)和工业部门(现代部门)，理论假设劳动力在农业部门的分配规则为维持生存的最低工资，工业部门则为正常工资。农业部门的劳动力相较于有限的土地资源严重过剩，使得存在边际生产为零的剩余劳动力，工业部门只需提供略高于维持生存的工资就可以获得劳动力的无限供给，此时工业部门的劳动力供给曲线为工资水平无弹性的水平线。这为工业部门的无限扩张提供了条件，以此解释了发展中国家发展初期经济快速增长的原因。当剩余劳动力完全转移到工业部门之后，农业部门和工业部门就存在劳动力竞争，工业部门的劳动力供给曲线向上倾斜，此时两部门的劳动力分配称为刘易斯拐点。

我国的经济发展是典型的二元经济结构。工业化后城市提供大量就业机会，农村剩余劳动力向城市大规模转移。但受城市户籍制度的影响，农村转移劳动力市民化面临较高的门槛。农村的承包地制度和宅基地制度为进城农民工留有后路，增大了企业对农民工的技能培训风险和成本，这阻碍了农村转移劳动力的内部化，形成了劳动力二级市场（马晓河和杨祥雪，2023）。受到城市工业化发展饱和的影响，流动人口返乡现象出现，但农业产业链发展的滞后导致农村就业岗位的持续萎缩，部分农民工不得不过早地退出劳动力市场（付豪等，2019；国务院发展研究中心农村经济研究部课题组等，2023）。国家统计局数据显示（图 4-1），2012 年以前，由于二三产业附加值高，劳动力不断由第一产业转移到二三产业，表现为第一产业劳动力数量不断下降、二三产业劳动力数量不断上升。2012 年之后，由于技术效率的提高，第二产业资本和技术的边际报酬不断上升，资本和技术对劳动的边际替代率不断上升，劳动力的边际报酬趋于稳定，致使劳动力转而向边际替代率不高的第三产业转移。2003 年至 2022 年，我国第一产业劳动力数量由 2003 年的 3.62 亿人下降到 2022 年的 1.77 亿人，降幅接近 51.1%。

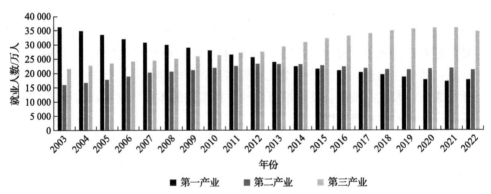

图 4-1　我国产业就业人数变动趋势

资料来源：国家统计局

农村富余劳动力的转移为我国经济发展提供了充足动力，但"候鸟"型的转移模式给我国带来了一系列的社会问题（"城镇化进程中农村劳动力转移问题研究"课题组和张红宇，2011)。由于城市次级劳动力市场的形成，转移劳动力的工资水平普遍低于城镇职工，转移劳动力享受不到充分的社会保障。就业稳定性受宏观经济影响的波动较大，转移劳动力随时面临失业的风险，返乡农民工的再就业问题已经十分尖锐(曾湘泉和郭晴，2022)。

二、数字经济发展与乡村振兴

信息化浪潮下数字技术已经成为推动我国经济发展的重要动能。《"十四五"数字经济发展规划》指出，数字经济发展速度之快、辐射范围之广、影响程度之深前所未有，正推动生产方式、生活方式和治理方式深刻变革，成为重组全球要素资源、重塑全球经济结构、改变全球竞争格局的关键力量。2022年我国数字经济规模已经达到50.2万亿元，同比增长10.3%，占GDP比重达到41.5%，相当于第二产业的国民经济比重。数字化技术的应用不仅能够降低企业的交易成本和特定类型服务的流动障碍(黄群慧等，2019;Harris，1989)，还能够促进企业由技术研发向社群平台的商业模式转变(罗珉和李亮宇，2015)。数字经济通过加快人力资本积累、金融发展和产业升级促进区域创新效率(韩先锋等，2019)。

数字经济对乡村振兴的影响是多方位的。从产业兴旺的角度出发，数字经济的普惠性降低了农村的融资约束，增加了农民和农业企业的金融服务的可获得性，使更多的中小农户和农业企业获得更多的资金支持。以信息技术为媒介使农产品市场实现供、产、销一体化，提升了农业制成品的附加值(易加斌等，2021)。从生态宜居的角度出发，数字技术的应用在提升农业生产效率的同时几乎不产生任何非期望产出，数字经济带来的高附加值也使更多农村摒弃了高污染的传统产业(汪晓文等，2023)。从生活富裕的角度出发，数字经济与乡村产业的融合催生出大量的就业机会。数字经济所依托的信息化技术的推广提高了农村教育的投资回报率，削弱了户籍制度对阶级跃迁的阻力，促进了社会平等(方福前等，2023)。数字化治理、数字信息的收集与共享也促进了乡风文明(张岳等，2024)。

三、机制分析与研究假设

数字经济影响乡村振兴的理论框架如图4-2所示。城乡劳动力市场的分割导致了城乡就业规模的整体下降;提高转移劳动力的工资水平是跨过刘易斯拐点的重要特征，但次级劳动力市场的形成导致转移劳动力很难通过内部化的方式提高工资水平(孟凡强等，2017);"候鸟"型的转移模式是我国人口转移的特点，农村能否为返乡劳动力提供更多的就业岗位，解决农村留守劳动力的在地就业问题成为时代之需。已有数字经济与农村就业的研究往往倾向于把农村看成独立个体，忽视了城乡之间要素流动的相互关系。提高农业生产的附加值和农业竞争力是促进要素流动的内在动因，已有相关研究对二元结构、产业融合和乡村振兴进行了理论论述(张海鹏，

2019；魏后凯，2014），提供的实证经验仍然需要进一步补充。信息技术传播速度快、范围广的特点能否实现区域内的经济要素共享和带动作用，仍然有待验证。

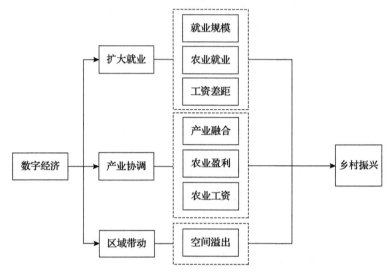

图 4-2　数字经济影响乡村振兴的理论框架

鉴于此，本章从打破二元结构的角度提出以下三个研究假设。

假设 1：数字经济的发展能够显著地促进乡村振兴。

假设 2：数字经济对乡村振兴的影响机制在于扩大就业和产业协调。数字经济扩大了整体的就业规模和农业就业机会，缩小了城乡收入差距；数字经济提高了一二三产业的耦合协调度以及农业企业的盈利能力，提高了农业企业的工资水平。

假设 3：数字经济对乡村振兴存在区域带动效应。

数字经济对乡村振兴的促进作用可能受到要素配置扭曲的影响，资本要素扭曲的影响体现在金融抑制方面，如普遍存在利率管控、干预信贷决策和资本项目管制（易福金等，2023）。劳动力要素扭曲导致转移劳动力的权益不受保障以及工资降低（康志勇，2012）。继而提出研究假设 4。

假设 4：数字经济对乡村振兴的影响受要素扭曲程度的影响存在异质性。

第二节　实证策略和数据描述

一、实证策略

1. 基准回归

本章研究使用面板数据双向固定效应模型对研究假设进行实证分析，模型设定如式（4-1）所示：

$$\text{rural\_vitalize}_{it} = \alpha + \beta_1 \times \text{digitalize}_{it} + \text{Control}_{it} \times \beta' + \lambda_i + \eta_t + \varepsilon_{it} \tag{4-1}$$

其中，$\text{rural\_vitalize}_{it}$ 表示第 i 个地级市第 t 年的乡村振兴指数；α 表示常数项；β_1 表示自变量数字经济 digitalize_{it} 的估计系数；控制了地级市的个体效应和年份效应，β_1 具体表示数字经济对乡村振兴的平均处理效应；Control_{it} 表示第 i 个地级市第 t 年的控制变量向量；β' 表示控制变量的估计系数向量，λ_i 表示地级市 i 的个体效应；η_t 表示第 t 年的年份效应；ε_{it} 表示误差项。

2. 内生性问题

采用面板数据双向固定效应模型能够较大程度上解决遗漏变量带来的内生性问题，从而导致处理效应 β_1 的估计有偏，但还有两方面的内生性问题需要解决。第一，数字经济（digitalize）本身可能是一个内生变量，即排除遗漏变量的影响外，数字经济仍然与误差项 ε 相关；第二，数字经济可能受到邻近地区影响，从而导致空间上的内生性。

针对数字经济（digitalize）自身的内生性，研究选用国际数字化需求（foreign_demand）作为数字经济的工具变量并进行两阶段最小二乘（two stage least square，2SLS）估计。国际数字化需求能够有效刺激当地的数字经济发展，但几乎很难找到直接证据证明国际数字化需求对当地农村发展能够产生实质影响，从理论上讲，国际数字化需求（foreign_demand）满足工具变量的要求。回归模型为

$$\text{digitalize}_{it} = \alpha + \theta_1 \times \text{foreign\_demand}_{it} + \text{Control}_{it} \times \beta' + \lambda_i + \eta_t + \varepsilon_{it} \tag{4-2}$$

$$\text{rural\_vitalize}_{it} = \alpha + \theta_2 \times \widehat{\text{digitalize}_{it}} + \text{Control}_{it} \times \beta' + \lambda_i + \eta_t + \varepsilon_{it} \tag{4-3}$$

式（4-2）为第一阶段回归，式（4-3）为第二阶段回归，$\widehat{\text{digitalize}_{it}}$ 为第一阶段拟合值，θ_2 为数字经济对乡村振兴平均处理效应的无偏估计。

针对数字经济（digitalize）空间上的相关性，研究构建双向固定效应的空间杜宾模型进行回归。将被解释变量和解释变量的空间滞后项放入回归方程当中来缓解邻近城市数字经济对估计无偏性的影响。模型设计如式（4-4）所示：

$$\begin{aligned}
\text{rural\_vitalize}_{it} = {} & \alpha + \rho \times \sum_{i \neq j}^{272} w_{it} \times \text{rural\_vitalize}_{it} + \beta_1 \times \text{digitalize}_{it} \\
& + \beta_2 \sum_{i \neq j}^{272} w_{it} \times \text{digitalize}_{it} + \beta_3 \times \text{TW} \times \text{Control}_{it} \\
& + \text{Control}_{it} \times \beta' + \lambda_i + \eta_t + \varepsilon_{it}
\end{aligned} \tag{4-4}$$

其中，$w \times \text{rural\_vitalize}$ 表示因变量乡村振兴指数的空间滞后项；$w \times \text{digitalize}$ 表

示数字经济的空间滞后项；TW×Control 表示控制变量的空间滞后项。β_1 表示剔除空间依赖后得到的无偏估计。

二、数据说明

本章研究使用的原始数据来源于 Wind 数据库、中国经济社会大数据研究平台、《中国社会统计年鉴》、《中国城乡统计年鉴》、《中国农村统计年鉴》、《中国人口和就业统计年鉴》、各省统计年鉴及其他统计年鉴。样本收集了 2011 年至 2019年我国 272 个地级市宏观经济面板数据[①]，所有经济指标数据都以 2011 年为基期进行平减，美元使用额则用当年美元对人民币的平均汇率将其换算成人民币的数值来表示。对缺失数据采用均值插补法进行补全。此外，地级市地位经纬度数据为市政府所在地坐标。

参考徐雪和王永瑜(2022)的研究，因变量乡村振兴指数使用熵值法进行测度。参考赵涛等(2020)相关研究，自变量数字经济使用主成分分析的方法进行构建。产业协调用一二三产业的增加值进行耦合计算得到。资本错配和劳动力错配参照Hsieh 和 Klenow(2009)的测度方法得到。经济规模用地级市地区生产总值的对数化形式表示，用以衡量地级市的整体经济规模；城镇化率用地级市城镇人口与年平均人口的比重表示，用以衡量地级市的城镇化水平；经济开放度用实际外资投资占总投资的比重表示，用以衡量经济的开放程度；财政支出用计划内地级市财政支出与财政收入的比值表示，用以衡量地级市的财政自由度与转移支付能力；国际数字化需求用地级市国际互联网用户数(万人)表示；就业规模用地级市一二三产业就业总人数(百万人)表示；农业就业用第一产业就业总人数(百万人)表示；农民工资用农民人均工资(万元)表示；农业生产率用农村人均产值(千元)表示；资产流动率用地级市流动资产与总资产的比值表示，用于衡量地级市的资产流动性；农业企业盈利用地级市规模以上农产品加工企业的盈利(百亿元)表示。所有变量的描述性统计见表 4-1。

表 4-1　描述性统计

变量		观测数	均值	标准差	最小值	最大值
因变量	乡村振兴指数	2448	0.371	0.135	0.034	0.96
自变量	数字经济	2448	0.079	1.011	−2.237	7.11
控制变量	经济规模	2448	16.468	0.875	14.106	19.254
	城镇化率	2448	0.404	0.242	0.076	1.819
	经济开放度	2448	0.018	0.019	0.002	0.229
	财政支出	2448	14.753	0.663	12.031	17.533

———————

① 为了排除干扰，研究样本剔除了北京市、天津市、上海市和重庆市 4 个直辖市。

续表

	变量	观测数	均值	标准差	最小值	最大值
工具变量	国际数字化需求	2448	92.348	96.965	1.000	782
机制变量	就业规模	2448	0.526	0.596	0.051	6.493
	农业就业	2448	0.001	0.002	0.001	0.018
	农民工资	2448	2.949	0.968	0.562	7.076
	产业协调	2448	0.612	0.066	0.374	0.751
	农业生产率	2448	2.77	0.915	0.546	6.795
	资产流动率	2448	1.226	0.688	0.051	9.4
	农业企业盈利	2448	27.697	9.147	5.256	66.416
	资本错配	2448	0.471	0.512	0.000	6.039
	劳动力错配	2448	2.205	2.568	0.000	23.407

第三节　实证结果分析与讨论

一、基准回归

为了验证数字经济对乡村振兴的影响，进行实证回归，回归结果如表 4-2 所示。

表 4-2　基准回归

变量	乡村振兴
数字经济	0.010*** (0.001)
经济规模	−0.017*** (0.002)
城镇化率	0.029** (0.027)
经济开放度	−0.205*** (0.000)
财政支出	0.022*** (0.001)
常数项	0.291*** (0.003)
个体效应	是
年份效应	是
样本数	2448
拟合优度	0.550

***、**分别表示 1%、5%的显著性水平

从实证结果来看，数字经济对乡村振兴具有显著促进作用，验证了研究假设1。两个内生性问题可能影响该结论的稳健性：首先，双向固定效应模型虽然能够通过组内作差和组间作差的方法最大程度削弱遗漏变量引起的估计有偏，但无法解决模型本身含有内生解释变量的问题；其次，本地乡村振兴水平可能会受到邻近地区乡村振兴水平的影响，导致数据的高估。对内生解释变量的影响，本章使用国际数字化需求作为外生的需求冲击来捕捉数字经济发展的外生性部分，使用两阶段最小二乘估计缓解由内生变量造成的估计有偏。对空间集聚所产生的空间联动性的影响，本章使用空间计量模型，通过加入因变量和解释变量的空间滞后项进行解决。

二、稳健性检验

1. 工具变量法

为了解决内生变量引起的内生性问题，使用国际互联网用户数作为数字经济的工具变量。国际数字化需求能够有效刺激当地的数字经济发展，使国际互联网用户数与数字经济有很强的相关性，满足工具变量的相关性要求。很难找到直接证据证明国际的经济交流对当地农村发展能够产生直接影响，满足工具变量的排他性要求。对式(4-2)和式(4-3)进行回归，结果见表4-3。

表4-3　工具变量两阶段最小二乘回归

变量	(1)	(2)
	第一阶段	第二阶段
	数字经济	乡村振兴
数字经济(拟合值)		0.013*** (0.004)
国际数字化需求	0.004*** (0.000)	
经济规模	0.188*** (0.000)	−0.018*** (0.001)
城镇化率	0.040 (0.533)	0.029** (0.026)
经济开放度	−0.196 (0.476)	−0.204*** (0.000)
财政支出	0.058* (0.065)	0.021*** (0.001)
常数项	−5.051*** (0.000)	0.312*** (0.002)
个体效应	是	是

续表

变量	(1)	(2)
	第一阶段	第二阶段
	数字经济	乡村振兴
年份效应	是	是
第一阶段 F 统计量	20.70^{***}	
样本数	2448	2448
拟合优度	0.946	0.602

***、**、*分别表示 1%、5%和10%的显著性水平

由表 4-3 的(1)列可知，第一阶段国际数字化需求显著提高了数字经济水平，且 F 统计量大于临界值 10，说明工具变量具有强的相关性，排除存在弱工具变量导致估计偏差更大的情况。第二阶段数字经济显著影响了乡村振兴，排除了模型存在内生变量对基准回归稳健性的影响。

2. 空间相关性

本章使用的是地级市面板数据，观测点的乡村振兴水平可能受邻近地区数字经济的影响而使得数字经济的效应估计有偏。乡村振兴水平的"高高"集聚可能遗漏邻近地区对观测点乡村振兴水平的影响，这种干扰无法通过组内作差和组间作差的方法排除，导致回归系数的高估，"低低"集聚可能造成回归系数的低估。为了检验样本是否具有空间相关性以及空间相关性的主体特征，选择计算全局莫兰指数的方法，当莫兰指数显著为正时，说明样本的空间相关性主要表现为"高高"集聚，莫兰指数为负时则为"低低"集聚。

通过表 4-4 可知，莫兰指数从 2011 年至 2019 年显著为正，说明观测样本存

表 4-4　莫兰指数

年份	莫兰指数	P 值
2011	0.219^{***}	0.000
2012	0.224^{***}	0.000
2013	0.205^{***}	0.000
2014	0.235^{***}	0.000
2015	0.205^{***}	0.000
2016	0.230^{***}	0.000
2017	0.215^{***}	0.000
2018	0.270^{***}	0.000
2019	0.255^{***}	0.000

***表示 1%的显著性水平

在强的空间正相关性,"高高"集聚所带来的正向的区域协同效应可能威胁基准回归的稳健性,使得处理效应被高估。

为了排除空间相关性对回归估计造成的影响,使用空间杜宾模型对式(4-4)进行回归,结果见表4-5。

表4-5　空间杜宾模型

变量	乡村振兴
数字经济	0.008*** (0.000)
经济规模	−0.005 (0.363)
城镇化率	0.014 (0.146)
经济开放度	−0.117*** (0.009)
财政支出	0.014*** (0.007)
$W \times$ 数字经济	0.019*** (0.004)
$W \times$ 经济规模	−0.025*** (0.002)
$W \times$ 城镇化率	0.109*** (0.000)
$W \times$ 经济开放度	−0.539*** (0.000)
$W \times$ 财政支出	0.037*** (0.000)
$W \times$ 乡村振兴	−0.236*** (0.000)
个体效应	是
年份效应	是
样本量	2448
拟合优度	0.964

***表示1%的显著性水平

将解释变量和被解释变量的空间滞后项加入回归模型之后,拟合优度由基准回归的0.550上升为0.964,说明使用空间杜宾模型大大提高了模型的解释力度。与预期一致,数字经济的回归系数下降为0.008,小于基准回归的0.010,这是由于数字经济对乡村振兴的促进作用一部分来源于邻近地区的数字经济,由数字经济空间滞后项($W \times$ 数字经济)的回归系数显著为正可得到该结论。

三、机制检验

1. 数字经济扩大就业规模

二元结构下劳动力市场典型特征为"二元悖论"以及"二重二元结构"。为了检验数字经济消除"二元悖论"和"二重二元结构"进而促进乡村振兴这一机制，使用就业规模、农业就业和工资差距作为因变量进行回归分析。为了消除内生性变量对估计结果的影响，使用两阶段最小二乘法进行回归，结果如表 4-6 所示，这里只给出第二阶段结果。

表 4-6　数字经济扩大就业规模

变量	(1)	(2)	(3)
	就业规模(第二阶段)	农业就业(第二阶段)	工资差距(第二阶段)
数字经济	0.310*** (0.000)	0.004*** (0.000)	−0.111* (0.068)
经济规模	0.091*** (0.002)	0.003*** (0.007)	0.105 (0.185)
城镇化率	−0.231*** (0.001)	−0.014*** (0.000)	0.453** (0.017)
经济开放度	−0.987*** (0.001)	−0.001 (0.930)	−0.617 (0.447)
财政支出	−0.004 (0.896)	−0.004*** (0.005)	0.615*** (0.000)
常数项	−0.585 (0.265)	0.021 (0.344)	−1.925 (0.188)
个体效应	是	是	是
年份效应	是	是	是
样本数	2448	2448	2448
拟合优度	0.285	0.093	0.693

***、**、*分别表示 1%、5%和 10%的显著性水平

提高城乡整体的就业吸纳能力是打破"二元悖论"的关键，表 4-6 中(1)列和(2)列数字经济的系数显著为正，表明数字经济提高了地级市整体的就业吸纳能力，验证了研究假设 2。数字经济成分每上升 1%将带动整体就业 3100 人，其中带动农业就业 40 人，相较于数字经济对就业规模的整体影响而言，对农业就业的带动效应并不明显。城乡工资差距是形成次级劳动力市场的主要因素，通过表 4-6 中(3)列可知，数字经济发展能够显著地降低城乡的工资差距，减弱次级劳动力市场对乡村振兴的影响，具体表现为数字经济能够改善农村劳动力的就业环境、提高人力资本水平以及拓展资本水平(王修梅和易法敏，2023)。

2. 数字经济协调产业发展

为了检验数字经济协调产业发展进而促进乡村振兴的效应，使用一二三产业发展的耦合协调度作为机制变量进行分析。结果见表 4-7。

表 4-7　数字经济协调产业发展

变量	(1)	(2)	(3)
	产业协调(第二阶段)	农民工资(第二阶段)	农业企业盈利(第二阶段)
数字经济	6.973***	0.061**	0.904***
	(0.000)	(0.040)	(0.004)
经济规模	42.853***	−0.132***	−1.439***
	(0.000)	(0.001)	(0.000)
城镇化率	−0.084	0.196**	1.595*
	(0.949)	(0.030)	(0.098)
经济开放度	4.968	−1.530***	−11.807***
	(0.379)	(0.000)	(0.005)
财政支出	−1.294**	0.171***	1.515***
	(0.045)	(0.000)	(0.001)
常数项	−522.950***	2.319***	26.516***
	(0.000)	(0.001)	(0.000)
个体效应	是	是	是
年份效应	是	是	是
样本数	2448	2448	2448
拟合优度	0.940	0.600	0.541

***、**、*分别表示 1%、5%和 10%的显著性水平

由表 4-7 可知，数字经济能够显著地促进产业协调发展，表现在数字经济增强了一二三产业发展的协同性、改善农业企业盈利和提高农民工资等方面，验证研究假设 2。产业融合发展要求一二三产业之间的协调与互动，由表 4-7 的(1)列可知，数字经济增强了产业间的协同与互动。具体表现为数字经济的发展促进了农业全产业链生产效率、产业结构调整、产品新市场开发、主体协同分工，实现了农业自身发展与产业升级转型(韩旭东等，2023)，弥补了农业同二三产业之间的差距。其次，数字经济发展推动了农业供应链金融的数字化转型(许玉韫和张龙耀，2020)，降低了农业同二三产业的交易成本，深化了一二三产业融合发展程度。农业工资水平的上升为农业发展争取更多的劳动力创造了条件，也意味着农业生产效率开始高于制度工资情况下的生产水平(岳龙华等，2013)。由表 4-7 的(2)列和(3)列可知，数字经济显著地提高了农民工资和

农业企业盈利。数字经济赋能农文旅融合发展，拓展了农村经济产业链，提高了乡村企业的非农收入(吴江等，2023)。数字经济激发了农村创业活跃度，催生了包括休闲农业、适度规模经营的农业和农村电商等新产业、新业态，实现了农村资源优势的转换(黄漫宇和曾凡惠，2021)。

3. 数字经济的溢出效应

数字经济相较于传统技术，具有传播快、影响广、成本低的特点。为检验数字经济发展对乡村振兴的空间带动作用，对数字经济的空间效应进行分解(具体过程见附录)。结果见表4-8。

表 4-8　空间效应分解

变量	(1)	(2)	(3)
	直接效应	空间效应分解溢出效应	总效应
数字经济	0.008*** (0.001)	0.014*** (0.009)	0.022*** (0.000)

***表示1%的显著性水平

根据表4-8可知，数字经济对乡村振兴影响的直接效应为0.008，与基准结果相差不大。数字经济有较高的空间效应分解溢出效应，本地数字经济发展不仅能够促进本地的乡村振兴，还能够带动邻近地区的乡村发展。"反馈效应"使得数字经济发展对当地乡村振兴的总效应上升为0.022，比直接效应高出1.75倍。数字经济发展能够促进区域的产业互动和产业链信息传递，实现"牛鞭效应"，改善供应链上企业间的信息传递效率进而优化供给结构(李青原等，2023)，通过优化供给结构可以解决农村落后产业的污染问题，助力乡村的生态建设。数字经济技术运用到乡村治理当中，能够提高乡村基层管理效率，还会产生示范效应，带动邻近地区的乡村治理水平提升，验证研究假设3。

四、异质性分析

数字经济促进乡村振兴，需要生产要素在市场竞争作用下由低效率市场流向高效率市场，从而获得边际报酬。我国渐进式的市场化改革使得在资源配置中实现要素的有效流动，形成地域间的要素配置扭曲，这对乡村振兴造成了一定的阻碍。为了检验要素扭曲配置对数字经济促进乡村振兴异质性的影响，本章测算了地级市的要素配置扭曲程度来体现不同区域间要素配置效率的差异性。为了保证统计检验效率和控制协变量对乡村振兴的影响不变，使用可变系数的面板回归模型对要素扭曲的异质性进行回归，结果见表4-9。

表 4-9　要素扭曲对乡村振兴的异质性

变量	乡村振兴		
	(1)	(2)	(3)
数字经济(低)	0.008** (0.014)	0.012*** (0.000)	0.010*** (0.003)
数字经济(资本中)	0.004** (0.045)		0.004* (0.044)
数字经济(资本高)	0.004* (0.079)		0.004 (0.117)
数字经济(劳动力中)		−0.002 (0.335)	−0.003 (0.190)
数字经济(劳动力高)		−0.007*** (0.001)	−0.007*** (0.002)
经济规模	−0.015*** (0.007)	−0.017*** (0.002)	−0.016*** (0.004)
城镇化率	0.027** (0.037)	0.030** (0.019)	0.029** (0.025)
经济开放度	−0.207*** (0.000)	−0.191*** (0.001)	−0.192*** (0.001)
财政支出	0.022*** (0.001)	0.022*** (0.001)	0.022*** (0.001)
常数项	0.255** (0.010)	0.295*** (0.003)	0.274*** (0.007)
个体效应	是	是	是
年份效应	是	是	是
样本数	2448	2448	2448
拟合优度	0.603	0.604	0.605

***、**、*分别表示 1%、5%和 10%的显著性水平

　　由表 4-9 的(1)列可知,在低资本扭曲程度下,数字经济对乡村振兴的处理效应为 0.008,这与基准回归 0.010 相差不大。随着扭曲程度的强化,数字经济的处理效应逐渐下降,由 0.008 下降为 0.004,在中资本扭曲程度和高资本扭曲程度下数字经济的处理效应稳定在 0.004。表 4-9 的(2)列展示了劳动力配置效率扭曲下数字经济影响的变化,在低劳动力扭曲程度下,数字经济的影响为 0.012,这大于基准回归的平均效应,但随着劳动力扭曲程度的增强,在中劳动力扭曲程度下处理效应表现为不显著,而在高劳动力扭曲程度下处理效应显著为负。这说明和资本的配置效率相比,劳动力的配置效率对于乡村振兴更为关键,和低扭曲程度下的处理效应相比,低劳动力扭曲程度相较于低资本扭曲程度更能发挥数字经济对

乡村振兴的促进作用;在高扭曲程度下,劳动力扭曲反而抑制了数字经济的促进作用。这是由于劳动力相较于资本具有更强的地域依赖性及流动规律,短时间内劳动力很难根据供求进行市场转移,劳动力无效率的聚集更容易导致用工单位恶意压低工资和提供更差的劳动保障,造成对生产效率的负效应(袁志刚和解栋栋,2011)。相比较,资本具有较强的灵活性,即使资本的市场转移受阻,企业也可以通过"投资替代"和"实体中介"获得基础的市场回报(胡奕明等,2017)。

考虑到劳动力的配置扭曲往往伴随着资本的配置扭曲,为了检验两种要素扭曲的影响对乡村振兴的相互作用,将劳动力扭曲程度和资本扭曲程度一起加入回归模型进行检验。通过表 4-9 的(3)列,同时考虑两种要素扭曲,低扭曲程度的数字经济对乡村振兴的影响回归到均值水平,高资本扭曲下的促进效用消失,劳动力扭曲的抑制作用依旧显著,这进一步说明了劳动力的市场配置效率对乡村振兴的重要性,验证研究假设 4。

五、进一步讨论

2013 年,《国务院关于印发"宽带中国"战略及实施方案的通知》印发,对 2013 年、2015 年和 2020 年选择试点城市实施"宽带中国"政策进行了部署。这一政策取得了巨大成效,扩大了试点城市的网络覆盖率和网络质量。在政策的推动下,农村电子商务大力开展,实现了工业品下乡和农产品进城的双向流动(方福前和邢炜,2015)。网络基础设施建设是数字经济的基础,"宽带中国"试点政策的实施恰好是地级市网络基础设施建设的外生政策冲击,为检验数字化设施对乡村振兴的影响提供了一个准自然实验。具体做法为将试点城市记为处理组,非试点城市为对照组,由于政策实施时间存在前后之分,本章研究构建渐进式双重拆分模型就"宽带中国"对乡村振兴的影响进行检验。具体结果见表 4-10。

表 4-10 "宽带中国"对乡村振兴的影响

变量	乡村振兴		
	(1)	(2)	(3)
"宽带中国"	0.013*** (0.000)	0.009*** (0.000)	0.005** (0.045)
数字经济		0.008*** (0.006)	−0.004 (0.336)
"宽带中国"×数字经济			0.010*** (0.000)
经济规模	−0.016*** (0.003)	−0.018*** (0.001)	−0.017*** (0.001)
城镇化率	0.027** (0.035)	0.027** (0.033)	0.026** (0.044)

续表

变量	乡村振兴		
	(1)	(2)	(3)
经济开放度	−0.202*** (0.000)	−0.200*** (0.000)	−0.179*** (0.001)
财政支出	0.026*** (0.000)	0.025*** (0.000)	0.022*** (0.001)
常数项	0.194** (0.035)	0.271*** (0.005)	0.280*** (0.003)
个体效应	是	是	是
年份效应	是	是	是
样本数	2448	2448	2448
拟合优度	0.604	0.606	0.611

***、**分别表示1%、5%的显著性水平

从表4-10的(1)列可知,"宽带中国"的回归系数显著为正,说明数字基础设施的建设促进了乡村振兴。这得益于数字基础设施改善了农村劳动力的供求关系。从需求侧出发,数字基础设施促进了农村劳动力向非农行业的流动,提高了农村劳动力的社会分工效率(田鸽和张勋,2022)。从供给侧来讲,数字基础设施的建设提高了农村人力资本投资的回报率,削弱了农村户籍制度对子代劳动力的束缚(方福前等,2023)。数字基础设施完善了农村对交通、能源等其他资源的利用效率,实现了农村规模经济(方福前等,2020)。考虑到数字基础设施建设和数字经济的内在联系,将数字经济和两者的交互项逐步放入模型当中,以检验"宽带中国"政策对乡村振兴影响的机制。在表4-10的(2)列中,将数字经济加入模型中,发现"宽带中国"政策对乡村振兴的影响相较于(1)列有所下降,数字经济的回归系数显著,说明由于数字基础设施的完善,一般政策的影响可能转化为促进当地数字经济的发展,进而促进乡村振兴。表4-10的(3)列中加入两者的交互项,发现"宽带中国"和交互项的回归系数显著,数字经济对乡村振兴的促进作用消失。试点城市随着数字基础设施的建设,形成了对乡村振兴的有力支持,这种促进作用通过提高当地的数字经济水平而实现;没有被选为试点城市的数字经济发展对乡村振兴没有显著影响。本章研究认为这是由于国家选择试点城市的政策存在内生性,即国家会优先选择数字经济形成规模且已经产生经济效益的城市进行试点,随着政策的倾斜,试点城市数字基础设施逐步完善,加大了数字经济对乡村振兴的促进作用。政策的实施可能加大其他城市与试点城市之间的差距,造成区域间农村发展失衡。

渐进式双重拆分模型结论有效的前提是满足平行趋势条件,事件分析法是最

为常用的检验手段。本章研究以事件发生前一年为基期，逐年对比"宽带中国"政策实施前后处理效应相对于基期的变化情况，绘制成图4-3(a)。通过对比发现，在基期之前，"宽带中国"政策的处理效应约为0且在95%的置信区间之内，不能排除"政策实施之前对乡村振兴影响"的原假设，满足平行趋势假设。政策实施之后处理效应呈现上升趋势，且0被排除在置信区间之外，说明"宽带中国"政策的实施对乡村振兴的处理效应显著。为了排除模型识别的效应，避免研究对象提前得知政策将要实施这一信号而产生主观上的变化，从而导致"政策效应"存在误差，通过随机生成处理组和处理年份的方法进行安慰剂检验〔图4-3(b)〕。随机化后伪回归系数基本分布在0值左右，且绝大多数的P值高于10%，P值低于10%的回归系数也远小于真实的政策效应，这说明对样本进行双重随机之后无法观测到"宽带中国"政策实施对乡村振兴的显著影响，从侧面验证了结论的可靠性。

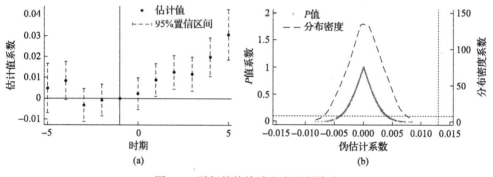

图4-3　平行趋势检验和安慰剂检验

本 章 小 结

长期以来，二元结构是我国经济发展的主要特征，乡村振兴成为推进农业农村现代化的主要动力和突破口。在数字技术快速发展背景下，重新审视二元结构，讨论数字经济对乡村振兴的影响，对突破二元结构禁锢、实现农村充分发展和城乡平衡发展具有重要的现实意义。本章通过对我国272个地级市的实证分析，发现数字经济已经成为推动乡村振兴的重要力量，数字经济能够扩大城乡整体的就业吸纳能力以及促进农业就业数量和质量的提升。在产业融合的背景下，数字经济通过耦合一二三产业发展以及提高农业产业的盈利能力和工资水平实现产业的协调发展。本章还发现要素配置的低效率仍然是造成我国区域间农村发展不平衡的主要因素。

基于本章研究结论，提出以下三点政策性建议。

首先，数字经济的发展对乡村振兴存在显著的推动作用。建议充分利用数字经济影响广、成本低、收益高的优势，大力推进数字乡村建设，实现农业产业链的向后延伸和农村劳动力的就业稳定。

其次，要素配置扭曲阻碍了数字经济发挥功能。建议继续推动我国的市场化改革，实现要素在城乡之间、城市之间的自由流动，通过宏观调控的手段优化市场竞争机制，减少资本和劳动力的无效竞争，进而推动乡村发展。

最后，国家试点政策可能导致区域间农村的发展差距。建议将社会资源和政策资源多向发展落后的乡村倾斜，减小地域间差距。充分发挥数字经济的溢出效应，通过先富帮后富，实现区域协调发展。

参 考 文 献

蔡昉. 2022. 刘易斯转折点：中国经济发展阶段的标识性变化[J]. 经济研究, 57(1): 16-22.

"城镇化进程中农村劳动力转移问题研究"课题组, 张红宇. 2011. 城镇化进程中农村劳动力转移：战略抉择和政策思路[J]. 中国农村经济, (6): 4-14, 25.

樊纲, 王小鲁, 马光荣. 2011. 中国市场化进程对经济增长的贡献[J]. 经济研究, 46(9): 4-16.

方福前, 田鸽, 肖寒. 2020. 基础设施对中国经济增长的影响及机制研究：基于扩展的 Barro 增长模型[J]. 经济理论与经济管理, (12): 13-27.

方福前, 田鸽, 张勋. 2023. 数字基础设施与代际收入向上流动性：基于"宽带中国"战略的准自然实验[J]. 经济研究, 58(5): 79-97.

方福前, 邢炜. 2015. 居民消费与电商市场规模的 U 型关系研究[J]. 财贸经济, (11): 131-147.

付豪, 赵翠萍, 程传兴. 2019. 区块链嵌入、约束打破与农业产业链治理[J]. 农业经济问题, (12): 108-117.

付敏杰, 张平. 2022. 社会主义市场经济体制改革中的经济增长：一种政治经济学探索[J]. 经济研究, 57(7): 189-208.

国务院发展研究中心农村经济研究部课题组, 叶兴庆, 程郁, 等. 2023. 中国农业现代化与农村现代化协调发展战略研究[J].农业经济问题, (4): 13-27.

韩先锋, 宋文飞, 李勃昕. 2019. 互联网能成为中国区域创新效率提升的新动能吗[J]. 中国工业经济, (7): 119-136.

韩旭东, 刘闯, 刘合光. 2023. 农业全链条数字化助推乡村产业转型的理论逻辑与实践路径[J]. 改革, (3): 121-132.

胡雪萍, 史倩情, 向华丽. 2023. 中国农村劳动力人口变动趋势研究[J]. 人口与经济, (2): 27-44.

胡奕明, 王雪婷, 张瑾. 2017. 金融资产配置动机："蓄水池"或"替代"?——来自中国上市公司的证据[J]. 经济研究, 52(1): 181-194.

黄漫宇, 曾凡惠. 2021. 数字普惠金融对创业活跃度的空间溢出效应分析[J]. 软科学, 35(2): 14-18, 25.

黄群慧, 余泳泽, 张松林. 2019. 互联网发展与制造业生产率提升: 内在机制与中国经验[J]. 中国工业经济, (8): 5-23.

康志勇. 2012. 赶超行为、要素市场扭曲对中国就业的影响: 来自微观企业的数据分析[J]. 中国人口科学, (1): 60-69, 112.

李青原, 李昱, 章尹赛楠, 等. 2023. 企业数字化转型的信息溢出效应: 基于供应链视角的经验证据[J]. 中国工业经济, (7): 142-159.

罗珉, 李亮宇. 2015. 互联网时代的商业模式创新: 价值创造视角[J]. 中国工业经济, (1): 95-107.

马晓河, 杨祥雪. 2023. 城乡二元结构转换过程中的农业劳动力转移: 基于刘易斯第二转折点的验证[J]. 农业经济问题, (1): 4-17.

孟凡强, 王宋涛, 丁海燕. 2017. 中国劳动力市场分割的形态验证与特征研究[J]. 经济问题探索, (1): 16-23.

田鸽, 张勋. 2022. 数字经济、非农就业与社会分工[J]. 管理世界, 38(5): 72-84, 311.

汪晓文, 陈明月, 陈南旭. 2023. 数字经济、绿色技术创新与产业结构升级[J]. 经济问题, (1): 19-28.

王修梅, 易法敏. 2023. 数字经济对农村劳动力非农就业质量的影响: 来自电子商务发展的证据[J]. 经济经纬, 40(3): 55-65.

魏后凯. 2014. 中国城镇化进程中两极化倾向与规模格局重构[J]. 中国工业经济, (3): 18-30.

温涛, 陈一明. 2020. 数字经济与农业农村经济融合发展: 实践模式、现实障碍与突破路径[J]. 农业经济问题, (7): 118-129.

吴江, 陈坤祥, 陈浩东. 2023. 数商兴农背景下数智赋能乡村农商文旅融合的逻辑与路径[J]. 武汉大学学报(哲学社会科学版), 76(4): 116-127.

夏柱智, 贺雪峰. 2017. 半工半耕与中国渐进城镇化模式[J]. 中国社会科学, (12): 117-137, 207-208.

谢绚丽, 沈艳, 张皓星, 等. 2018. 数字金融能促进创业吗?——来自中国的证据[J]. 经济学(季刊), 17(4): 1557-1580.

解安, 林进龙. 2023. 中国农村人口发展态势研究: 2020—2050 年——基于城镇化水平的不同情景模拟分析[J]. 中国农村观察, (3): 61-86.

徐雪, 王永瑜. 2022. 中国乡村振兴水平测度、区域差异分解及动态演进[J]. 数量经济技术经济研究, 39(5): 64-83.

许玉韫, 张龙耀. 2020. 农业供应链金融的数字化转型: 理论与中国案例[J]. 农业经济问题, (4): 72-81.

易福金, 燕菲儿, 王金霞. 2023. 信贷约束下的农业保险需求高估问题: 理论解释与经验证据[J]. 管理世界, 39(5): 78-97.

易加斌, 李霄, 杨小平, 等. 2021. 创新生态系统理论视角下的农业数字化转型: 驱动因素、战略框架与实施路径[J]. 农业经济问题, (7): 101-116.

袁志刚, 解栋栋. 2011. 中国劳动力错配对 TFP 的影响分析[J]. 经济研究, 46(7): 4-17.

岳龙华, 杨仕元, 申荣太. 2013. 中国的刘易斯转折点到来了吗?——基于农业部门工资决定的视角[J]. 人口学刊, 35(3): 89-96.

曾湘泉, 郭晴. 2022. 数字金融发展能促进返乡农民工再就业吗: 基于中国劳动力动态调查 (CLDS) 的经验分析[J]. 经济理论与经济管理, 42(4): 12-26.

张海鹏. 2019. 中国城乡关系演变 70 年: 从分割到融合[J]. 中国农村经济, (3): 2-18.

张勋, 万广华, 张佳佳, 等. 2019. 数字经济、普惠金融与包容性增长[J]. 经济研究, 54(8): 71-86.

张岳, 冯梦微, 易福金. 2024. 多中心治理视角下农村环境数字治理的逻辑、困境与进路[J]. 农业经济问题, (3): 36-53.

赵涛, 张智, 梁上坤. 2020. 数字经济、创业活跃度与高质量发展: 来自中国城市的经验证据[J]. 管理世界, 36(10): 65-76.

Banerjee A V, Duflo E. 2005. Growth theory through the lens of development economics[M]//Aghion P, Durlauf S N. Handbook of Economic Growth. Amsterdam: Elsevier: 473-552.

Harris R. 1989. "Market access" in international trade[M]//Stern R M. Trade and Investment Relations among the United States, Canada, and Japan. Chicago: University of Chicago Press: 263.

Hsieh C T, Klenow P J. 2009. Misallocation and manufacturing TFP in China and India[J]. The Quarterly Journal of Economics, 124(4): 1403-1448.

Lewis W A. 1954. Economic development with unlimited supplies of labour[J]. Manchester School, 22(2): 139-191.

第五章　建构中国农村一二三产业融合的理论框架：诱致性创新的视角

　　农村一二三产业融合既有各国农村产业融合的共同特征，更是乡村振兴与新型城镇化进程中，基于中国国情、具有中国特色的伟大创新。现有的产业融合假说、六次产业假说和发展阶段假说仍未超脱对融合现象的讨论。本章基于经典的诱致性创新理论，在比较和吸收农村一二三产业融合主要假说的基础上，探讨融合的基础条件、动力机制、演进过程和发展约束，本章研究发现生产要素是融合基础，诱致性创新是动力源泉，演进过程是螺旋式上升，发展约束是要素扭曲。农村一二三产业融合是联系乡村振兴战略与新型城镇化战略的纽带。建议从土地、劳动、资本、技术、信息等五要素维度设计支持政策，缓解要素扭曲，诱致和加速中国农村一二三产业融合的进程。

　　在产业演进的过程中，产业融合现象随处可见。随着人类步入信息化时代，产业融合在世界各地加速发展并引发了广泛讨论，但国际上对产业融合的研究仍然集中在信息和通信领域，很少涉及农业、农村和农民（张义博，2015）。世界各国农村产业融合的实践远远超过了理论研究本身。例如，20 世纪 80 年代美国通过发展绿色农业、精细农业、信息农业和生态农业实现了一二三产业的融合，20 世纪 70 年代法国以乡村旅游串联了农村一三产业，2008 年日本通过农业后向延伸，内生成长并形成了立足于地域农业资源利用的农村二三产业。围绕加快建设农业强国的目标，立足中国"三农"问题的基本国情，2015 年中央一号文件提出"推进农村一二三产业融合发展"[1]，《国务院办公厅关于推进农村一二三产业融合发展的指导意见》强调"着力构建农业与二三产业交叉融合的现代产业体系，形成城乡一体化的农村发展新格局"[2]。《中华人民共和国国民经济和社会发展第十四个五年规划和 2035 年远景目标纲要》也明确要求，"推进农村一二三产业融合发展"[3]。在中国的政策表述和社会实践中，农村一二三产业融合体现出

---

　　①《中共中央 国务院关于加大改革创新力度加快农业现代化建设的若干意见》，http://www.moa.gov.cn/ztzl/yhwj2015/zywj/201502/t20150202_4378754.htm，2015 年 2 月 1 日。

　　②《国务院办公厅关于推进农村一二三产业融合发展的指导意见》，https://www.gov.cn/gongbao/content/2016/content_5033865.htm，2015 年 12 月 30 日。

　　③《中华人民共和国国民经济和社会发展第十四个五年规划和 2035 年远景目标纲要》，https://www.gov.cn/xinwen/2021-03/13/content_5592681.htm，2021 年 3 月 12 日。

各国农村产业融合的共同特征，更具有基于乡村振兴与新型城镇化背景下中国国情的中国特色，是中国式现代化的伟大创新。

然而遗憾的是，在中国多年的理论研究中，主要集中在融合主体、融合模式、融合影响因素、融合效应、融合与现代农业、融合与乡村振兴等六个方面，都在不同程度上忽视了中国农村一二三产业融合"以制度、技术和商业模式创新为动力"和"将农村产业融合发展与新型城镇化建设有机结合"的部分（覃诚等，2021）。理论研究中存在代表性的三种假说。第一种是产业融合假说，认为农村一二三产业融合脱胎于 20 世纪 60 年代西方国家出现的产业融合现象，是产业融合在农业和农村领域的延伸与应用（苏毅清等，2016）。第二种是六次产业假说，认为农村一二三产业融合起源于 20 世纪 90 年代日本提出的六次产业理论，是六次产业理论在中国的本土化改造和深化（严瑾，2021）。第三种是发展阶段假说，认为农村一二三产业融合是农工商联合经营、农业产业化经营的高级阶段和新的形式（万宝瑞，2019）。这些认识主要停留在对融合现象的讨论，并未涉及农村一二三产业融合的产业创新属性，忽略了生产要素配置的基础性影响，更缺乏对农村一二三产业融合与新型城镇化关系的科学认知，现有理论尚无法全面系统地对实践进行科学指导。

无论是在理论研究中，还是在社会实践中，是侧重融合的产业，还是侧重融合的区域，抑或是侧重融合的主体，都缺乏将农村一二三产业融合作为产业创新的讨论，同时缺少对农村产业融合与城乡融合协同发展的认识。由此导致部分地区存在认识模糊、方向不明、利益联结机制不健全等问题，存在政策选择失当和行动偏差（姜长云，2017；朱信凯和徐星美，2017）。体现在现实场景中，中国农村一二三产业融合仍处于初级阶段，存在整体进度迟缓、产业链条短、同质性强、融合程度低、融合层次浅、融合水平不高、要素活力不足等问题（涂圣伟，2022）。虽然农村产业融合促进了农民增收、增加了农业的韧性，但从农村一二三产业发展的总体视角来看，农产品加工业与农业总产值比仅为 2.3:1，远低于发达国家 3.5:1 的水平；农产品加工转化率为 67.5%，也低于发达国家近 18 个百分点（张林等，2020；郝爱民和谭家银，2023）。

党的二十大报告指出："人民的创造性实践是理论创新的不竭源泉"[1]。农村一二三产业融合发展是具有中国特色的伟大实践，是农村地区中国式现代化的必由之路，伟大的实践需要理论探索、创新和指导，需要以全新的视野深化对社会主义建设规律和人类社会发展规律的认识。本章在讨论、比较和吸收农村一二三产业融合三种主要假说的基础上，引入经典的诱致性创新理论，提出诱致性创新视角的全新解释，认为农村一二三产业融合是城乡要素价格变化所引致的生产要

---

[1]《习近平：高举中国特色社会主义伟大旗帜 为全面建设社会主义现代化国家而团结奋斗——在中国共产党第二十次全国代表大会上的报告》，https://www.gov.cn/xinwen/2022-10/25/content_5721685.htm，2022 年 10 月 25 日。

素重新配置和组合，继而促进农村一二三产业融合发展。该过程的动力源泉是诱致性创新，其外在表现是产业链重构，内在机制是城乡要素的优化配置。判断农村一二三产业融合发生的标准，不应仅局限于观察农村新产业、新业态、新商业模式的形成现象，还应考虑融合演进过程中是否伴随着产业全要素生产率的提升。

中国农村一二三产业融合具有世界各国农村产业融合优化城乡要素配置的共同特征，更是乡村振兴与新型城镇化进程中，基于中国国情、具有中国特色的伟大创新。在中国农村一二三产业融合中，不仅是着眼于农村产业的融合，更是深入涉农产业链和城乡要素的层面，以产业链重构和要素配置为表里，畅通要素的流通渠道，降低要素价格扭曲，加速农村产业融合进程。在诱致性创新理论的解释下，从要素转移规律出发，通过城乡要素的重新配置，农村一二三产业融合作为乡村振兴重要举措发挥作用的同时，也是实现乡村振兴与新型城镇化建设耦合的桥梁。党的二十大报告强调："着力推进城乡融合和区域协调发展，推动经济实现质的有效提升和量的合理增长。"[1]基于诱致性创新的视角分析农村一二三产业融合，将农村一二三产业融合理论的深度和广度延伸到城乡融合领域，从而形成通过城乡要素配置突破农村一二三产业融合要素瓶颈的新思路，完善农村一二三产业融合与城乡融合的联动机制，以此实现农村产业的高质量发展。

第一节　农村一二三产业融合的主要理论假说

一、产业融合假说

随着信息技术革命及相关产业的飞速发展，三次产业间不是独立发展的，它们逐渐产生纵向关联关系，同时三次产业内部也逐渐互相影响和形成横向关联，基于产业间与产业内搭建的技术共享平台，产业之间的边界逐渐模糊，最终由实践推动了产业融合的理论创新（赵霞等，2017）。可以认为，产业融合理论是通过观察产业融合现象而发展起来的理论创新。

随着实践和理论的发展，产业融合形成较为成熟的理论体系。产业融合以产业关联为基础，技术进步和放松管制是产业融合的主要原因，产业融合的形成是社会发展需要、经济利益驱动、技术创新共同作用的结果（马健，2002；李俊岭，2009；王琪延和徐玲，2013）。产业融合被认为是技术、产业、服务和市场四个层次的融合，其前提条件是产业之间具有共同的技术基础以及随之产生的技术创新，这种技术基础可以视为产业公地，即共享的一系列劳动力、组织、技术或制造能

---

[1]《习近平：高举中国特色社会主义伟大旗帜　为全面建设社会主义现代化国家而团结奋斗——在中国共产党第二十次全国代表大会上的报告》，https://www.gov.cn/xinwen/2022-10/25/content_5721685.htm，2022年10月25日。

力的集合。产业融合最终得以形成的标志是新技术、新业态和新商业模式的诞生。

产业融合假说借鉴了产业融合的理论体系,认为农村一二三产业融合应以产业融合为理论基础。农村一二三产业融合是在特定条件下区域内产生的特殊产业融合发展形式,也遵循产业融合基本理论所揭示的一般规律,核心在于产业融合。农村一二三产业融合是产业融合理论在农村地区的应用,通过借用产业融合,改进传统农业企业相对落后的链条发展模式,其本质是农林牧副渔等第一产业的细分产业与第二、第三产业中的细分产业在农村形成的社会生产产业间的分工内部化(李宇和杨敬,2017)。李莉和景普秋(2019)基于城乡互动的视角,进一步发展了农村网络式产业融合假说。

二、六次产业假说

六次产业假说认为农村一二三产业融合起源于 20 世纪 90 年代日本学者今村奈良臣提出的六次产业的概念,是六次产业理论在中国的本土化改造和深化。日本六次产业概念的提出主要有三个方面的原因:农民收入大幅下降,远低于社会平均工资;农业收入下降导致农业缺乏吸引力,农民减少和老龄化;伴随农民减少和老龄化,随之而来的是农业"过疏化"与农村"空心化"。

六次产业理论从产业角度有针对性地提出增加农民收入的解决方案。在一条涉农产业链中,三次产业不应该是"1+2+3=6"的叠加关系,更应该是"1×2×3=6"相乘的关系,即三次产业从简单相加走向相互融合与深度互动。农业这个第一产业在这条产业链和价值链中具有主体地位,如果乘积中作为第一产业的为 0,即农业凋敝,整条产业链和价值链将变为 0,产业链将消失。产业链可以实现乘数放大效应,任何产业的增加都将导致新形成的六次产业等比例增大。加法效应和乘法效应能促成农村一二三产业的"工序性融合"和"结构性融合"(陈学云和程长明,2018)。

六次产业假说在中国情景下发展成农村一二三产业融合理论,六次产业的概念发展成农村一二三产业融合的概念(马晓河,2015)。以农村自身的自然、生态和文化资源优势,在保证农业生产的同时把二三产业引入农村经济发展中,充分发挥农村现有特色资源和闲置资源的作用;也需要鼓励农民多种经营,以农业生产为基础,以农业多功能性为依托,综合发展农产品加工、销售、餐饮、休闲、观光等产业形态,分享农业全产业链增值,提升农产品附加值和农民收入(王兴国,2016;欧阳胜,2017)。

三、发展阶段假说

农村一二三产业融合本质上是农业及关联产业经营方式变化的新阶段(肖卫东和杜志雄,2019)。十一届三中全会后,随着家庭联产承包责任制的推行和乡镇企业的崛起，农村二三产业迅速发展，但也面临着小农户分散经营规模不经济、农产品供给的品种和质量结构不适应市场需求、产加销各环节割裂导致交易成本高等问题。20世纪90年代逐渐形成农业产业化发展的思路，将相关环节运作内部化，提出产加销和农工贸一体化。

从组织化的角度，农业产业化在中国得到了广泛的讨论。农业产业化的进程被视为一个农村经济组织演变和创新的过程(周立群和曹利群，2001)。农业产业化模式呈现出由龙头企业带动型模式向中介组织联动型模式和合作社一体化模式演化的路径，农业产业化模式的经济绩效与农业产业化所处的发展阶段密切相关(郭晓鸣等，2007)。农业产业化的实质是在市场化条件下用现代工业的管理办法来生产和经营现代农业(刘瑶和王伊欢，2016)。农村产业化联合体是农村纵向产业融合的高级形态(王志刚和于滨铜，2019)。

发展阶段假说认为农工商联合经营和农业产业化经营为农村一二三产业融合提供了发展的土壤，农业产业化经营与农村一二三产业融合具有空间上的并存性和时间上的继起性。农业产业化是一个较为综合和包容性的概念，是农村一二三产业融合发展的重要内容和发展源头，农村一二三产业融合是农业产业化的延伸和发展，在外延上包括但大于农业产业化，是农业产业化的延伸版和升级版(姜长云，2016)。农村一二三产业融合具有形成产业链、要素融合创新、构建利益共同体、产业可持续等特点，在产业链、主体、利益分享机制上探索了多种发展模式(王乐君和寇广增，2017)。培育新型农业经营主体是推动农村一二三产业融合发展的基本思路。农村一二三产业融合与农业产业化的主要区别在于，农业产业化是单一产业内部分工的思路，农村一二三产业融合立足第一产业，强调与第二、第三产业中高度发达的细分产业进行融合，是更大范围的分工；农村一二三产业融合也是农业产业化的一种方式。

四、已有理论假说的比较分析

在产业融合假说中，产业融合依赖技术进步与放松管制形成的产业公地，将技术进步和放松管制作为产业融合的外生变量，认为产业公地是自发形成的，其未回答如何通过技术进步和放松管制形成产业公地，研究视域仍然停留在对农村一二三产业融合现象的观察，无法提供政府干预的有效途径。产业融合假说认为农村一二三产业融合的本质是产业间分工的内部化，但对产业间如何实现内部化分工缺乏讨论，假设参与农村一二三产业融合的主体之间无差异，无法解决农村一二三产业融合后细分的产业之间的利益分配问题，涉农产业链的利益联结机制不清晰。

六次产业假说并没有形成完备的理论体系。该假说主要是针对农民收入增长乏力和农村产业空心化的问题，采取产业政策促进农村产业单纯由农业生产向加工和流通拓展，对融合的机制缺乏讨论，更接近于一种发展目标和思路。农村一二三产业融合后在新的产业分工体系下，产业链下游产业相较于农业生产环节展现更高的收益水平，反而导致许多参与六次产业化的农业劳动力和农业资本弃农业生产而去，六次产业化给农业生产带来了新威胁（斋藤修，2015）。

发展阶段假说侧重农村一二三产业融合主体的组织方式与利益联结机制，无法解释新发展阶段融合主体的动力机制。实践中，一些地区将农村一二三产业融合定位为农业产业化的升级版，虽然试图区分农村一二三产业融合和农业产业化的差异，但总体仍按照农业产业化的思路发展，大部分工作围绕着产业链的前向和后向延伸展开，农村一二三产业融合的实际行动和农业产业化的行动并无太大差别。判断农业产业化可以把个别企业作为评价对象，判断农村一二三产业融合须把农村整体作为评价对象，对于如何从农业产业化过渡到农村一二三产业融合仍然没有科学路径。

农村一二三产业融合的理论研究仍然落后于具体实践（王丹玉等，2017）。如表 5-1 所示，三种理论假说都有其理论渊源与现实基础，从不同侧面、在一定程度上阐述了农村一二三产业融合的基础、动力、实现标志与本质。产业融合假说从产业融合出发，侧重农村一二三产业融合的宏观实现；六次产业假说从农民增收和农村活化出发，侧重农村一二三产业融合的微观基础和可操作性；发展阶段假说从历史的视角出发，侧重农村一二三产业融合的主体关系。总体而言，这些理论对农村一二三产业融合动力机制的讨论存在明显的分歧，对实现农村一二三产业融合的过程缺乏系统认知，对农村一二三产业融合的指导效果有限。

表 5-1 农村一二三产业融合主要假说的比较

项目	产业融合假说	六次产业假说	发展阶段假说
理论起源	20 世纪 60 年代	20 世纪 90 年代	20 世纪 80 年代
理论基础	产业融合理论	六次产业理论	农业产业化理论
基础	形成产业公地	农业生产，农村的自然、生态、文化资源	新型农业经营主体
动力	技术进步和放松管制	农民收入下降，农业与农村衰退	农业产业化的升级版
标志	新技术、新业态和新商业模式的诞生	农民收入和就业的增加	农村地区农业产业链延伸、价值链增值和功能拓展
本质	产业间分工的内部化	提升农业与农民在产业链、价值链中的主体地位	生产经营组织方式与利益联结机制的创新
理论缺陷	融合依赖技术进步与放松管制形成的产业公地，将产业公地视为外生，但并未回答如何通过技术进步和放松管制形成产业公地	针对农业、农村、农民存在的问题采取产业政策促进融合，但对融合的机制缺乏讨论，更接近于一种发展目标和思路	侧重融合主体的组织方式与利益联结机制，但无法解释新阶段融合主体的动力机制

第二节　诱致性创新的理论框架建构

党的二十大报告提出"坚持创新在我国现代化建设全局中的核心地位"[①]。已有的农村一二三产业融合理论假说也都蕴含着创新的内涵。产业融合假说的本质是产业间分工的内部化，要求产业间分工的创新；六次产业假说的本质是提升农业与农民在产业链、价值链中的主体地位，要求产业链创新；发展阶段假说的本质是生产经营组织方式与利益联结机制的创新，要求在经营组织与利益联结方面实现创新。产业融合源于技术进步与管制放松，本身就是技术创新和治理创新的结果之一。创新是经济增长的重要途径之一，"创新是第一动力"贯穿于农村一二三产业融合的全过程。本节基于诱致性创新的视角探讨农村一二三产业融合的基础、动力、过程和约束，构建创新视野下农村一二三产业融合的理论框架。

一、生产要素基础

最早由厂商理论发展而来的诱致性创新理论，成功地解释了创新生成和变化的方向问题，主要包括两个分支。第一个分支是施莫克勒-格里利切斯（Schmookler-Griliches）假说，强调不断增长的产品需求对创新速度的影响，这被认为是市场需求诱致的创新假说，认为诱致性创新的因素在于市场力量的作用，而不是其他的基础科学知识。这个分支没有得到足够的支持与关注，因为它并没有提供一个非常好的理论分析框架（何爱和曾楚宏，2010）。另一个分支是更被普遍认同的诱致性创新理论，经典的希克斯-速水-拉坦-宾斯旺格（Hicks-Hayami-Ruttan-Binswager）假说。该假说发端于 20 世纪 30 年代，自 20 世纪 60 年代以来得到更多的关注与发展。诱致性创新理论将创新与生产要素结合到一起，将创新过程内部化和动态化，认为不平衡或不均衡的出现是诱致性创新和经济增长的关键因素。

在诱致性创新理论的基础上，图 5-1 展示了涉农产业链与生产要素的关系，假设这条涉农产业链涵盖了一二三产业，对应农业、工业和服务业。这些产业广泛分布于城乡并推动着经济和社会的发展。

[①]《习近平：高举中国特色社会主义伟大旗帜　为全面建设社会主义现代化国家而团结奋斗——在中国共产党第二十次全国代表大会上的报告》，https://www.gov.cn/xinwen/2022-10/25/content_5721685.htm，2022 年 10 月 25 日。

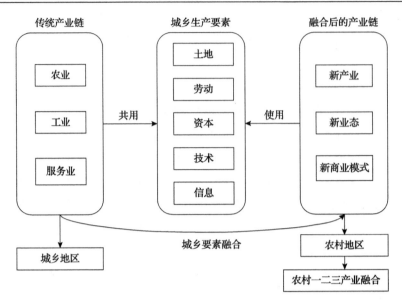

图 5-1 涉农产业链与生产要素的关系

农业、工业和服务业共用城乡生产要素。一般认为，生产要素包括土地、劳动、资本三大类，随着工业化和信息化的加速，在工业化中后期，技术和信息也被认为是重要的生产要素。进入数字经济时代后，数据被认为是与其他生产要素并列的新生产要素，但由于数据要素的发展还处在初始阶段，本章主要考虑土地、劳动、资本、技术和信息五个生产要素（王超贤等，2022）。在产业发展的过程中，每一种生产要素发挥的作用和重要性明显不同，这些产业使用的生产要素具有同质性和差异性。例如，土地、劳动和资本是农业发展最重要的生产要素，工业和服务业的发展对于劳动、资本和技术的依赖程度更高。

城乡融合发展是把城乡当作一个有机整体，让城乡资源要素双向自由流动，城乡融合涵盖产业融合和要素融合的维度（许彩玲和李建建，2019；岳文泽等，2021）。城乡融合的过程伴随着要素从单向流动转向双向流动，也伴随着城乡土地、劳动、资本、技术和信息等主要生产要素稀缺状况的变化，导致要素价格的不断变动。根据诱致性创新理论，这种变动促使农村地区进行产业创新，对农村一二三产业融合起着诱致作用。在产业融合假说中，如果新产业、新业态或新商业模式在农村地区出现，就认为农村一二三产业融合已经发生。新产业、新业态或新商业模式使用这些城乡生产要素，但对于每一种要素的依赖程度和传统的产业分类又有所不同，超越了传统单一产业所需的生产要素范畴，也会导致生产要素的价格发生变化，进一步诱致新产业、新业态或新商业模式的出现，促进新的农村一二三产业融合的发生。以生产要素为基础的农村一二三产业融合是一个螺旋式上升过程，是城乡融合的伴随现象。

二、螺旋式上升过程

农村一二三产业融合的诱致性创新理论，是以 20 世纪 30 年代发展起来的 Hicks-Hayami-Ruttan-Binswager 诱致性创新理论为基础的，认为生产要素的同质性是基础，诱致性创新是动力机制，动力来源于技术进步、放松管制和城乡融合引致的要素价格的变化，产业全要素生产率的提高是阶段性标志，新产业、新业态、新商业模式的出现是完成的标志，本质是农业产业化主体被诱致去寻找能够节约日益稀缺要素的产业链。图 5-2 揭示了农村一二三产业融合的实现过程，这个过程具有三个特点。

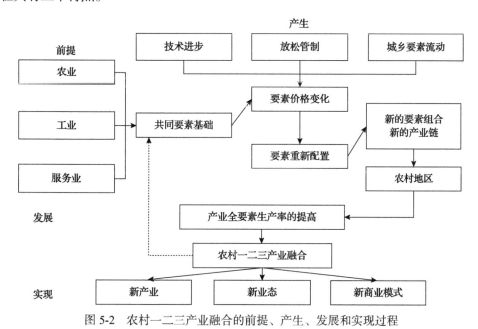

图 5-2　农村一二三产业融合的前提、产生、发展和实现过程

第一，农村一二三产业融合发展的前提条件是农业、工业和服务业之间具有共同要素基础，产业之间具有共同的生产要素，就有融合的可能性。例如，在一些地方，农业和旅游业的融合并不要求产业公地的出现，只要农业和旅游业共同拥有土地、劳动、资本等生产要素，就可能发生农村一二三产业融合。产业间的共同要素基础的前提条件，大大拓展了农村一二三产业融合的范围。

第二，农村一二三产业融合的产生也来源于城乡融合发展。诱致性创新解释继承了产业融合假说的部分内容，认为技术进步与放松管制对于农村一二三产业融合的发生产生了积极影响，但是这种影响并不是根本性的。技术进步和放松管制是通过引起要素价格的变化而引发要素在农业产业化主体的重新配置，由此通过有规律的探索和不断试错，形成新的要素组合和新的涉农产业链。如果新的要素组合和产业联结发生在农村地区，则认为农村一二三产业融合得以发生。技术进步和放松管制并不是充要条件，城乡融合的推进也会导致要素价格的变化，从而诱致农村一二三产业融合的发生。

第三，农村一二三产业融合的发展以产业全要素生产率的提高和农村新产业、新业态或新商业模式的诞生为完成标志。其发展并不是一蹴而就，而是在农业产业化主体有规律的探索和不断试错过程中动态演进。以"产品和业务融合"作为农村一二三产业融合的过程性标准过于宽泛，根据诱致性创新的解释，产业全要素生产率的提高更适宜作为衡量农村一二三产业融合的标准。值得注意的是，农村一二三产业融合后形成的新产业、新业态或新商业模式并不是农村一二三产业融合的最终形态。这些新产业、新业态或新商业模式与传统的农业、工业和服务业也有共同的要素基础，具有继续产生农村一二三产业更深度融合的可能性与潜能。由此可见，农村一二三产业融合不是一个闭环的过程，而是一个螺旋式上升的动态演进过程。

三、要素扭曲约束

按照诱致性创新的理论解释，只要存在使用生产要素的同质性，就有农村一二三产业融合发生的基础，只要要素价格发生变化，通过有规律的探索和试错，就会诱致新的农业产业化联结，从而出现产业全要素生产率的提高，实现农村一二三产业融合发展。那么在世界范围内，无论是在发达国家还是发展中国家，农村一二三产业融合都应该广泛地发生。然而，纵观现实世界，与发生在二三产业具有自发性质和市场动力的产业融合不同，农村一二三产业融合往往需要以政府的强力推动或者政策支持为基础。相比于要素更为充足的发达国家，发展中国家的农村一二三产业融合的整体进程滞后，融合深度不足，甚至陷入困境。这是因为农村的土地、资金、人才等要素供给不足，形成了要素瓶颈约束（国家发展改革委宏观院和农经司课题组，2016）。政府通过增加要素供给改变农村要素价格并解决要素瓶颈约束，从而促进农村一二三产业融合发展。

图 5-3 为农村的要素瓶颈约束提供了经济学解释，要素瓶颈约束的根源在于要素扭曲、城乡要素报酬性质和要素流动规律。以劳动要素为例，受到要素扭曲影响，城市要素总收益曲线、农村要素总收益曲线、城市要素边际收益曲线和农村要素边际收益曲线呈现不同的形态。在产品市场和要素市场不是完全垄断的情况下，在初始投入阶段，要素会因为要素间的投入比例更优而有一段报酬递增的区间，见图 5-3 中的 OA 和 OB。当要素投入超过一个临界点后，受要素投入比例失调、物理和认知局限等因素影响，将进入报酬递减阶段，如图 5-3 中 A 点和 B 点往后的区间，城市要素报酬递增区间往往大于农村要素报酬递增区间。受到政

府部门为实现特定目标而实施的一系列偏向于发展城市部门的经济社会政策的影响（王颂吉和魏后凯，2019），在一定的要素投入量下，如 E 点，城市要素的总收益和边际收益总是高于农村要素。新古典经济学假设市场的要素流动是无成本和无障碍的，要素流动规律决定了要素从收益低的农村地区流向城市地区，因此在发展中国家的广大农村地区，要素供给不足是长期存在的。工业化与城镇化发展带来的要素集聚效应以及以地区生产总值为导向的政绩考核体制更加剧了农村要素向城市的流动，城乡要素更加难以合理流动和优化组合（刘明辉和卢飞，2019）。短期内城乡要素之和是固定的，即短期内要素总量受到约束。在加大农村要素供给的同时，势必会减少城市同类要素的供给，这与要素流动规律相悖。单纯地试图通过增加农村要素供给解决要素瓶颈约束将面临很大的阻力，也不一定是最为有效的方式。

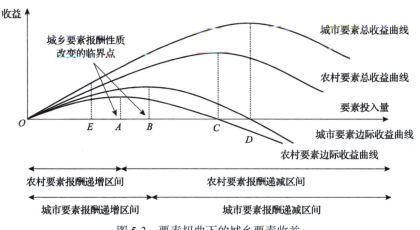

图 5-3 要素扭曲下的城乡要素收益
资料来源：基于对王超贤（2022）"要素报酬性质的决定区间"的拓展

要素约束的根源在于要素扭曲、城乡要素报酬性质和要素流动规律。在城乡要素报酬性质和要素流动规律难以改变的前提下，缓解要素扭曲导致的城乡要素收益差异是从根源解决要素瓶颈约束并实现农村一二三产业融合发展的有效路径。资源配置效率会受到价格扭曲的影响，这种由要素扭曲引起的资源错配限制了企业或产业的生产率提升，从而造成极高的效率损失（戴魁早和刘友金，2016）。农村地区的要素扭曲会导致农户个体对生产要素的配置扭曲，最终降低农业的全要素生产率（朱喜等，2011）。在经典的诱致性创新理论中，一条重要的基本假设是厂商生产计划中使用的要素价格反映了要素的相对稀缺性，即不存在要素扭曲。一旦要素扭曲得到缓解，诱致性创新就能发挥作用，农村一二三产业融合就能逐渐发展并顺利形成。

本 章 小 结

"产业兴旺是乡村振兴的重点，是解决农村一切问题的前提"，产业兴旺离不开制度创新的土壤(温铁军等，2018)。农村一二三产业融合成为提高农业质量效益和竞争力、实施乡村振兴战略、促进农民增收的重要举措，成为加快培育农业农村发展新动能、探索中国特色农业现代化道路的主要抓手之一。中国农村一二三产业融合既有各国现代化的共同特征，更有基于"三农"国情的中国特色，是中国现代化产业体系重要的组成部分。农村一二三产业融合是具有中国式现代化的伟大实践与探索创新，无论将其理解为产业融合理论与实践在农业和农村的拓展，还是认为其是日本六次产业化实践在中国的本土化改造，抑或认为其是农业产业化在新时期的进一步发展，都具有鲜明的实践反推理论特征，都在不同程度上忽略了农村一二三产业融合发展的内生动力机制和政策联动机制，在一定程度上难以理论自洽。

本章正是从中国农村一二三产业融合发展的实践出发，借鉴经典的诱致性创新理论构建分析框架，认为农村一二三产业融合的发展基础是生产要素的同质性，动力机制来源于诱致性创新，来源于技术进步、放松管制和城乡融合发展引致的农村要素价格变化。城乡融合发展的过程伴随着城乡土地、劳动、资本、技术和信息等主要生产要素流动和丰裕程度变化，导致要素价格不断变动，进而促使农村地区产业创新，诱致对农村一二三产业融合发展，其标志是产业全要素生产率的提高和新产业、新业态、新商业模式在农村的出现。农村一二三产业融合的本质是农业产业化主体被诱致去寻找能够节约稀缺昂贵要素的产业链。新产业、新业态或新商业模式与传统的农业、工业和服务业有共同的要素基础，存在农村一二三产业更深度融合的可能性。农村一二三产业融合不是一个闭环的过程，而是一个螺旋式上升的动态演进过程。基于中国式现代化进程中农村地区长期存在生产要素供给不足的客观事实，缓解城乡要素扭曲成为事关全局的紧迫议题。

本章研究结论的启示是以推动高质量发展为主线，从缓解土地、劳动、资本、技术和信息五种生产要素的要素扭曲出发，提高全要素生产率，设计支持政策加快中国农村一二三产业融合发展进程。完善城乡要素价格机制，充分发挥市场在城乡资源配置中的决定性作用，引导生产要素在城乡之间自由流动和优化配置。建立健全城乡统一的建设用地市场、进一步深化农村产业用地的市场化改革、活化现有农村建设用地并优化农村土地管理制度，以缓解土地要素扭曲、推动农村土地资源市场化配置。进一步深化户籍制度改革，确保城乡人才流动渠道畅通，同时完善农村人才技术技能评估体系，以减轻劳动要素扭曲并促进城乡之间劳动要素流动畅通有序。通过扩大农村金融服务供给，提高农村信贷支持力度，缓解资本要素扭曲，推动农村资本要素走向市场化配置。健全农村科技成果产权制度、优化城乡科技创新资源配置，培育城乡技术转移机构和促进农村技术要素与资本要素的融合发展，缓解技术要素扭曲并加快农村技术要素市场的发展速度。推进政府信息开放共享和加强城乡信息资源整合，缓解信息要素扭曲、加快培育农村信息要素市场。

参 考 文 献

陈学云，程长明. 2018. 乡村振兴战略的三产融合路径：逻辑必然与实证判定[J]. 农业经济问题，(11)：91-100.

戴魁早，刘友金. 2016. 要素市场扭曲如何影响创新绩效[J]. 世界经济，39(11)：54-79.

郭晓鸣，廖祖君，付娆. 2007. 龙头企业带动型、中介组织联动型和合作社一体化三种农业产业化模式的比较：基于制度经济学视角的分析[J]. 中国农村经济，(4)：40-47.

国家发展改革委宏观院和农经司课题组. 2016. 推进我国农村一二三产业融合发展问题研究[J]. 经济研究参考，(4)：3-28.

郝爱民，谭家银. 2023. 农村产业融合赋能农业韧性的机理及效应测度[J]. 农业技术经济，(7)：88-107.

何爱，曾楚宏. 2010. 诱致性技术创新：文献综述及其引申[J]. 改革，(6)：45-48.

姜长云. 2016. 推进农村一二三产业融合发展的路径和着力点[J]. 中州学刊，(5)：43-49.

姜长云. 2017. 以农业产业化组织推进农村产业融合的经验与对策：对山东潍坊的调查与思考[J]. 区域经济评论，(3)：75-83.

李俊岭. 2009. 我国多功能农业发展研究：基于产业融合的研究[J]. 农业经济问题，(3)：4-7, 110.

李莉，景普秋. 2019. 农村网络式产业融合动力机制研究：基于城乡互动的视角[J]. 农业经济问题，(8)：129-138.

李宇，杨敏. 2017. 创新型农业产业价值链整合模式研究：产业融合视角的案例分析[J]. 中国软科学，(3)：27-36.

刘明辉，卢飞. 2019. 城乡要素错配与城乡融合发展：基于中国省级面板数据的实证研究[J]. 农业技术经济，(2)：33-46.

刘瑶，王伊欢. 2016. 我国农业产业化深度发展的有效路径[J]. 山东社会科学，(1)：183-188.

马健. 2002. 产业融合理论研究评述[J]. 经济学动态，(5)：78-81.

马晓河. 2015. 推进农村一二三产业深度融合发展[J]. 中国合作经济，(2)：43-44.

欧阳胜. 2017. 贫困地区农村一二三产业融合发展模式研究：基于武陵山片区的案例分析[J]. 贵州社会科学，(10)：156-161.

覃诚，方向明，陈典. 2021. 中国农村产业融合发展研究现状与展望：基于 CiteSpace 文献计量分析[J]. 中国农业大学学报，26(10)：198-208.

苏毅清, 游玉婷, 王志刚. 2016. 农村一二三产业融合发展: 理论探讨、现状分析与对策建议[J]. 中国软科学, (8): 17-28.

涂圣伟. 2022. 产业融合促进农民共同富裕: 作用机理与政策选择[J]. 南京农业大学学报 (社会科学版), 22(1): 23-31.

万宝瑞. 2019. 我国农业三产融合沿革及其现实意义[J]. 农业经济问题, (8): 4-8.

王超贤, 张伟东, 颜蒙. 2022. 数据越多越好吗: 对数据要素报酬性质的跨学科分析[J]. 中国工业经济, (7): 44-64.

王丹玉, 王山, 潘桂媚, 等. 2017. 农村产业融合视域下美丽乡村建设困境分析[J]. 西北农林科技大学学报 (社会科学版), 17(2): 152-160.

王乐君, 寇广增. 2017. 促进农村一二三产业融合发展的若干思考[J]. 农业经济问题, 38(6): 82-88, 3.

王琪延, 徐玲. 2013. 基于产业关联视角的北京旅游业与农业融合研究[J]. 旅游学刊, 28(8): 102-110.

王颂吉, 魏后凯. 2019. 城乡融合发展视角下的乡村振兴战略: 提出背景与内在逻辑[J]. 农村经济, (1): 1-7.

王兴国. 2016. 推进农村一二三产业融合发展的思路与政策研究[J]. 东岳论丛, 37(2): 30-37.

王志刚, 于滨铜. 2019. 农业产业化联合体概念内涵、组织边界与增效机制: 安徽案例举证[J]. 中国农村经济, (2): 60-80.

温铁军, 杨洲, 张俊娜. 2018. 乡村振兴战略中产业兴旺的实现方式[J]. 行政管理改革, (8): 26-32.

肖卫东, 杜志雄. 2019. 农村一二三产业融合: 内涵要解、发展现状与未来思路[J]. 西北农林科技大学学报 (社会科学版), 19(6): 120-129.

许彩玲, 李建建. 2019. 城乡融合发展的科学内涵与实现路径: 基于马克思主义城乡关系理论的思考[J]. 经济学家, (1): 96-103.

严瑾. 2021. 日本的六次产业发展及其对我国乡村振兴的启示[J]. 华中农业大学学报 (社会科学版), (5): 128-137, 197-198.

岳文泽, 钟鹏宇, 甄延临, 等. 2021. 从城乡统筹走向城乡融合: 缘起与实践[J]. 苏州大学学报 (哲学社会科学版), 42(4): 52-61.

斋藤修. 2015. 连接食 – 农 – 地: 日本六次产业化的创新[R]. 上海: 上海海洋大学研究报告.

张林, 温涛, 刘渊博. 2020. 农村产业融合发展与农民收入增长: 理论机理与实证判定[J]. 西南大学学报 (社会科学版), 46(5): 42-56, 191-192.

张义博. 2015. 农业现代化视野的产业融合互动及其路径找寻[J]. 改革, (2): 98-107.

赵霞, 韩一军, 姜楠. 2017. 农村三产融合: 内涵界定、现实意义及驱动因素分析[J]. 农业经济问题, 38(4): 49-57, 111.

周立群, 曹利群. 2001. 农村经济组织形态的演变与创新: 山东省莱阳市农业产业化调查报告[J].

经济研究, (1): 69-75, 83-94.

朱喜, 史清华, 盖庆恩. 2011. 要素配置扭曲与农业全要素生产率[J]. 经济研究, 46(5): 86-98.

朱信凯, 徐星美. 2017. 一二三产业融合发展的问题与对策研究[J]. 华中农业大学学报(社会科学版), (4): 9-12, 145.

第六章　中国城乡产业关联的乘数效应、溢出效应和反馈效应研究

　　党的二十大报告明确提出,"中国式现代化是全体人民共同富裕的现代化""必须坚持人民至上""着力推进城乡融合和区域协调发展,推动经济实现质的有效提升和量的合理增长"。①尽管如此,在持续推动城乡融合发展、通过各种方式促进城乡资源的流通、最终全方位地推动乡村振兴的过程中,农村依然是"最具挑战性和最繁重的任务"。乡村产业的振兴被认为是"五个振兴"计划中最重要的一环,也是推动乡村振兴的关键因素。城乡产业融合作为城乡融合的关键组成部分,是促进乡村产业振兴的实际途径,其核心目标是在"数量"增长和"质量"提升之间找到平衡,以增进最广泛的农民群体的基本利益为终极目标。马克思指出,"人们奋斗所争取的一切,都同他们的利益有关"。参与社会活动的各方,也就是利益相关者,有着各自不同的利益目标和行为逻辑。他们以共同的经济利益为中心,形成了各种不同的利益集团或联盟。在这场多方的动态博弈中,他们寻求共同点,尊重差异,弥合分歧,从而塑造和决定了利益格局的演变。

　　自改革开放以来,我国的城市化进程持续加速,城市的规模也在稳步增长。打赢脱贫攻坚战后,我国"三农"工作的中心便由此转向全面推进乡村振兴,促进城乡融合发展也进而成为改善我国城乡关系的重点突破方向。党的十九大报告清晰地设定了"建立健全城乡融合发展体制机制和政策体系,加快推进农业农村现代化"②的目标,为我国城乡融合展提供了明确的指导方针。城乡融合将城市和乡村视为一个相互补充的有机整体,通过充分发挥各自的优势,实现资源、功能、产业和文化的互补,从而促进城市与农村、市民与农民、工业与农业之间的均衡和协调发展。乡村振兴归根结底是产业振兴,重点在于促进城乡产业的互动发展,从而提高生产力。深入探讨城乡产业的相互联系有助于我们更好地理解当前城乡经济可能存在的空间依赖性,这将有助于我们更清晰地确定未来城乡经济合作的方向,并对加强城乡经济合作起到关键作用。

　　在研究区域间的产业联系时,学者首选的分析工具便是投入产出分析矩阵,

---

　　①《习近平:高举中国特色社会主义伟大旗帜 为全面建设社会主义现代化国家而团结奋斗——在中国共产党第二十次全国代表大会上的报告》,https://www.gov.cn/xinwen/2022-10/25/content_5721685.htm,2022年10月25日。

　　②《习近平:决胜全面建成小康社会 夺取新时代中国特色社会主义伟大胜利——在中国共产党第十九次全国代表大会上的报告》,http://www.xinhuanet.com/politics/19cpcnc/2017-10/27/c_1121867529.htm,2017年10月27日。

该矩阵通过系统化和数量化的方法来阐释复杂经济体中各个部门间的相互依赖、相互影响的关系。利用投入产出分析方法，我们可以更直观地观察到两个区域产业之间的技术和经济联系。借助这种方法，我们能够深度理解各地产业间的互动、依赖和推动关系。基于这些分析，我们可以确定哪些产业对区域的发展具有较强的带动效应，并将其作为区域产业合作和发展的焦点，从而基于双赢的目标寻找区域合作的最佳路径(韩斌等，2008)。

为便于研究，本章采用区域间投入产出分析方法来测度城乡产业关联及溢出效应和反馈效应。本章基于后向联系视角来分析城乡产业间的关联程度，并根据推动城乡产业合理优化整体布局的目标，为促进城乡经济融合、构建城乡共同市场的产业对接机制奠定基础，进而在产业层面为促进城乡经济合作提供政策建议。

第一节 理论基础

产业关联的定义是，当一个产业的投入和产出发生变动时，它可能会给其他产业带来不同层次的影响。更明确地说，产业关联理论来源于劳动分工理论，其最初是由英国古典经济学家亚当·斯密(Adam Smith)所提出的。亚当·斯密以制针工厂为研究对象，明确指出在扣针制造过程中需要经历18个工序。如果通过专业化的分工和工人之间的合作来完成生产，那么每天每人可以生产高达4800枚扣针。如果制针的所有步骤都是由一名工人单独完成的话，那么扣针的单日生产量就不可能超过20枚。考虑到这个案例的核心，扣针产业链是由不同的分工环节共同构建的。我们需要强调的是，亚当·斯密的观点主要聚焦于企业内部的分工，尚未从宏观层面将产业分工的概念扩展到企业间的协作。这一局限性直到新古典经济学的奠基人阿尔弗雷德·马歇尔(Alfred Marshall)提出加强企业内部分工与合作的重要性时才得到突破，马歇尔的见解为学术界在产业链研究领域的深入探索奠定了基础。在此之后，美国发展经济学家阿尔伯特·赫尔希曼(Albert O. Hirschman)进一步发展了这一理念，他采用"关联效应"来替代原先的"产业链"术语。

产业之间的联系不仅涵盖了服务和产品的联系，还包括与就业和技术相关的多个方面。随着社会分工的进一步细化，产业的界限变得越来越模糊，这推动各个产业间的联系逐渐增强，逐渐构建了一个相对稳定的产业链条，从而带来了规模经济和范围经济的双重经济效益。在新型城市化快速发展的大背景下，城市正面临着土地使用紧张、人口增长和原材料成本上升等一系列问题，这些问题导致工业用地和劳动力成本都呈现出上升的趋势。因此，一些新成立的企业和正在扩张的企业开始逐步从城市核心区向城乡边缘和乡村地带迁移。这种做法有助于增强城市与农村产业的相互联系，从而形成一个更加均衡的城乡产业分工模式，构建一个涵盖要素链条、价值链和利益链的城乡产业整合发展框架，为城乡共同富裕和现代化建设打下了坚实的基础。从宏观视角来看，产业关联理论在推动城乡产业的融合发展和实现城乡共同富裕方面具有不可忽视的理论参考价值。因此，在产业关联理论的框架内，各级政府需要从一个宏观的角度出发，以消除城乡产业的隔阂为重点，努力提升城乡产业之间的关联度，全力推动城乡产业的联动和互融发展，从而扩大社会财富的"蛋糕"，推动全体人民共同富裕的现代化进程。

第二节　区域产出模型框架与数据处理

一、区域产出模型框架

编制城乡投入产出表，测算出城乡产业互动的乘数效应、溢出效应及反馈效应。乘数效应用于反映区域内一个单位最终产出的变化所带来的影响；溢出效应指的是一个地区经济发展对另一个地区的外溢影响；反馈效应表示一个地区经济发展对另一个地区产生影响的同时，另一个地区反过来对该地区产生的经济影响。乘数效应主要用于反映区域内产业间的关联作用，溢出效应和反馈效应则用于反映区域间产业间的相互影响。通过编制城乡投入产出表，从宏观整体与产业细分的视角测算出城乡产业关联的乘数效应、溢出效应及反馈效应。在区域投入产出模型的基础上，构建城乡间投入产出模型：

$$\begin{bmatrix} A^{11} & A^{12} \\ A^{21} & A^{22} \end{bmatrix}\begin{bmatrix} X^1 \\ X^2 \end{bmatrix} + \begin{bmatrix} Y^1 \\ Y^2 \end{bmatrix} = \begin{bmatrix} X^1 \\ X^2 \end{bmatrix} \tag{6-1}$$

其中，A^{11} 和 A^{22} 分别表示城镇的直接消耗系数矩阵和乡村的直接消耗系数矩阵；A^{12} 表示城镇间的直接消耗系数矩阵；A^{21} 表示乡村间的直接消耗系数矩阵；X^1 表示城镇总产出；X^2 表示乡村的总产出；Y^1 表示城镇最终需求；Y^2 表示乡村最终需求。求解方程(6-1)得到：

$$\begin{aligned} X^1 &= [(I-A^{11}) - A^{12}(I-A^{22})A^{21}]^{-1}Y^1 \\ &\quad + [(I-A^{11}) - A^{12}(I-A^{22})A^{21}]^{-1}A^{12}(I-A^{22})^{-1}Y^2 \end{aligned} \tag{6-2}$$

$$\begin{aligned} X^2 &= [(I-A^{22}) - A^{21}(I-A^{11})A^{12}]^{-1}Y^2 \\ &\quad + [(I-A^{22}) - A^{21}(I-A^{11})A^{12}]^{-1}A^{21}(I-A^{11})^{-1}Y^1 \end{aligned} \tag{6-3}$$

可以看出，公式(6-2)在形式上和公式(6-3)是完全相同的。以公式(6-2)举例说明，城镇的总产出 X^1 分为两部分：等式右侧第一项 Y^1 和第二项 Y^2，其分别代表城镇的最终需求通过城镇内部和城乡间的相互作用对城镇总产出的需求和城镇为了满足乡村最终需求而产出的总产出。

二、城乡间乘数效应、溢出效应和反馈效应

鉴于式(6-2)和式(6-3)无法准确地分解城镇与乡村的乘数效应、溢出效应和反馈效应，Round(1985)在思考后对式(6-2)、式(6-3)进行了改进，以式(6-2)为例，在提取城镇的里昂惕夫逆矩阵后得到：

$$
\begin{aligned}
X^1 = &[I - (I - A^{11})^{-1}A^{12}(I - A^{22})^{-1}A^{21}]^{-1}(I - A^{11})^{-1}Y^1 \\
&+ [I - (I - A^{11})^{-1}A^{12}(I - A^{22})^{-1}A^{21}]^{-1}(I - A^{11})^{-1}A^{12}(I - A^{22})^{-1}Y^2
\end{aligned}
\tag{6-4}
$$

式(6-4)的右侧由两项加总求出，两项中均出现的 $(I - A^{11})^{-1}$ 代表城镇不同部门之间的相互作用，也就是城镇的乘数效应；第一项中的 $(I - A^{11})^{-1}Y^1$ 和第二项中的 $(I - A^{22})^{-1}Y^2$ 分别代表的是城镇最终需求导致的城镇总产出和乡村最终需求导致的乡村总产出；乡村总产出的变化对城镇总产出的影响则体现为城镇的溢出效应，在公式(6-4)中表示为 $(I - A^{11})^{-1}A^{12}$；城镇总产出的变化影响乡村总产出的变化则体现为城镇的反馈效应，这种变化再反过来影响城镇总产出，在公式(6-4)中表示为 $[I - (I - A^{11})^{-1}A^{12}(I - A^{22})^{-1}A^{21}]^{-1}$。为简便起见，Round(1985)将式(6-4)表示为乘法形式：

$$
\begin{bmatrix} X^1 \\ X^2 \end{bmatrix} =
\begin{bmatrix} F^{11} & 0 \\ 0 & F^{22} \end{bmatrix}
\begin{bmatrix} I & S^{12} \\ S^{21} & I \end{bmatrix}
\begin{bmatrix} L^{11} & 0 \\ 0 & L^{22} \end{bmatrix}
\begin{bmatrix} Y^1 \\ Y^2 \end{bmatrix}
\tag{6-5}
$$

在式(6-5)中，

$$
\begin{cases}
L^{11} = (I - A^{11})^{-1}, L^{22} = (I - A^{22})^{-1} \\
S^{12} = (I - A^{11})^{-1}A^{12}, S^{21} = (I - A^{22})^{-1}A^{21} \\
F^{11} = [I - (I - A^{11})^{-1}A^{12}(I - A^{22})^{-1}A^{21}]^{-1} = [I - S^{12}S^{21}]^{-1} \\
F^{22} = [I - (I - A^{22})^{-1}A^{21}(I - A^{11})^{-1}A^{12}]^{-1} = [I - S^{21}S^{12}]^{-1}
\end{cases}
\tag{6-6}
$$

公式(6-6)中的区域内乘数效应、区域间溢出效应、区域间反馈效应表明，区域间溢出效应受到区域内乘数效应的影响，而区域间反馈效应则受到区域间溢出效应的影响。当使用乘法表示区域间投入产出模型时，里昂惕夫矩阵可以表示为

$$
\begin{aligned}
\begin{bmatrix} F^{11} & 0 \\ 0 & F^{22} \end{bmatrix}
\begin{bmatrix} I & S^{12} \\ S^{21} & I \end{bmatrix}
\begin{bmatrix} L^{11} & 0 \\ 0 & L^{22} \end{bmatrix}
&=
\begin{bmatrix} F^{11} & F^{11}S^{12} \\ F^{22}S^{21} & F^{22} \end{bmatrix}
\begin{bmatrix} L^{11} & 0 \\ 0 & L^{22} \end{bmatrix} \\
&=
\begin{bmatrix} F^{11}L^{11} & F^{11}S^{12}L^{22} \\ F^{22}S^{21}L^{11} & F^{22}L^{22} \end{bmatrix}
\end{aligned}
\tag{6-7}
$$

式 (6-7) 中，$\begin{bmatrix} F^{11}L^{11} & F^{11}S^{12}L^{22} \\ F^{22}S^{21}L^{11} & F^{22}L^{22} \end{bmatrix}$ 表示的区域间投入产出模型的里昂惕夫

逆矩阵则可以用来反映各地区最终需求对总产出的作用，这种作用可以被拆分为

区域内的乘数效应 $\begin{bmatrix} L^{11} & 0 \\ 0 & L^{22} \end{bmatrix}$、区域间的溢出效应 $\begin{bmatrix} I & S^{12} \\ S^{21} & I \end{bmatrix}$ 和区域间的反馈效

应 $\begin{bmatrix} F^{11} & 0 \\ 0 & F^{22} \end{bmatrix}$ 的乘积。

三、城乡间乘数效应、溢出效应和反馈效应的改进

乘法的分解方式能够有效地计算不同区域之间的溢出效应和反馈效应，并且这种方法具有很强的解释能力。然而，潘文卿和李子奈 (2007) 指出，在区域间投入产出模型中，区域间的反馈效应不只来自其他区域对本区域的影响，也涵盖了本区域内各部门之间的乘数效应。因此，为了精确探究区域间的反馈效应，需要剔除反馈效应中的乘数效应，并确认乘法和加法的一致性。此外，在区域投入产出模型中，乘数效应揭示了单位最终需求变动带来的效应，而溢出效应和反馈效应则揭示了单位总产出变动所产生的效应，为了确保其经济价值的一致性，我们对城乡区域的乘数效应、区域间的溢出效应及区域间的反馈效应进行了优化和改进：

区域内的乘数效应：$(I - A^{11})^{-1} = L^{11}$

区域间的溢出效应：$(I - A^{22})^{-1} A^{21} L^{11} = S^{21} L^{11}$

区域间的的反馈效应：$[I - S^{12}S^{21}]^{-1} L^{11} - L^{11} = (F^{11} - I) L^{11}$

进一步，将上面三个公式变形为

$$\begin{bmatrix} X^1 \\ X^2 \end{bmatrix} = \begin{bmatrix} L^{11}Y^1 \\ L^{22}Y^2 \end{bmatrix} + \begin{bmatrix} S^{12}L^{22}Y^2 \\ S^{21}L^{11}Y^1 \end{bmatrix} + \begin{bmatrix} (F^{11} - I)L^{11}Y^1 + (F^{11} - I)S^{12}L^{22}Y^2 \\ (F^{22} - I)S^{21}L^{11}Y^1 + (F^{22} - I)L^{22}Y^2 \end{bmatrix} \quad (6-8)$$

在公式 (6-8) 中，等号右边三项分别代表区域内的乘数效应、区域间的溢出效应和区域间的反馈效应。

在城乡间的投入产出模型中，本章为了求得某个部门的后向联系，可以对里昂惕夫逆矩阵的列进行求和运算。类似地，本章可以通过对城乡间的溢出效应和反馈效应矩阵的列进行求和操作，进而计算出相应的后向联系效应。

记求和算子为 $e' = (1,1\cdots,1)$，得到如下表达式：

区域间的溢出效应：$SO^{21} = e'S^{21}L^{11}$

区域间的反馈效应：$FB^{11} = e'(F^{11} - I)L^{11}$

区域间的溢出效应 $\mathrm{SO}^{21}=\left[\mathrm{so}_j^{12}\right]_{1\times n}$ 代表行向量，第 j 个元素表示城镇第 j 个部门最终产出增加 1 个单位时导致乡村总产出的增加量。$\mathrm{FB}^{11}=\left[\mathrm{fb}_j^{11}\right]_{1\times n}$ 代表行向量，第 j 个元素表示城镇最终需求增加 1 个单位时导致乡村总产出增加而反过来再次导致城镇总产出的增加量。以城镇或乡村最终需求的部门结构向量为权重向量，经过计算后得出加权的城镇和乡村间溢出效应与反馈效应，可以准确地测度城镇和乡村间溢出效应与反馈效应：

加权的区域间的溢出效应：$\alpha'\mathrm{SO}^{21}$

加权的区域间的反馈效应：$\alpha'\mathrm{FB}^{11}$

其中，α' 表示城镇最终使用的部门结构行向量。

四、数据来源与处理

数据来源于国家统计局发布的《中国投入产出表》，该表将产业细分为 42 个，本章对其进行归类汇总为十六大产业，并根据其特性以农林牧渔业作为乡村产业，其余十五大产业统一并为城镇产业，以此构建两区域投入产出模型。

第三节　中国城乡产业经济影响的整体测算与解读

本节在宏观视角下展示中国城乡融合发展水平，通过测算城乡间产业的乘数效应、溢出效应和反馈效应来体现其经济联系，从而为整体上认识城乡间产业经济影响提供理论支撑。

表 6-1 通过对 2002 年、2007 年、2012 年、2015 年、2017 年、2018 年、2020 年中国投入产出表归纳合并产业部门，细分出十六大产业，进而得到城乡代表产业集合，再根据城乡产业间的投入产出关系测度出城乡间乘数效应、溢出效应、反馈效应的系数。表 6-2 计算了以最终需求比例结构为指标的加权系数。

表 6-1　城乡产业的乘数效应、溢出效应、反馈效应的测度

年份	乡村产业			城镇产业		
	乘数总效应	溢出总效应	反馈总效应	乘数总效应	溢出总效应	反馈总效应
2002	1.193 669 475	2.677 043 642	0.062 103 318	20.242 687 030	1.360 087 272	0.050 848 151
2007	1.163 680 078	2.790 461 476	0.072 992 710	21.225 365 350	1.370 075 136	0.053 589 358
2012	1.159 798 114	3.238 571 312	0.087 396 987	22.743 297 160	1.443 573 855	0.055 217 849
2015	1.149 209 213	3.315 260 132	0.096 087 619	23.071 804 980	1.561 787 683	0.058 920 722
2017	1.153 853 223	3.745 026 249	0.085 992 917	23.096 187 090	1.351 894 621	0.052 635 554
2018	1.144 589 347	3.891 510 363	0.084 321 598	23.096 830 920	1.352 617 164	0.052 770 790
2020	1.159 447 871	3.420 399 137	0.140 610 830	22.506 674 960	1.337 751 355	0.067 827 028

表 6-2　城乡产业的乘数效应、溢出效应、反馈效应的加权总效应

年份	乡村产业			城镇产业		
	加权乘数 总效应	加权溢出 总效应	加权反馈 总效应	加权乘数 总效应	加权溢出 总效应	加权反馈 总效应
2002	0.108 839 351	0.431 985 344	0.005 297 234	1.495 430 041	0.054 399 512	0.003 300 952
2007	0.106 104 903	0.445 685 703	0.006 721 751	1.582 084 354	0.049 853 526	0.003 640 834
2012	0.105 750 944	0.518 045 171	0.009 038 807	1.723 570 428	0.053 229 056	0.004 036 326
2015	0.104 785 443	0.527 997 882	0.010 016 007	1.753 234 215	0.058 210 609	0.004 344 303
2017	0.105 208 886	0.608 355 386	0.009 075 302	1.823 666 240	0.050 180 516	0.003 736 117
2018	0.104 364 201	0.637 184 268	0.008 741 752	1.839 527 237	0.049 539 448	0.003 628 680
2020	0.105 719 009	0.559 099 534	0.018 820 091	1.747 986 395	0.055 056 569	0.006 569 072

本章仅仅以农林牧渔业代替乡村产业，使得乡村产业的乘数效应相较于城镇产业的乘数效应差距较大，但是这并不影响产业关联水平的测度，无论是溢出效应还是反馈效应，都是在乘数效应的基础上得出，三者之间有明显的大小关系，这也符合投入产出模型的一般推论。

从城乡间乘数效应来看，乡村产业 2002～2020 年简单加总的后向联系系数并无太大波动，甚至略有下降之势，而城镇产业 2002～2020 年简单加总的后向联系系数总体上升，对比之下，城镇产业之间的关联性不断加强。到 2020 年，当乡村和城镇的产业部门的最终需求同步增长 1 亿元时，乡村产业的年度总产出将增长约 1.159 亿元，城镇产业的年度总产出将增长约 22.507 亿元，从这一视角出发，城镇产业的内部关联性要远强于乡村产业。以最终需求比例进行加权平均的加权乘数总效应也证实了这一结论：到 2020 年，乡村产业部门的加权区域内乘数总效应约为 0.106，而城镇产业部门的加权区域内乘数总效应则约为 1.748，说明当乡村和城镇产业部门最终需求同时增长 1 亿元时，乡村产业总产出将增长约 0.106 亿元，而城镇产业总产出将增长约 1.748 亿元。从乘数效应来看，很显然城镇产业的内部关联性要远强于乡村产业，这既说明了城镇产业多样性带来的自我发展的优势，也充分体现了城乡产业互动对于乡村产业扶持的重要意义。

从城乡间溢出效应来看，乡村产业 2002～2020 年简单加总的溢出效应系数总体呈上升趋势，而城镇产业 2002～2020 年简单加总的溢出总效应系数整体上并无太大波动，这表明在此期间，乡村产业对于城镇产业的经济影响力不断增长，而城镇产业对于乡村产业的经济影响力却没有加强。到 2020 年，乡村产业部门直接累加产生的溢出效应系数约为 3.420，城镇产业部门直接累加产生的溢出总效应系数约为 1.338，表明当乡村产业的最终总需求增长 1 亿元时，由于城乡产业间的溢出效应，城镇产业的总产出将增长 3.420 亿元。同理，当城镇产业的最终总需求增长 1 亿元时，乡村产业的总产出将因此增长 1.338 亿元。按照最终产出的加权平均系数来看，2020 年乡村产业的加权溢出系数约为 0.559，城镇产业的加权溢出系数约为 0.055，这意味着由于外溢性，当乡村产业的最终总需求增长 1 亿元时，城镇产业的总产出将增长约 0.559 亿元。当城镇产业的最终总需求增长 1 亿元时，乡村产业的总产出将增长约 0.055 亿元。由此可见，当考虑总的溢出效应时，乡村产业的系数约为城镇产业的 2.6 倍，即使是考虑了最终需求结构的加权系数，乡村产业的外溢性也远超于城镇产业。由此可见，从外溢性的角度分析，乡村产业要强于城镇产业，体现了乡村产业对城镇产业发展的推动作用，也深含了城乡产业互动中乡村产业对于城镇产业的重要意义。

从城乡间的反馈效应来看，乡村产业和城镇产业在 2002～2020 年简单加总的反馈效应系数都呈现总体上升趋势，并且在 2020 年有一个明显增长，这说明在此期间城乡产业间的互动性不断提高，城乡融合程度也在不断深化，并在 2020 年实现了一个小的飞跃。到 2020 年，乡村产业直接相加的反馈效应系数约为 0.141，表明当乡村产业的最终总需求增长 1 亿元时，由于城乡产业间的反馈效应，通过影响城镇总产出增长而反过来影响乡村总产出增长 0.141 亿元。城镇产业直接相加的反馈效应系数约为 0.068，表明当城镇产业的最终总需求增长 1 亿元时，通过影响乡村总产出增长而反过来影响城镇总产出增长 0.068 亿元。2020 年加权平均计算的乡村产业反馈效应系数约为 0.019，城镇产业反馈效应系数则约为 0.007，说明当乡村产业最终总需求增长 1 亿元时，通过影响城镇产业总产出增长而反过来影响乡村产业总产出增长 0.019 亿元。当城镇产业总需求增长 1 亿元时，通过影响乡村产业总产出增长而反过来影响城镇产业总产出增长 0.007 亿元。乡村产业的总体反馈效应还是要明显优于城镇产业，在城乡融合不断加深的同时，乡村产业通过与城镇产业间的经济联系不断发展自身，形成良性循环。

表 6-3 列出了 2002 年、2007 年、2012 年、2015 年、2017 年、2018 年、2020 年城乡产业乘数效应、溢出效应、反馈效应对国民经济总产出的贡献情况。对乡村产业来说，2002 年到 2018 年之间，乡村产业乘数效应对总产出的贡献率一直呈下降趋势，2018 年相较于 2002 年贡献率下降了 8 个百分点，到 2020 年又上升了 2.21 个百分点，总体仍呈现下降趋势，相反，乡村产业溢出效应对总产出的贡献率则在 2002 年到 2018 年之间呈现上升趋势，2018 年相较于 2002 年上升了 7.93 个百分点，到 2020 年又下降了 3.54 个百分点，总体仍呈现上升趋势。乡村产业反馈效应对总产出的贡献率则在经历波动后由 2002 年的 1.58% 上升至 2020 年的 2.98%。对城镇产业来说，2002 年到 2020 年，城镇产业乘数效应对总产出的贡献率总体呈上升趋势，2020 年相较于 2002 年上升了 0.64 个百分点，涨幅较小，相反，城镇产业溢出效应对总产出的贡献率则在 2002 年到 2020 年之间呈现总体下

降趋势，到 2020 年下降了 0.68 个百分点，降幅较小。城镇反馈效应对总产出的贡献率则基本保持不变，2020 年与 2002 年相比，仅增加 0.04 个百分点。乡村产业对于总产出的贡献主要来自它的溢出效应，而城镇产业对于总产出的贡献则几乎全部来自它的乘数效应，几乎每一年都能达到 94% 左右。

表 6-3　城乡产业的乘数效应、溢出效应、反馈效应对总产出贡献率

年份	乡村产业			城镇产业		
	乘数效应	溢出效应	反馈效应	乘数效应	溢出效应	反馈效应
2002	30.35%	68.07%	1.58%	93.48%	6.28%	0.24%
2007	28.89%	69.29%	1.82%	93.71%	6.05%	0.24%
2012	25.85%	72.20%	1.95%	93.82%	5.95%	0.23%
2015	25.20%	72.69%	2.11%	93.43%	6.33%	0.24%
2017	23.14%	75.13%	1.73%	94.27%	5.52%	0.21%
2018	22.35%	76.00%	1.65%	94.26%	5.52%	0.22%
2020	24.56%	72.46%	2.98%	94.12%	5.60%	0.28%

对城乡产业乘数效应、溢出效应、反馈效应的系数大小与趋势做总体分析后，可得出如下结论。

第一，2002～2020 年，乡村产业的乘数效应系数并没有呈现增长趋势，且与城镇产业相比，一直处在较低水平，表明乡村产业自身的内部关联性与自我发展潜力较低，且长期处于停滞状态，只靠自身发展显然是不可靠的，而城镇产业的乘数效应系数在此期间有明显增长，且其乘数效应相比于其他两个效应，在城镇总产出中的贡献占比巨大，表明城镇产业的内部关联性与自我发展潜力都较高，且长期以来不断强化。内部关联性与自我发展潜力上的巨大差异，为城乡融合发展对于扶持乡村产业发展的重要意义提供事实依据。

第二，2002～2020 年，虽然城镇产业的溢出效应系数并没有显著变化，但乡村产业的溢出效应系数显著增长，且在总产出贡献中的占比较高，这表明乡村产业通过溢出效应对城镇产业的经济影响力不断提高，不仅反映出城乡间产业互动水平的提高，城乡融合发展程度的加深，同时也反过来证明，城乡融合发展对于城镇产业的经济增长也具有重大意义。

第三，2002～2020 年，乡村产业与城镇产业的反馈效应系数都取得明显增长，且增幅到 2020 年有明显扩大，这进一步印证了城乡产业水平的提高与城乡融合发展程度的深化，并且随着城乡的不断发展，其互动水平带来的经济效益也明显增加，乡村产业与城镇产业在不断发展的同时，通过影响对方产业经济增长来带动自己经济增长，形成了良性的经济循环。

第四节　城乡经济影响的产业细分与解读

城乡之间的互动影响有所不同，这归根结底是由于城乡各个产业的乘数效应、溢出效应和反馈效应的差异。表 6-4 列出了 2020 年城乡 16 个产业间乘数效应、溢出效应、反馈效应的系数，表 6-5 列出了农林牧渔业对其他产业的溢出效应和反馈效应的系数。

表 6-4　城乡 16 个产业间乘数效应、溢出效应、反馈效应的系数

产业	乘数效应	溢出效应	反馈效应
农林牧渔业	1.159 447 871	3.420 399 137	0.140 610 830
食品制造及烟草加工业	1.248 877 152	0.541 065 542	0.033 662 565
纺织业	1.547 233 148	0.349 547 270	0.000 246 124
服装皮革羽绒及其制品业	1.167 392 912	0.024 227 943	0.000 004 580
木材加工及家具制造业	1.445 349 603	0.201 879 083	0.000 594 236
造纸印刷及文教用品制造业	1.315 159 693	0.077 463 737	0.000 163 494
化学工业	1.467 527 409	0.082 981 378	0.007 452 788
通用、专用设备制造业	1.281 589 254	0.000 172 693	0.000 002 498
交通运输及仓储业	1.169 151 210	0.000 030 410	0.000 000 079
批发和零售贸易业	1.037 271 662	0.007 919 138	0.000 004 188
住宿和餐饮业	1.168 875 469	0.000 174 485	0.000 005 024
采矿业	1.144 865 934	0.000 528 975	0.000 002 006
电水煤气	1.391 644 055	0.000 207 426	0.000 000 382
建筑业	1.054 240 878	0	0
其他制造业	1.671 976 457	0.004 266 114	0.000 153 952
其他服务业	4.395 520 124	0.047 287 160	0.025 535 114

注：其中农林牧渔业由于作为乡村产业，其溢出效应和反馈效应进行了加总，相对其他产业有明显区别

表 6-5　农林牧渔业对其他产业溢出效应、反馈效应的系数

产业	溢出效应	反馈效应
食品制造及烟草加工业	0.117 634 992	0.035 407 512
纺织业	0.000 058 989	0.000 320 728
服装皮革羽绒及其制品业	0.000 214 699	0.000 004 503

续表

产业	溢出效应	反馈效应
木材加工及家具制造业	0.000 423 065	0.000 723 370
造纸印刷及文教用品制造业	0.001 174 469	0.000 181 096
化学工业	0.116 535 877	0.009 211 566
通用、专用设备制造业	0.011 435 378	0.000 002 697
交通运输及仓储业	0.036 124 468	0.000 000 077
批发和零售贸易业	0.000 693 471	0.000 003 659
住宿和餐饮业	0.025 954 143	0.000 004 945
采矿业	0.000 602 036	0.000 001 934
电水煤气	0.013 205 242	0.000 000 447
建筑业	0.000 037 924	0
其他制造业	0.129 044 576	0.000 216 792
其他服务业	2.967 259 808	0.094 531 503

对表 6-4 和表 6-5 进行详细分析，得出如下结果。

第一，从城镇和乡村各产业部门的乘数效应中发现，城镇大部分产业部门的乘数效应都要大于乡村产业部门的乘数效应，这表明城镇产业的关联程度要高于乡村产业，这主要源于城镇产业丰富的资源与齐全的产业种类，各个产业对国民经济的显著推动力也促使城镇经济能连续多年保持快速增长。与此形成鲜明对比的是，乡村受到地理位置和国内资源的限制，产业种类相对较为单一，尤其是考虑到农林牧渔业对于其下游产业有着较高的依存性，使得其关联程度较小。尽管如此，在批发和零售贸易业及建筑业两个城镇行业，其乘数效应落后于乡村产业，而现实情况也证实了这一结论：批发和零售贸易业是由于市场饱和度和技术革新的问题，而建筑业则受制于房地产行业的衰落，这使得它们对国民经济的推动作用日益减弱。

第二，从各产业对国民经济的影响来看，其他服务业、其他制造业、纺织业、化学工业、木材加工及家具制造业的乘数效应在各行业中排名前五，这些产业均为制造业与服务业，其中制造业同时涵盖了劳动密集型、技术密集型及资本密集型的产业，这说明城镇产业中，制造业仍然呈现出齐头并进的趋势，需要指出的是，从 2007 年到 2020 年，以纺织业为代表的劳动密集型产业的乘数效应虽然总体上呈现下降的趋势，但直至 2020 年，依然位居各产业前列，这一客观事实表明当前城镇产业的格局依然有着很大的优化空间，因此如何能够在技术密集型产业的附加值和劳动力成本不断提高的大环境下，尽快优化城镇产业的格局，从而增强制造业与服务业对国民经济的促进作用是我们需要认真考虑的问题。

第三，从城乡各产业的溢出效应来看，城镇产业对乡村产业的溢出效应排名前五的是食品制造及烟草加工业、纺织业、木材加工及家具制造业、化学工业、造纸印刷及文教用品制造业，主要以劳动密集型产业为主，这说明目前城镇产业对于乡村产业的外溢性经济影响主要还是集中在低附加值产业上。乡村产业对于城镇产业中的外溢性影响之中，以其他服务业最为显著，其系数值远高于其他产业，其次为其他制造业，这说明目前城乡产业互动中，乡村产业主要通过其他服务业和其他制造业来促进城镇产业的发展。未来我们需要思考探索与其他产业的互动方式，以期在其他产业中探索出城乡产业的互动发展模式。

第四，从城乡各产业部门的反馈效应来看，城镇产业对于乡村产业反馈效应排名前三的是食品制造及烟草加工业、其他服务业、化学工业，这三个部门几乎涵盖了城镇反馈效应的全部，其中尤以食品制造及烟草加工业和其他服务业最为显著，食品制造及烟草加工业作为城镇产业中对乡村产业溢出效应最高的产业，其反馈效应也是最高的，这说明其在城乡产业互动中的市场作用是双向的，在促进乡村产业经济发展的同时，获得了由此带来的预期的反馈效应，也从侧面说明了城镇产业对乡村产业溢出效应排名前列的其余产业的互动是不均衡的、单向的，它们应该成为未来城乡融合过程中产业互动层面发展的潜在主力。乡村产业对于城镇产业反馈效应排名前三的是其他服务业、食品制造及烟草加工业、化学工业，这三个产业在城乡产业的反馈效应中都体现了非常重要的作用。

本 章 小 结

在城乡融合背景下，城乡产业间的经济活动对城乡经济产生多重影响，具体表现为乘数效应、溢出效应和反馈效应。本章使用两区域投入产出模型这一工具，从高后向产业关联视角对城乡的三大效应进行量化分析，以此分析城乡产业之间的空间依存关系。无论是从乘数效应的系数大小还是从实际经济影响来看，城镇产业的影响力都应该是大于乡村产业的，然而溢出效应和反馈效应的各项系数显示，目前在城乡产业互动过程中，乡村产业反而是其中发挥更积极作用的一方。基于本章的研究结果，启示体现在以下三个方面。

第一，宏观整体层面，应该进一步强化城乡间的经济联系，不断推进城乡经济领域的深度合作。随着城乡产业自身的经济发展和城乡融合的不断深化，近年来，由城乡产业溢出效应和反馈效应导致的产出逐年增长，城乡产业间的互动合作对城乡自身和国民经济都产生了显著的影响，城乡产业的发展状况表明，加强两者间的经济联系有利于城乡产业的健康发展，这也是城乡融合发展中重要的一环。未来，应进一步深化两者的经济联系，通过产业自身关联性提高产业互动合作，从宏观整体层面实现城乡经济发展的互利共赢。

第二，本章在对2002~2020年城乡产业的乘数效应、溢出效应、反馈效应进行分析后，发现乡村产业自身的内部关联性与自我发展潜力较低，且长期处于停滞状态，只靠自身发展显然是不可靠的，城镇产业的内部关联性与自我发展潜力都较高，且长期以来不断强化，这种内部关联性与自我发展潜力上的巨大差异，表明未来城乡产业互动发展过程中，理应遵循"以城带乡"的发展模式。在产业关联上，大部分城镇产业作为乡村产业的下游产业，对乡村产业的发展有很强的拉力。此外，2002~2020年城乡产业的溢出效应和反馈效应系数也表明，在城乡产业的互动发展不断深化的同时，乡村产业并非单一受益方，乡村产业与城镇产业在不断发展的同时，通过影响对方产业经济增长来带动自己经济的增长，形成了良性的经济循环。

第三，从产业细分层面来看，当前城镇产业中，制造业与服务业作为对国民经济产生影响最大的两个行业，其中以纺织业为代表的劳动密集型产业仍然占据相对重要的作用，这表明当前城镇产业的格局依然有待优化，在技术密集型产业的附加值和劳动力成本不断提高的大环境下，需要尽快优化城镇产业的格局，从而增强制造业与服务业对国民经济的促进作用。此外，目前城镇产业对乡村产业产生推动作用的产业主要还是聚集于食品加工等低附加值行业，未来应该探索其他类型的城镇产业带动乡村产业的合作方式。纺织业、木材加工及家具制造业、化学工业、造纸印刷及文教用品制造业作为当前城镇产业中对乡村产业溢出效应排名靠前的产业，却没有获得如食品制造及烟草加工业那样预期的反馈效应，当前城乡产业互动可以从这些产业入手，由劳动密集型产业向资源密集型产业过渡是当前实证支持的一个方向。

从经济发展的经验来看，产业之间的联系和互动是区域协调发展的关键。通过这种产业的联系和互动，可以优化企业和产业之间的关系，从而产生"1+1>2"的协同效应。随着城乡各产业的综合实力逐渐增强，产业作为推动经济增长的核心力量，其发展状况直接影响到全国经济的整体健康发展。构建城乡之间的互动合作的一个核心内容是创建城乡产业的合作框架，以推动城乡产业的分工、合作和整合发展。通过城乡产业的关联性分析，我们可以从实际情况中挑选出能够有效推动城乡经济增长的相关产业，这将有助于通过促进城乡产业的优化重组等方式来加强城乡经济的联系，进而提升经济的运行效率和促进城乡产业的共同繁荣，以此为起点，进一步推动城乡融合发展的相关政策出台，充分利用区域整合带来的积极影响，将有助于乡村振兴和共同富裕的早日实现。

参 考 文 献

韩斌, 刘朝明, 汪涛. 2008. 川渝地区产业关联与产业合作政策研究[J]. 经济学家, (6): 64-69.

潘文卿, 李子奈. 2007. 中国沿海与内陆间经济影响的反馈与溢出效应[J]. 经济研究, (5): 68-77.

Round N G. 1985. The Revolution of 1383-84 in the Portuguese provinces: causality and style in Fernão Lopes[J]. Dispositio, 10(27): 65-84.

第七章 城市经济增长对城乡收入差距的影响研究

随着我国经济的快速增长，城市化水平不断提高，城乡发展差距和城乡二元结构等问题日益突出。城乡发展不平衡与乡村发展不充分是我国城乡关系的突出特征(张占录和李鹏辉，2022)，也是现阶段我国社会主要矛盾的症结所在，处理好城乡关系、促进整个经济社会高质量发展的紧迫性日益凸显。城乡二元结构是经济发展中的必然现象，城市和农村交易效率差异导致城乡分离(安虎森，2010)，城乡地域和劳动力市场分离等复杂因素造成不同程度的城乡收入差距。发展中国家剩余劳动力多，城市工业部门吸收剩余劳动力并使其获得高工资，城市经济增长可以促进农村转移人口收入增加(Lewis，1954)。邻近城市的内缘乡村地区受到城市"涓滴效应"的影响，经济发展特征向城市看齐(安虎森，2010)，乡村经济获得持续增长，城乡差距也会逐步缩小，但这个进程需经过较长时间。

党的二十大报告指出，"中国式现代化是全体人民共同富裕的现代化"[1]。到2035年，我国发展的总体目标要求全体人民共同富裕取得更为明显的实质性进展，人均国内生产总值达到中等发达国家水平，缩小地区、城乡和收入差距，不断增强人民群众获得感、幸福感、安全感。在打赢脱贫攻坚战并消除绝对贫困的基础上继续缩小城乡收入差距(王国定等，2022；申云等，2022；Sicular et al.，2007；Molero-Simarro，2017)，成为新时代共同富裕新征程的重要任务。

从世界范围来看，许多希望加速现代化的发展中国家过多关注城市部门的公共资源，使得城市和农村更加分裂，改善城市和农村收入差距收效甚微。农村与城市相互依存，城市的经济增长对减少农村贫困、缩小城乡收入差距有无作用呢？印度小城镇的经济增长能够显著减少农村贫困且其作用比大城市更重要。我国与印度同为发展中大国，但我国城市化水平相对较高，且存在城乡二元户籍制度、条块分割行政管理、价格管控和统购统销制度等历史原因，城乡收入差距的形成与演变更为复杂。在我国城乡关系中，城市经济增长对农村经济发展的作用方向值得关注，特别是我国小城镇和大城市经济增长对缩小城乡收入差距的作用强度有待科学验证。

习近平指出，"要把乡村振兴战略这篇大文章做好，必须走城乡融合发展之

---

[1] 《习近平：高举中国特色社会主义伟大旗帜 为全面建设社会主义现代化国家而团结奋斗——在中国共产党第二十次全国代表大会上的报告》，https://www.gov.cn/xinwen/2022-10/25/content_5721685.htm，2022年10月25日。

路"①。2022 年 5 月，中共中央办公厅、国务院办公厅印发《关于推进以县城为重要载体的城镇化建设的意见》，强调"以县域为基本单元推进城乡融合发展"。县域作为城市和乡村、工业和农业、国家和社会的联结点，以其为载体推动城乡融合和乡村振兴，较之于大城市更具稳定性和可操作性。县城需要建设更好的城镇基础设施，为城市和农村消费者或生产商进入市场提供便利，降低交通成本。与大城市相比，县城还可以就近、就地吸引农村富余劳动力，减轻大城市的就业压力。县域范围内的农村公共投资，特别是对基础设施、农业开发研究、教育等领域的投资，会给农村经济发展带来最大化回报。

本章聚焦我国小城镇与大城市经济增长对城乡收入差距的影响，进行文献综述并建构理论模型，开发计量模型并描述灯光数据，对实证结果与稳健性进行分析。

第一节　文献综述与理论模型构建

一、文献综述

城市的社会、经济、历史和地理演化永不停息。随着时间的推移，城市承载的人口、经济、政治、文化及技术发生变迁，演化进程中的城市规模或等级不尽相同，主要体现在城市化水平差异上，加上经济活动的交织产生了区域间的不平衡。小城镇和大城市是两种不同规模等级的城市，也是不同城市化水平的城市。

城市化对城乡收入差距有单向相关性。提高城市化水平可以显著缩小城乡收入差距(Zhao and Liu，2022)，城镇化滞后导致城乡收入差距长期存在并有加剧趋势(陈斌开和林毅夫，2013)。城镇化引致的劳动力跨部门流动规模扩大有利于缩小地区收入差距，农村劳动力跨部门流动对城乡收入差距的影响存在空间溢出效应(李兰冰等，2020b)。

城市化与城乡收入差距存在双向因果关系(Chen et al.，2020)。对于该双向因果关系有两种不同观点，陈晓毅(2010)认为在短期内城市化发展及工业化对城乡收入差距的影响具有异质性，具体来说，短期内城市化和工业化发展会扩大城乡的收入差距，但在长期中收入差距会逐渐缩小；尹晓波和王巧(2020)则指出在短期内提高城镇化水平对缩小我国城乡收入差距的影响较为明显，长期来看二者之间处于均衡关系。农村剩余劳动力转移使城镇劳动力供给增加，致其均衡市场工资水平下降，农村劳动力工资水平上升，城镇化总体有利于缩小城乡收入差距；随着城镇化加剧，农村的资金以及高素质人才等资源大规模向城镇集聚，城乡的

---

① 《习近平：把乡村振兴战略作为新时代"三农"工作总抓手》，https://www.gov.cn/xinwen/2019-06/01/content_5396595.htm，2019 年 6 月 1 日。

人力资本积累形成差距，影响了城乡收入差距的缩小。

收入不平等与城市化之间存在稳健的倒"U"形关系，城市化水平高于 0.53 门槛阈值的省份将缩小收入不平等(Wu and Rao，2017)。重庆不同主体功能区城镇化对城乡收入差距的影响存在较大差异，长期和短期城镇化与城乡收入差距倒"U"形效用的差异性显著(罗超平等，2015)。我国现阶段处于倒"U"形转折时期，继续推进新型城镇化有利于缩小城乡收入差距(赫国胜和赵玉，2017)。

城市化对于缩小城乡收入差距的有效性受到部分城乡偏向经济政策的抑制(陆铭和陈钊，2004)。城镇化与城乡居民收入差距负相关(Liu and Long，2021)，适当降低城市空间紧凑度可以缩小收入差距；改变过度偏好城市的财政政策，提高城镇化水平可以促进城乡居民收入差距的缩小，选取不同指标会引起城市化对城乡差距的不同作用效果(Yuan et al.，2020)。选取恰当的指标反映各项经济政策对城乡收入差距的影响，减少变量可能存在的内生性问题(陆铭和陈钊，2004)。

缩小城乡收入差距对实现共同富裕具有积极的现实意义。李兰冰等(2020a)将缩小城乡差距纳入城乡发展内涵，以打破城乡二元结构为切入点，加速城乡间产业融合、基础设施一体化和基本公共服务均等化，促进城乡共同实现高质量发展。现阶段，我国需加快推进城镇化和市民化进程，在城乡充分融合的前提下缩小收入差距，对冲逆全球化和错综复杂的国际形势，畅通双循环、促进中国经济可持续发展(万广华等，2022)。

尽管研究我国城市化对城乡收入差距影响的成果丰富，但尚未有文献聚焦小城镇和大城市经济增长对我国城乡收入差距的影响这一议题，可能是受到数据的限制。细分小城镇与大城市经济增长难以用统计数据来衡量，更无法突破行政区划限制做出空间溢出效应。夜间灯光数据的利用可以有效解决小城镇与大城市研究数据匮乏的问题，据此可以突破行政边界建构实证模型，分析我国小城镇和大城市经济增长对城乡收入差距的影响并检验其空间溢出效应。

本章主要目的是系统考察我国小城镇和大城市经济增长对城乡居民收入差距的影响及强度，其边际贡献在于：①采用美国国防气象卫星搭载的可见光成像线性扫描业务系统(Defense Meteorological Satellite Program/Operational Linescan System，DMSP/OLS)和国家极轨卫星搭载的可见光近红外成像辐射仪(National Polar-orbiting Partnership/Visible Infrared Imaging Radiometer Suite，NPP/VIIRS)处理后的 2005～2021 年的夜间灯光数据，将两种卫星数据结合起来测度城市经济增长；②突破我国行政区划限制，用夜间灯光数据将城市经济增长细分为小城镇经济增长和大城市经济增长，可捕捉到统计年鉴数据未能统计的数据(如城市非雇佣就业人员的经济活动)；③运用空间杜宾模型检验小城镇和大城市经济增长对城乡收入差距的影响和空间溢出效应，用泰尔指数和城乡居民可支配收入比衡量城乡收入差距并进行稳健性检验。

二、理论模型构建

劳动力市场是城乡联系的重要渠道，大城市和小城镇经济活动差异导致其经济增长对城乡居民收入的影响具有差异性。本章在城乡两部门理论模型（盖庆恩等，2013；刘晓光等，2015；Gibson et al.，2017）的基础上构建带有大城市、小城镇与城乡收入差距的三部门理论模型，用来探究小城镇与大城市经济增长对城乡收入差距的影响。

假设经济系统仅由三个部门组成，农村部门 α，大城市部门 β 和小城镇部门 γ，三部门的劳动力数量分别 L_α^h、L_β^h 和 L_γ^h，根据 Harris 和 Todaro（1970）的城乡劳动迁移模型，假设大城市的工资固定在市场出清水平之上，小城镇和农村的工资根据灵活就业确定。在劳动市场一体化条件下，小城镇和农村劳动边际产品增加将导致更高的工资水平；当市场均衡时工资增长是一致的，大城市的经济形势向好会增加就业，吸引失业人口及来自小城镇和农村的工人，整个行业工资水平得以提高。在该模型中，城乡收入差距基准线的工资水平低于大城市平均工资水平，但高于小城镇和农村平均工资水平；除去在大城市和小城镇已就业的人，农村所有人、小城镇和大城市的失业人员称为城乡收入差距基准以下的人。农村、大城市及小城镇三部分的生产函数为

$$y_n = A_n F_n(L_n^h)$$
$$A_n > 0,\ L_n^h > 0,\ n=(\alpha, \beta, \gamma) \tag{7-1}$$

其中，A_n 表示外生的增长比例，这里的 A_α、A_β、A_γ 分别表示农村部门、大城市部门及小城镇部门的经济增长。当不考虑农村经济增长，只考虑大城市和小城镇的经济增长相对变化时 $A_\alpha = 1$，三大部门的工资率为 K_n（$n = \alpha, \beta, \gamma$），被纳入衡量城乡收入差距基准线。假设农村和小城镇工资标准是灵活的，有工作意愿的人都能找到工作；当市场出清时，农村和小城镇工资水平相等 $K_\alpha = K_\gamma$。大城市工资水平稳定不变，农村工资与大城市期望工资水平相同 $K_\alpha = K_\beta^e = (L_\beta^h / L_\beta) K_\beta$，$L_\beta - L_\beta^h$ 为大城市失业人口。当企业达到利润最大化时，工资水平等于边际产品，即 $K_n = A_n F_n'(L_n^h)$，$n = (\alpha, \beta, \gamma)$，且劳动需求的（可变）工资弹性 $\eta_n = -\dfrac{\mathrm{d}L_n^h}{\mathrm{d}K_n}\dfrac{K_n}{L_n^h} < 0$，将总人口标准化为 1，即 $L_\beta + L_\alpha^h + L_\gamma^h = 1$。由于整个农村部门工资水平都低于城乡收入差距基准线，只考虑小城镇部门经济增长（A_γ）和大城市部门经济增长（A_β）对城乡收入差距（CV）的影响，CV 具体为农村部门工资水平低于城乡收入差距基准线工资水平的平均距离。$CV = 1 - K_\alpha$（只考虑农村工资水平），对于整个

经济系统，$CV = \left(1 - \bar{K}\right)\left(1 - L_{\beta}^{h}\right)$，其中 $\bar{K} = K_{\alpha}\left(L_{\alpha}^{h} + L_{\gamma}^{h}\right)\big/\left(1 - L_{\beta}^{h}\right)$ 表示整个经济中低于城乡收入差距基准线的人的平均工资水平，如果小城镇和农村部门的劳动力加权平均劳动力需求弹性不统一，整体城乡收入差距的变化方向就决于农村工资水平的变化。

假设 1：当大城市劳动力与小城镇劳动力的比例低于（大于）小城镇劳动力需求工资弹性与大城市劳动力需求工资弹性之比时，小城镇经济增长对农村工资的影响将大于（小于）大城市经济增长对农村工资的影响。

为验证该假设，对数的微分和求解：

$$\frac{\partial \ln K_{\alpha}}{\partial \ln A_{\gamma}} = \frac{\eta_{\gamma} L_{\gamma}^{h}}{\eta_{\alpha} L_{\alpha}^{h} + \eta_{\gamma} L_{\gamma}^{h} - L_{\beta}} > 0 \tag{7-2}$$

$$\frac{\partial \ln K_{\alpha}}{\partial \ln A_{\beta}} = \frac{\eta_{\beta} L_{\beta}^{h}}{\eta_{\alpha} L_{\alpha}^{h} + \eta_{\gamma} L_{\gamma}^{h} - L_{\beta}} > 0 \tag{7-3}$$

大城市和小城镇中任何一个部门的增长都会影响城乡收入差距。这两种比例效应对农村工资的影响比例为

$$\frac{\partial \ln K_{\alpha}}{\partial \ln A_{\beta}} \Big/ \frac{\partial \ln K_{\alpha}}{\partial \ln A_{\gamma}} = \frac{\eta_{\beta} L_{\beta}}{\eta_{\gamma} L_{\gamma}^{h}} \tag{7-4}$$

当大城市劳动力 L_{β} 接近于零时，大城市经济增长通过劳动力市场对城乡收入差距（农村工资水平）的作用较小。当大城市与小城镇的劳动力数量差距不大时，若大城市劳动力需求工资弹性小于小城镇，大城市经济增长对城乡收入差距的作用（农村工资水平）也较小；当大城市劳动力数量相对较多或其劳动力需求的工资弹性更大时，大城市经济增长对城乡收入差距（农村工资水平）的作用可能较大。理论上难以得出大城市和小城镇经济增长对城乡收入差距的作用强度。大城市和小城镇经济增长对城乡收入差距的作用力受到大城市和小城镇劳动力比例及劳动力需求工资弹性的影响。

第二节　计量模型、灯光数据与统计分析

一、模型设定与变量测度

1）模型设定

在理论分析基础上构建空间计量模型验证小城镇和大城市经济增长对城乡收入差距的影响。小城镇和大城市均具有空间区位性且相邻省（自治区、直辖市）之

间经济活动相互联系，为避免忽略空间因素而得到有偏估计结果(Lee and Yu，2010a)，采用空间面板模型控制空间因素，检验小城镇和大城市经济增长对城乡收入差距的空间溢出效应。空间杜宾模型具有准确计量空间溢出效应的优势，可以通过瓦尔德(Wald)检验和似然比(likelihood ratio，LR)来检验其是否退化为空间滞后模型和空间误差模型。构建空间杜宾模型：

$$y_{it} = \rho \sum_{j=1}^{n} W_{ij} y_{jt} + X_{it}\beta + \sum_{ij}^{n} W_{ij} X_{ijt}\gamma + \varepsilon$$

$$\varepsilon = \lambda \sum_{j}^{N} W_{ij} \varepsilon_{jt} + u_i \tag{7-5}$$

其中，W_{ij} 表示空间权重矩阵；i 表示省份；t 表示年份；y_{it} 表示 i 省 t 年的城乡收入差距；X_{it} 表示 i 省 t 年小城镇和大城市经济增长；ε 表示随机误差项；u_i 表示地区固定效应。当 $\gamma = 0$ 时，该模型排除了空间滞后解释变量，退化为空间误差模型；当 $\rho = 0$ 时该模型退化为空间滞后模型；当 $\gamma = 0$ 且 $\rho = 0$ 时，该模型退化为标准的最小二乘回归模型。

由于行政边界的存在，我国相邻省(自治区、直辖市)城市经济增长存在空间溢出效应，适合用空间邻接矩阵进行研究，本章的空间权重矩阵采用邻接矩阵(Queen 邻接矩阵)，其设定如式(7-6)所示：

$$W_{ij} = \begin{cases} 1, & \text{当其他区域} i \text{和区域} j \text{邻接} \\ 0, & \text{其他} \end{cases} \tag{7-6}$$

空间固定效应模型估计始于去均值程序(Baltagi，2005)，Lee 和 Yu(2010a，2010b)称该程序为直接方法并指出该估计会造成参数的偏误。Lesage 和 Pace(2009)用严格渐进理论证明了偏误的存在并提出了偏微分方法分解效应，将空间效应分解为平均直接效应、平均间接效应和平均总效应，据此分析解释变量与被解释变量在空间上的溢出效应，其分解方法为

$$Y_t = (I_n - \rho W)^{-1}(X_t\beta + WX_t\theta) + (I_n - \rho W)^{-1}\varepsilon_t^* \tag{7-7}$$

$$(I_n - \rho W)^{-1} = I_n + \rho W + \rho^2 W^2 + \rho^3 W^3 + \cdots \tag{7-8}$$

其中，ε_t^* 表示误差项包含了 ε_t、空间或时间的特定效应，ε_t 通常指的是随机误差或残差，它反映了模型中未解释的部分；I_n 表示 n 阶单位矩阵。

2)变量测度及选取

(1)被解释变量：城乡收入差距。为准确测度城乡收入差距，采用城乡居民可

支配收入比(记为 Ur)和泰尔指数(记为 Theil)衡量城乡收入差距。城乡居民可支配收入比为城镇居民人均可支配收入与农村居民人均可支配收入的比值。泰尔指数的计算公式为

$$\text{Theil}_t = \sum_{i=1}^{2}\left(\frac{I_{it}}{I_t}\right)\ln\frac{I_{it}/P_{it}}{I_t/P_t} = \left(\frac{I_{1t}}{I_t}\right)\ln\frac{I_{1t}/P_{1t}}{I_t/P_t} + \left(\frac{I_{2t}}{I_t}\right)\ln\frac{I_{2t}/P_{2t}}{I_t/P_t} \tag{7-9}$$

其中,i 和 t 分别表示省(自治区、直辖市)和时间;1 和 2 分别表示城市和农村;I_{1t} 和 I_{2t} 分别表示 i 省(自治区、直辖市)在 t 时期的城市可支配收入和农村可支配收入;I_t 表示 i 省(自治区、直辖市)在 t 时间的总收入;P_{1t} 和 P_{2t} 分别表示 i 省(自治区、直辖市)在 t 时期城市和农村的年末常住人口;P_t 表示 i 省(自治区、直辖市)在 t 时期年末总常住人口。

(2)变量选取。采用 GIS 技术将 DMSP/OLS 和 NPP/VIIRS 两种卫星数据结合形成 2005～2021 年的夜间灯光数据集,将城市经济增长划分为来自小城镇和大城市的经济增长,探究小城镇和大城市经济增长对我国城乡收入差距的影响,变量选取如表 7-1 所示。

表 7-1　变量及其含义

变量	变量	指标含义	符号
被解释变量	城乡收入差距	泰尔指数	Theil
		城乡居民可支配收入比	Ur
解释变量	城市经济增长	城市夜间灯光照亮面积	Area
		城市夜间灯光照亮总数量	SumDN
		城市夜间灯光照亮区域平均值	AvDN
	小城镇经济增长	小城镇夜间灯光照亮面积	S_Area
		小城镇夜间灯光照亮总数量	S_SumDN
	大城市经济增长	大城市夜间灯光照亮面积	B_Area
		大城市夜间灯光照亮总数量	B_SumDN

二、描述性统计分析及指标特征

1)空间自相关检验

基于 0-1 矩阵,采用莫兰指数对泰尔指数和城乡居民可支配收入比进行空间自相关检验,结果如表 7-2 所示。2005～2021 年,泰尔指数和城乡居民可支配收入比均在 1%的显著性水平下通过检验,表明泰尔指数和城乡居民可支配收入比存在强的空间自相关性,泰尔指数的空间相关性较城乡居民可支配收入比更强。

表 7-2 Theil 和 Ur 全局莫兰指数

年份	Theil			Ur		
	莫兰指数	Z 值	P	莫兰指数	Z 值	P
2005	0.558***	4.635	0.000	0.501***	4.208	0.000
2006	0.551***	4.586	0.000	0.486***	4.097	0.000
2007	0.554***	4.620	0.000	0.506***	4.278	0.000
2008	0.556***	4.613	0.000	0.521***	4.349	0.000
2009	0.547***	4.554	0.000	0.501***	4.202	0.000
2010	0.549***	4.562	0.000	0.483***	4.051	0.000
2011	0.534***	4.457	0.000	0.425***	3.623	0.000
2012	0.530***	4.437	0.000	0.411***	3.517	0.000
2013	0.529***	4.435	0.000	0.387***	3.336	0.001
2014	0.536***	4.490	0.000	0.384***	3.304	0.001
2015	0.553***	4.614	0.000	0.408***	3.488	0.000
2016	0.517***	4.571	0.000	0.396***	3.402	0.001
2017	0.547***	4.571	0.000	0.383***	3.315	0.001
2018	0.531***	4.462	0.000	0.363***	3.153	0.002
2019	0.516***	4.351	0.000	0.340***	2.987	0.003
2020	0.489***	4.148	0.000	0.286***	2.650	0.008
2021	0.494***	4.196	0.000	0.305***	2.717	0.007

***表示 1%的显著性水平

2）城乡收入差距的空间格局选取

总体来看，2005 年至 2021 年，我国 28 个省（自治区、直辖市）的泰尔指数和城乡居民可支配收入比整体上呈现出西南和西北地区相对较大、长三角沿海地区相对较小以及中部地区处于中等水平的空间格局。具体来看，贵州、云南、陕西、甘肃四省泰尔指数和城乡居民可支配收入比最大，说明其城乡收入差距相对较大；江浙沿海、沿江地区城乡收入差距常年最小，得益于长三角一体化发展与长江经济带发展等政策的实施，城乡发展相对较为均衡，城乡收入差距存在空间自相关性。

从缩小城乡收入差距来看，陕西省泰尔指数从 2005 年的 0.209 下降到 2021 年的 0.09，下降了 56.9%；广西、贵州、甘肃等省（自治区）的泰尔指数下降超过 0.1；黑龙江、海南的泰尔指数下降最大，达到 60%以上；广西、重庆、贵州、甘肃、云南等省（自治区、直辖市）城乡居民可支配收入比下降超过 1；黑龙江、重庆、贵州三省（直辖市）城乡居民可支配收入比下降了 30%，存在空间自相关性，西部大开发战略、发达地区对口帮扶及乡村振兴战略等的实施使西部地区缩小城乡收入差距取得阶段性成果。

2005 年以来，缩小城乡收入差距取得积极进展。西部大开发、振兴东北老工业基地、促进中部地区崛起、东部地区率先发展等区域协调发展战略对缩小城乡收入差距产生了较大作用。泰尔指数和城乡居民可支配收入比均呈现出较强的空间集聚性，高-高集聚和低-低集聚空间分布格局较强，城乡收入差距的空间相关性也较强。

　　我国各地方统计局定期统计经济活动相关数据，有可能运用省、市、县统计年鉴获取相关数据来测度不同类型城市经济增长。但我国省、市、县域数据均是基于行政区划采集，若要突破行政区边界测度小城镇和大城市经济增长对城乡收入差距的影响，统计数据就无能为力。夜间灯光数据可以弥补统计数据的不足，在突破行政边界做城市经济增长定量研究时发挥独特作用（Elvidge et al.，1997；Henderson et al.，2011；Bickenbach et al.，2016）。采用夜间灯光数据表示城市经济增长，即一个地理区域灯光照亮表示经济产出指标，夜间灯光增加衡量城市经济增长。夜间灯光数据处理流程如图 7-1 所示。

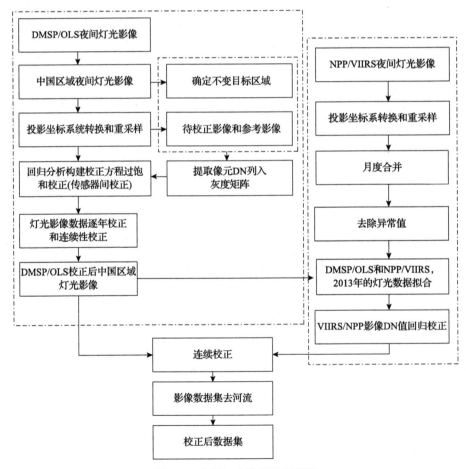

图 7-1　夜间灯光数据处理流程

　　夜间灯光数据来源于 DMSP/OLS 和 NPP/VIIRS 获取的夜间灯光影像的数据源(梁丽等，2020)。DMSP/OLS 数据采集时间为 1992 年至 2012 年，该数据集存在图像模糊(Abrahams et al.，2018)及过饱和现象，同一年来自不同传感器的影像数据存在差异，主要表现为影像中像元 DN 值[①]总和不相等及影像间相同位置的 DN 值不同(曹子阳等，2015；张佰发等，2020)；NPP/VIIRS 空间分辨率更高，对夜间灯光探测能力更强(梁丽等，2020)，该数据采集时间从 2012 年开始，对于研究长时间面板序列经济研究时间太短，不足以捕捉到城市经济增长对城乡收入差距影响的重要年份信息。基于此，将 DMSP/OLS 数据源传感器之间校正、过饱和校正连续校正，再与 NPP/VIIRS 数据集拟合校正、连续校正及去河流等校正，由此生成 2005 年至 2021 年长时间序列夜间灯光数据，本章将该数据进行进一步处理后用于表征大城市和小城镇经济增长。

　　将夜间灯光数据表征的城市经济增长划分为小城镇和大城市经济增长，须排除农村地区夜间灯光，采用灯光最大亮度 DN 值阈值(Doll，2008)。由于在传感器获取影像时观察到农村地区需要更多光，城市和农村地区的阈值比 DN=5 时辐射度高 7 倍(Lo，2001)。照亮原来黑暗区域需 1000 瓦高压钠灯(每盏约 25 公斤的大型灯，通常用于大型仓库)并用铝罩改进，便于将光线导向天空(Tuttle et al.，2014)，DMSP 传感器才能捕捉到。这种灯光更可能由城市地区集中路灯和工业设施发出的光，农村地区很少有。尽管 VIIRS 能更好地探测光线昏暗地区，卫星观测地球时间是凌晨 1 点半左右，农村地区家庭照明不太可能在该时段亮起，而城市地区路灯往往整夜照亮(Gibson et al.，2021)。

　　Chatterjee 等(2015)以及 Li 和 Rama(2015)均用 100 万人口门槛标准划分印度的大小城市地区。印度人口规模和我国相似，本章以我国地级市辖区 100 万人口为划分大城市和小城镇的标准，筛选出 28 个省(自治区、直辖市)的 112 个大城市。以省级为单位研究大城市和小城镇及其空间溢出效应须明确其划分边界，Small 和 Elvidge(2013)使用 DN>12(取最大亮度 20%阈值)研究亚洲城市，Alvarez-Berríos 等(2013)采用 DN>20(取最大亮度 33.3%阈值)划分拉丁美洲城市。本章测量小城镇经济增长用最大亮度值的 20%和 30%阈值(相当于 DN=33 和 DN=49.5)剔除农村地区灯光照亮并验证灯光数据对特定 DN 值选择的稳健性，用最大亮度值 50%阈值(相当于 DN=82.5)排除小城镇和农村灯光照亮，将夜间灯光分解为照明区域效果和照明区域内的平均 DN 值(Gibson et al.，2017)。

　　划分小城镇和大城市经济增长的方法以我国中部四大城市为例，当使用最大亮度的 30%阈值时，2021 年中部四省(安徽、江西、湖北、湖南)城市灯光照亮区域面积分别为 7008 平方千米、3319 平方千米、5090 平方千米，3634 平方千米，

---

① DN 值表示数字量化值。

处于 30%至 50%之间亮度阈值的照亮城市面积几乎是亮度大于 50%阈值的 1.2～1.9 倍，说明城市灯光照亮面积主要集中于 30%至 50%亮度阈值之间，不同城市之间相同阈值划分后的城市化面积有差异。本章采用变动边界法（可变掩膜）将城市化地区划分为大城市经济增长和小城镇经济增长，在不同年份将大城市边缘相对较暗区域划入小城镇经济增长；为避免该划分方法所带来的误差，采用大城市最大灯光照亮为固定掩膜（2021 年灯光照亮）构建一个数据集。

2005～2021 年，安徽、江西、湖北、湖南等中部四省大城市扩张面积分别达到 4.6 倍、3.5 倍、2.7 倍、4.3 倍，各省城市总面积分别扩张（30%灯光亮度阈值）4 倍、3.4 倍、2.9 倍、3.4 倍。结合表 7-3 中 2005～2021 年夜间灯光照亮面积增长，大城市照亮面积占城市总照亮面积比例仅为 25%～31%，大城市照亮面积增长占城市总照亮面积增长比例仅为 11%～28%，表明大城市灯光照亮度对城市照亮面积的贡献较小。尽管单个小城镇扩张速度不是很快，但整个小城镇集合的城市化扩张对城市增长的贡献更大，表明我国城市经济增长可能主要来自小城镇经济增长而非大城市经济增长，本章尝试运用空间计量模型分析验证这一论断。

表 7-3　2005～2021 年夜间灯光照亮面积增长情况

类别		2005 年	2006 年	2010 年	2014 年	2018 年	2021 年
灯光照亮面积/千米²	城市总照亮面积	93 674	100 918	114 686	143 990	164 612	194 677
	大城市照亮面积	28 185	29 808	31 376	37 750	42 659	50 883
	小城镇照亮面积	65 489	71 110	83 310	106 240	121 953	143 794
大城市照亮面积占总照亮面积比例		30.09%	29.54%	27.36%	26.22%	25.91%	26.14%
城市总照亮面积增长/千米²			7 244	13 768	29 304	20 622	30 065
大城市照亮面积增长/千米²			1 623	1 568	6 374	4 909	8 224
小城镇照亮面积增长/千米²			5 621	12 200	22 930	15 713	21 841
大城市照亮面积增长占城市总照亮面积增长比例			22.40%	11.39%	21.75%	23.80%	27.35%
大城市 DN 值平均值		112.94	111.99	110.94	112.93	113.24	114.54
小城镇 DN 值平均值		73.23	72.88	71.61	72.49	73.54	74.83

资料来源：DMSP 和 VIIRS 数据

注：小城镇亮度阈值为 30%，大城市亮度阈值为 50%

第三节　实证结果分析

为选择合适的空间计量模型测度空间相关性及空间溢出效应，本节构建模型并进行稳健性检验。采用空间面板的 LR 联合检验，诊断空间固定效应、时间固定效应或时空固定效应的联合显著性；通过空间固定、时间固定、时空固定的拉格朗日乘数(Lagrange multiplier，LM)检验，检验空间误差模型(spatial error model，SEM)和空间滞后模型(spatial lagged model，SLM)的显著性，用 LM-err 及 LM-lag 分别判断适宜的模型；运用豪斯曼(Hausman)检验判断模型应使用随机效应还是使用固定效应；运用 Wald 检验及 LR 检验空间杜宾模型是否退化为 SEM 或 SLM，若均不退化，则使用空间杜宾模型(Elhorst，2014)。本节采用空间、时空固定模型均在 1%的显著性水平下通过以上检验，表明该模型具有稳健性。

一、城市经济增长对城乡收入差距的影响

为准确分析小城镇和大城市夜间灯光数据对城乡收入差距的影响，在构建空间杜宾模型之前构建基准模型以检验夜间灯光对城乡收入差距影响。该模型建立在未区分小城镇和大城市夜间灯光照亮情况基础上，即构建全局的城市夜间灯光照明对城乡收入差距的影响。

通过四种方式估计城市夜间灯光数据对城乡收入差距的影响。表 7-4 报告了我国 28 个省(自治区、直辖市)城市经济增长对城乡收入差距影响的空间杜宾固定效应模型结果。城市夜间灯光数据取最大亮度的 20%阈值(DN>33)，表示城市经济增长。为在经济含义上显示城市增长对城乡居民可支配收入比的影响，将解释变量取对数，其系数经济含义为解释变量每增加 1%，被解释变量平均增加系数(β)个单位。实证结果表明城乡居民可支配收入比(Ur)对于本地区城市照亮面积估计系数绝对值为 0.1 至 0.25，远高于泰尔指数对于本地区城市照亮面积估计系数绝对值(介于 0.02 和 0.035 之间)；相对于泰尔指数，城乡居民可支配收入比对于邻近区域照亮面积的空间加权平均效应值的系数更大，介于 0.2 和 0.4 之间。

考虑到邻近地区的空间溢出，利用偏微分方程将城市经济增长对泰尔指数和城乡居民可支配收入比的综合影响分解为平均直接效应和平均间接效应。灯光照亮面积(Area)的平均直接效应、平均间接效应及平均总效应均显著为负，且城乡收入差距的三种平均效应均远大于泰尔指数，表明城市经济增长缩小了城乡收入差距，城市发展水平越高城乡收入差距越小。模型(2)和模型(6)或模型(3)和模型(7)中灯光照亮区域平均 DN 值(AvDN)在单独用于空间杜宾模型和将其与夜间灯光照亮面积同时纳入模型时，灯光照亮区域平均值与城乡收入差距在空间统计学上关联性较弱，是否将平均灯光 DN 值纳入模型不影响城市经济增长对城乡收入差距的作用。

表 7-4 我国 28 个省(自治区、直辖市)城市增长对城乡收入差距影响：空间杜宾时空固定效应模型

项目		Thiel				Ur			
		(1)	(2)	(3)	(4)	(5)	(6)	(7)	(8)
Area		-0.0276*** (-11.51)		-0.0320*** (-12.19)		-0.184*** (-6.41)		-0.230*** (-7.30)	
AvDN			-0.0317 (-1.68)	0.0469** (2.76)			-0.280 (-1.36)	0.383 (1.88)	
SumDN					-0.0243*** (-10.20)				-0.158*** (-5.68)
W×Area		-0.0192*** (-4.56)		-0.0291*** (-6.04)		-0.239*** (-5.20)		-0.319*** (-6.06)	
W×AvDN			-0.0974** (-3.05)	0.0755* (2.48)			-0.844* (-2.42)	0.788* (2.14)	
W×SumDN					-0.0153*** (-3.76)				-0.199*** (-4.55)
Spatial (rho)		0.405*** (7.27)	0.628*** (14.96)	0.369*** (6.43)	0.426*** (7.73)	0.315*** (5.41)	0.499*** (10.42)	0.282*** (4.73)	0.341*** (5.99)
R^2(within)		0.8766	0	0.8846	0.8587	0.8098	0.0008	0.8256	0.7898
Wald_Spatial_lag		20.81***	9.31***	36.7***	14.11***	27.08***	5.86	36.73***	20.73***
Wald_Spatial_Error		86.03***	17.67***	109.52***	65.44***	56.95***	10.12*	67.95***	46.22***
LR_Spatial_lag		38.27***	10.05***	57.24***	26.14***	31.75***	5.71	42.68***	24.41***
LR_Spatial_Error		71.40***	19.00***	90.56***	55.61***	52.05***	10.53**	62.63***	42.9***
平均直接效应	Area	-0.0311*** (-12.78)		-0.0361*** (-13.51)		-0.208*** (-7.21)		-0.257*** (-8.07)	
	AvDN		-0.0581** (-3.04)	0.0556*** (3.35)			-0.428* (-2.10)	0.438* (2.22)	

续表

项目		Thiel				Ur			
		(1)	(2)	(3)	(4)	(5)	(6)	(7)	(8)
平均直接效应	SumDN	-0.0465*** (-9.38)			-0.0274*** (-11.39)				-0.180*** (-6.48)
	Area		-0.286*** (-4.29)	-0.0584*** (-9.99)		-0.359*** (-8.14)		-0.484*** (-8.67)	
	AvDN			0.132* (3.14)			-1.793*** (-3.32)	1.121* (2.55)	
平均间接效应	SumDN	-0.3776*** (-13.81)			-0.0407*** (-8.35)				-0.353*** (-7.36)
	Area		-0.344*** (-4.79)	-0.0944*** (-13.65)		-0.608*** (-11.07)		-0.740*** (-10.98)	
	AvDN			0.187*** (3.97)			-2.221*** (-3.91)	1.560*** (3.19)	
平均总效应	SumDN				-0.0681*** (-12.60)				-0.533*** (-10.27)

注：被解释变量取自然对数；大城市灯光亮度阈值为50%，小城镇灯光亮度阈值为20%

***、**、*分别表示0.1%、0.5%、1%的显著性水平

为消除夜间灯光照亮是城乡收入差距外生因素的质疑，加上长期的截面差异将固定效应消除，排除其他影响因素对被解释变量影响，表 7-4 中模型(4)和模型(8)中将灯光照亮总量(平均灯光 DN 值与照亮面积的乘积)用于单独估计夜间灯光照明亮度对收入差距的影响。比较模型(1)和模型(4)及模型(5)和模型(8)可知，单独使用灯光照亮面积或灯光亮度即可估计城市经济增长对收入差距的影响，本节使用灯光照亮面积或照亮总量探究小城镇和大城市经济增长对城乡收入差距的作用。

二、小城镇和大城市经济增长对城乡收入差距的影响

表 7-4 汇报了 28 个省(自治区、直辖市)全域城市灯光照亮面积和照亮总量对城乡收入差距的影响，为进一步研究来自小城镇和大城市的夜间灯光照亮对城乡收入差距的作用，将城市灯光照亮面积或数量细分为来自小城镇与大城市，研究并比较小城镇与大城市经济增长对城乡收入差距的作用强度。空间杜宾时空固定效应模型估计结果如表 7-5 所示。

总体来看，泰尔指数与城乡居民可支配收入比对小城镇灯光照亮面积或照亮总量的估计系数均显著为负，对大城市灯光照亮面积或照亮总量估计系数均为正，且均显著；小城镇灯光照亮面积或照亮总量估计系数绝对值均大于大城市估计系数绝对值，反映出小城镇灯光照亮比大城市灯光照亮对城乡收入差距的作用更大。

具体而言，泰尔指数相对于小城镇和大城市的灯光照亮面积与照亮总量的估计系数分别为−0.0384 和 0.0102 与−0.0369 和 0.0105，且在 0.1%的显著性水平下显著，对应的空间效应系数分别为−0.0358、0.007 03 与−0.0336、0.007 86，说明邻近省域小城镇灯光照亮面积或照亮总量能显著缩小本地区城乡收入差距，邻近省域大城市灯光照亮面积对本地区城乡收入差距的影响在统计上不显著。用偏微分将空间效应分解，发现小城镇灯光照亮面积或照亮总量的平均直接效应为−0.0434、−0.0416，其绝对值显著大于大城市灯光照亮面积或照亮总量平均直接效应(0.0111、0.0116)的绝对值，直观反映本地区小城镇灯光照亮面积能显著缩小本地区城乡收入差距，平均总效应与平均直接效应显示出相同的结果，而大城市扩大城乡收入差距。对于城乡收入差距，小城镇灯光照亮面积或照亮总量的各个估计系数绝对值均显著大于大城市。

将可变掩膜和固定掩膜划分小城镇和大城市进行综合分析，小城镇和大城市经济增长对城乡收入差距的作用具有差异性并非将大城市城郊灯光较暗的区域划入小城镇照亮区域后所造成的。运用 ArcGIS 10.7 以 2021 年大城市最大灯光照亮

表 7-5　小城镇增长与大城市经济增长对城乡收入差距影响：空间杜宾时空固定效应模型

项目		灯光照亮面积 (Area)				灯光照亮总量 (SumDN=AvDN×Area)			
		可变掩膜		固定掩膜		可变掩膜		固定掩膜	
		Theil	Ur	Theil	Ur	Theil	Ur	Theil	Ur
		(1)	(2)	(3)	(4)	(5)	(6)	(7)	(8)
S_Area 或 S_SumDN		-0.0384*** (-11.14)	-0.287*** (-6.96)	-0.0298*** (-8.94)	-0.171*** (-4.69)	-0.0369*** (-10.82)	-0.273*** (-6.97)	-0.0299*** (-9.49)	-0.210*** (-5.79)
B_Area 或 B_SumDN		0.0102*** (3.73)	0.0996** (3.02)	0.00740* (2.52)	0.0729* (1.97)	0.0105*** (3.84)	0.100** (3.16)	0.00983*** (3.37)	0.0893*** (2.65)
W×S_Area 或 W×S_SumDN		-0.0358*** (-4.71)	-0.359*** (-4.20)	-0.0235** (-3.13)	-0.0926 (-1.09)	-0.0335*** (-4.4)	-0.328*** (-4.01)	-0.0234** (-3.10)	-0.222** (-2.72)
W×B_Area 或 W×B_SumDN		0.00703 (1.31)	0.0446 (0.69)	0.00341 (0.56)	-0.00769 (-0.94)	0.00736 (1.46)	0.0480 (0.78)	0.00665 (1.08)	0.0222 (0.31)
Spatial(rho)		0.372*** (6.46)	0.299*** (5.06)	0.417*** (7.27)	0.414*** (7.58)	0.375*** (6.37)	0.311*** (5.29)	0.434*** (7.59)	0.372*** (6.51)
R^2(within)		0.8860	0.8238	0.8772	0.7667	0.8352	0.8183	0.8760	0.8042
Wald_Spatial_lag		38.05***	38.42***	21.89***	26.49***	31.25***	33.77***	18.18***	22.19***
Wald_Spatial_Error		111.5***	39.67***	73.67***	50.76***	99.55***	63.87***	67.78***	46.26***
LR_Spatial_lag		61.69***	44.96***	39.09***	31.39***	55.50***	39.75***	36.50***	27.45***
LR_Spatial_Error		94.45***	65.28***	64.82***	48.63***	85.42***	59.09***	59.11***	43.69***
平均直接效应	S_Area 或 S_SumDN	-0.0434*** (-11.63)	-0.319*** (-7.25)	-0.0339*** (-8.94)	-0.188*** (-4.44)	-0.0416*** (-11.34)	-0.305*** (-7.29)	-0.0342*** (-9.57)	-0.238*** (-5.90)
	B_Area 或 B_SumDN	0.0111*** (3.89)	0.103** (3.03)	0.00793* (2.47)	0.0640 (1.53)	0.0116*** (4.03)	0.104** (3.19)	0.0110*** (3.40)	0.0922* (2.53)

续表

项目		灯光照亮面积 (Area)				灯光照亮总量 (SumDN=AvDN×Area)			
		可变掩膜		固定掩膜		可变掩膜		固定掩膜	
		Theil	Ur	Theil	Ur	Theil	Ur	Theil	Ur
		(1)	(2)	(3)	(4)	(5)	(6)	(7)	(8)
平均间接效应	S_Area 或 S_SumDN	-0.0714*** (-7.43)	-0.568*** (-5.68)	-0.0544*** (-5.26)	-0.235 (-1.87)	-0.0677*** (-7.22)	-0.535*** (-5.60)	-0.0565*** (-5.49)	-0.418*** (-3.92)
	B_Area 或 B_SumDN	0.0149* (2.07)	0.0894 (1.14)	0.009 06 (1.01)	-0.0874 (-0.70)	0.0164* (2.30)	0.0970 (1.29)	0.0163 (1.76)	0.0685 (0.71)
平均总效应	S_Area 或 S_SumDN	-0.115*** (-9.58)	-0.888*** (-6.97)	-0.0883*** (-6.77)	-0.423** (-2.75)	-0.109*** (-9.44)	-0.839*** (-7.01)	-0.0907*** (-7.14)	-0.656*** (-4.94)
	B_Area 或 B_SumDN	0.0261** (3.03)	0.193* (2.07)	0.0170 (1.56)	-0.0234 (-0.15)	0.0280** (3.28)	0.201* (2.25)	0.0272* (2.43)	0.161 (1.37)

***、**、*分别表示 0.1%、0.5%、1%的显著性水平

面积的固定掩膜方式所计算的灯光照亮面积和照亮总量的估计结果，与可变掩膜方式的估计结果基本相同，如表 7-5 中模型(1)和模型(3)、模型(2)和模型(4)、模型(5)和模型(7)、模型(6)和模型(8)等四对模型所示。与可变掩膜划分方式相比，固定掩膜下灯光照亮面积或照亮总量的估计系数绝对值略小，但小城镇显著缩小城乡收入差距的作用不变。

表 7-6 报告了单独估计小城镇和大城市对城乡收入差距的影响，模型(2)和模型(6)中大城市灯光照亮面积和照亮总量的效应为−0.0102 和−0.009 74，似乎大城市经济增长能显著缩小城乡收入差距，但结合表 7-5，在加入小城镇的模型(1)和模型(5)中，大城市经济增长扩大城市收入差距，且大城市对城乡收入的空间效应不显著，表明小城镇经济增长能显著缩小城乡收入差距，大城市则扩大城乡收入差距。

二、小城镇和大城市经济增长对农村基尼系数的影响

小城镇经济增长能显著缩小城乡收入差距，农村地区内部收入不平等是否会受到小城镇和大城市经济增长的影响呢？研究将小城镇的灯光亮度取 20%阈值且把被解释变量更换为农村基尼系数，用 2005～2020 年农村基尼系数构建空间杜宾时空效应模型。如表 7-7 所示，用可变掩膜和固定掩膜方式划分小城镇边界，小城镇和大城市的灯光照亮面积与照亮总量对基尼系数均不显著，即小城镇和大城市经济增长对农村内部不平等效应在统计上不显著，且小城镇和大城市经济增长对农村内部不平等的影响并无差异，说明城市经济增长对城乡收入差距的影响几乎完全是通过城乡平均收入(工资)的增长来传递。

四、稳健性分析

为了检验模型的稳健性，将解释变量(城市灯光照亮)取反双曲正弦和取城市灯光亮度 30%阈值并构建空间杜宾时空固定模型，检验阈值设置及解释变量变换的方式，是否影响夜间灯光照亮对城乡收入差距影响的稳健性。比较表 7-4 和表 7-8 的估计结果，解释变量取自然对数和反双曲正弦的结果并无差异，说明解释变量的两种取值方式皆能反映灯光照亮对城乡收入差距的影响；灯光亮度阈值取 20%与 30%时对城乡收入差距(泰尔指数)的影响无显著差异且灯光照亮平均 DN 值对泰尔指数关联性较弱，说明夜间灯光照亮对城乡收入差距的作用不随灯光亮度阈值的变化而变化，也说明该模型具有稳健性。

将灯光亮度最大 DN 值的 30%阈值以下视为农村地区，小城镇和大城市对城乡收入差距的作用均不受影响，表 7-9 为小城镇和大城市经济增长对城乡收入差

表 7-6 小城镇和大城市对城乡收入差距的影响：空间杜宾时空固定效应模型

项目	Thiel							
	灯光照亮面积 (Area)				灯光照亮总量 (SumDN=AvDN×Area)			
	可变掩膜		固定掩膜		可变掩膜		固定掩膜	
	(1)	(2)	(3)	(4)	(5)	(6)	(7)	(8)
S_Area 或 S_SumDN	-0.028 5*** (-11.91)		-0.023 8*** (-10.51)		-0.026 8*** (-11.21)		-0.021 8*** (-10.29)	
B_Area 或 B_SumDN		-0.010 2*** (-4.48)		-0.010 2*** (-4.48)		-0.009 74*** (-4.47)		-0.009 74*** (-4.47)
W×S_Area 或 W×S_SumDN	-0.021 0*** (-4.99)		-0.016 0*** (-4.08)		-0.018 3*** (-4.41)		-0.012 0** (-3.28)	
W×B_Area 或 W×B_SumDN		-0.016 1*** (-4.44)		-0.016 1*** (-4.44)		-0.014 2*** (-4.13)		-0.014 2*** (-4.13)
Spatial (rho)	0.398*** (7.13)	0.499*** (10.12)	0.425*** (7.59)	0.499*** (10.12)	0.398*** (6.99)	0.512*** (10.54)	0.447*** (8.15)	0.512*** (10.54)
R^2 (within)	0.879 4	0.765 1	0.869 2	0.765 1	0.872 3	0.757 5	0.857 0	0.757 5
Wald_Spatial_lag	24.89***	19.68***	16.68***	19.68***	19.44***	17.06***	24.9***	17.06***
Wald_Spatial_Error	96.62***	50.34***	71.03***	50.34***	80.92***	46.30***	47.74***	46.30***
LR_Spatial_lag	45.18***	22.25***	32.87***	22.25***	37.28***	18.57***	10.74***	18.57***
LR_Spatial_Error	78.57***	50.47***	59.40***	50.47***	67.42***	45.41***	59.10***	45.41***
平均直接效应 S_Area 或 S_SumDN	-0.032 1*** (-13.20)		-0.026 9*** (-11.63)		-0.030 0*** (-12.35)		-0.024 7*** (-11.39)	
平均直接效应 B_Area 或 B_SumDN		-0.013 4*** (-5.99)		-0.013 4*** (-5.99)		-0.012 8*** (-5.97)		-0.012 8*** (-5.97)

续表

项目		Thiel							
		灯光照亮面积(Area)				灯光照亮总量(SumDN=AvDN×Area)			
		可变掩膜		固定掩膜		可变掩膜		固定掩膜	
		(1)	(2)	(3)	(4)	(5)	(6)	(7)	(8)
平均间接效应	S_Area 或 S_SumDN	-0.049 0*** (-9.78)		-0.041 3*** (-8.68)		-0.043 9*** (-9.13)		-0.035 8*** (-8.00)	
	B_Area 或 B_SumDN		-0.038 2*** (-7.41)		-0.038 2*** (-7.41)		-0.035 6*** (-7.07)		-0.035 6*** (-7.07)
平均总效应	S_Area 或 S_SumDN	-0.081 2*** (-14.09)		-0.068 2*** (-12.45)		-0.073 9*** (-13.51)		-0.060 4*** (-11.98)	
	B_Area 或 B_SumDN		-0.051 6*** (-9.61)		-0.051 6*** (-9.61)		-0.048 4*** (-9.21)		-0.048 4*** (-9.21)

***、 **分别表示 0.1%、 0.5%的显著性水平

表 7-7　小城镇和大城市对农村基尼系数的影响：空间杜宾时空效应模型

项目		GINI 系数			
		灯光照亮面积（Area）		灯光照亮总量 (SumDN=AvDN×Area)	
		可变掩膜	固定掩膜	可变掩膜	固定掩膜
		(1)	(2)	(3)	(4)
S_Area 或 S_SumDN		−0.026 8 (−0.51)	−0.019 4 (−0.40)	−0.023 6 (−0.46)	−0.014 4 (−0.31)
B_Area 或 B_SumDN		0.052 3 (1.22)	0.048 7 (1.12)	0.053 2 (1.27)	0.048 5 (1.11)
W×S_Area 或 W×S_SumDN		−0.057 0 (−0.58)	−0.014 3 (−0.15)	−0.053 2 (−0.56)	−0.011 5 (−0.12)
W×B_Area 或 W×B_SumDN		0.087 5 (1.05)	0.060 3 (0.69)	(−0.56) (1.02)	0.054 5 (0.61)
Spatial (rho)		−0.117 (−1.73)	−0.116	−0.118 (−1.75)	−0.118 (−1.73)
R^2 (within)		0.016 8	0.013 2	0.016 5	0.012 9
平均直接效应	S_Area 或 S_SumDN	−0.023 7 (−0.44)	−0.017 5 (−0.36)	−0.020 6 (−0.40)	−0.012 6 (−0.26)
	B_Area 或 B_SumDN	0.047 9 (1.10)	0.045 0 (1.03)	0.049 1 (1.16)	0.044 9 (1.02)
平均间接效应	S_Area 或 S_SumDN	−0.038 1 (−0.46)	−0.001 06 (−0.01)	−0.035 3 (−0.44)	0.000 957 (0.01)
	B_Area 或 B_SumDN	0.066 4 (0.96)	0.041 8 (0.57)	0.060 9 (0.92)	0.036 0 (0.48)
平均总效应	S_Area 或 S_SumDN	−0.061 8 (−0.59)	−0.018 6 (−0.18)	−0.055 9 (−0.57)	−0.011 6 (−0.12)
	B_Area 或 B_SumDN	0.114 (1.51)	0.086 9 (1.04)	0.110 (1.51)	0.081 0 (0.95)

距影响的稳健性检验，表明小城镇经济增长缩小城乡收入差距，大城市经济增长扩大城乡收入差距的结论可靠，用泰尔指数和城乡居民可支配收入比衡量的城乡收入差距均在空间杜宾时空固定效应模型显著，验证了小城镇经济增长缩小城乡收入差距的作用。

表7-8　灯光照亮对城乡收入差距稳健性检验：空间杜宾对空间固定效应模型

项目		反双曲正弦（Thiel）				灯光亮度30%阈值			
		(1)	(2)	(3)	(4)	(5)	(6)	(7)	(8)
Area		-0.0276*** (-11.51)	-0.0317 (-1.68)	-0.0320*** (-12.19)		-0.0232*** (-9.59)	-0.0576** (-2.58)	-0.0251*** (-9.64)	
AvDN				0.0469** (2.76)				0.0433 (1.95)	
SumDN					-0.0246*** (-10.28)				-0.0213*** (-9.11)
W×Area		-0.0192*** (-4.56)		-0.0291*** (-6.04)		-0.0130*** (-3.22)	-0.139*** (-3.70)	-0.0154*** (-3.33)	
W×AvDN			-0.0974** (-3.05)	0.0755* (2.48)				-0.00137 (-0.04)	
W×SumDN					-0.0156*** (-3.81)				-0.0113** (-2.93)
Spatial (rho)		0.405*** (7.27)	0.628*** (14.96)	0.369*** (6.43)	0.421*** (7.62)	0.445*** (8.25)	0.600*** (13.75)	0.437*** (8.05)	0.456*** (8.54)
R^2 (within)		0.8766	0.0000	0.8846	0.8595	0.8422	0.2172	0.8530	0.8280
Wald_Spatial_lag		20.81***	9.31**	36.70***	14.50***	10.33***	13.67***	13.33***	8.58**
Wald_Spatial_Error		86.03***	17.67***	109.52***	66.65***	55.27***	27.42***	58.34***	49.79***
LR_Spatial_lag		38.27***	10.05**	57.24***	26.77***	20.36***	14.47***	24.01***	16.85***
LR_Spatial_Error		71.40***	19.00***	90.56***	56.72***	46.51***	28.61***	50.09***	42.33***
平均直接效应	Area	-0.0311*** (-12.78)		-0.0361*** (-13.51)		-0.0252*** (-10.73)		-0.0283*** (-10.45)	
	AvDN		-0.0581** (-3.04)	0.0556*** (3.35)			-0.0935*** (-4.13)	-0.0416*** (-6.80)	

续表

项目		Thiel							
		反双曲正弦				灯光亮度30%阈值			
		(1)	(2)	(3)	(4)	(5)	(6)	(7)	(8)
平均直接效应	SumDN	-0.0465*** (-9.38)			-0.0277*** (-11.46)				-0.0241*** (-10.27)
	Area			-0.0584*** (-9.99)		-0.0384*** (-7.73)		-0.0416*** (-6.80)	
	AvDN		-0.286*** (-4.29)	0.132** (3.14)			-0.392*** (-5.32)	0.0245 (0.42)	
平均间接效应	SumDN				-0.0408*** (-8.43)				-0.0352*** (-7.38)
	Area					-0.0646*** (-11.81)		-0.0699*** (-9.75)	
	AvDN								
平均总效应	SumDN	-0.0776*** (-13.81)			-0.0685*** (-12.74)				-0.0593*** (-11.47)
	Area			-0.0944*** (-13.65)					
	AvDN		-0.344*** (-4.79)	0.187*** (3.97)			-0.485*** (-6.10)	0.0686 (1.02)	

***、**分别表示0.1%、0.5%的显著性水平

表 7-9　小城镇和大城市对城乡收入差距影响的稳健性检验：空间杜宾时空固定效应模型

项目	灯光照亮面积 (Area)				灯光照亮总量 (SumDN=AvDN×Area)			
	可变掩膜		固定掩膜		可变掩膜		固定掩膜	
	Theil	Ur	Theil	Ur	Theil	Ur	Theil	Ur
	(1)	(2)	(3)	(4)	(5)	(6)	(7)	(8)
S_Area 或 S_SumDN	-0.031 3*** (-9.04)	-0.221*** (-5.50)	-0.024 4*** (-7.75)	-0.171*** (-4.69)	-0.031 1*** (-9.59)	-0.225*** (-5.99)	-0.026 1*** (-8.81)	-0.190*** (-5.52)
B_Area 或 B_SumDN	0.008 42** (2.82)	0.082 1** (2.36)	0.007 27* (2.28)	0.072 9* (1.97)	0.009 09** (3.21)	0.087 8** (2.67)	0.010 1*** (3.28)	0.095 4** (2.68)
W×S_Area 或 W×S_SumDN	-0.015 7** (-2.05)	-0.160 (-1.89)	-0.010 6 (-1.40)	-0.092 6 (-1.09)	-0.018 6** (-2.58)	-0.184** (-2.34)	-0.013 9 (-1.89)	-0.123 (-1.53)
W×B_Area 或 W×B_SumDN	-0.001 89 (-0.31)	-0.053 6 (-0.76)	-0.001 99 (-0.28)	-0.076 9 (-0.94)	0.001 61 (0.29)	-0.018 9 (-0.29)	0.002 63 (0.39)	-0.028 0 (-0.36)
Spatial (rho)	0.452*** (8.34)	0.388*** (7.04)	0.480*** (9.04)	0.414*** (7.58)	0.442*** (7.97)	0.381*** rho	0.482*** (8.93)	0.415*** (7.54)
R^2 (within)	0.860 4	0.787 8	0.842 5	0.766 7	0.860 0	0.785 9	0.842 2	0.765 3
Wald_Spatial_lag	16.85***	21.94***	11.38**	16.99***	16.55***	20.91***	10.57***	15.29***
Wald_Spatial_Error	67.24***	46.5***	53.36***	38.22***	67.4***	45.98***	53.12***	36.84***
LR_Spatial_lag	31.26***	25.73***	22.98***	20.06***	32.75***	25.45***	24.09***	19.05***
LR_Spatial_Error	56.39***	42.41***	44.37***	34.82***	61.67***	42.06***	43.51***	33.47***
平均直接效应　S_Area 或 S_SumDN	-0.035 0*** (-8.83)	-0.245*** (-5.46)	-0.027 4*** (-7.27)	-0.188*** (-4.44)	-0.035 1*** (-9.67)	-0.251*** (-6.10)	-0.029 7*** (-8.55)	-0.211*** (-5.40)
平均直接效应　B_Area 或 B_SumDN	0.008 42* (2.56)	0.076 9* (2.06)	0.007 18 (1.92)	0.064 0 (1.53)	0.009 58** (3.12)	0.086 7** (2.49)	0.010 9*** (3.06)	0.093 6* (2.35)

续表

项目		灯光照亮面积 (Area)				灯光照亮总量 (SumDN=AvDN×Area)			
		可变掩膜		固定掩膜		可变掩膜		固定掩膜	
		Theil	Ur	Theil	Ur	Theil	Ur	Theil	Ur
		(1)	(2)	(3)	(4)	(5)	(6)	(7)	(8)
平均间接效应	S_Area 或 S_SumDN	-0.0474*** (-4.18)	-0.349** (-2.95)	-0.0370** (-3.05)	-0.235 (-1.87)	-0.0509*** (-5.06)	-0.381*** (-3.64)	-0.0442*** (-3.98)	-0.295* (-2.57)
	B_Area 或 B_SumDN	0.00205 (0.21)	-0.0433 (-0.43)	0.00104 (0.09)	-0.0874 (-0.70)	0.00811 (0.96)	0.0113 (0.13)	0.0115 (1.02)	0.00319 (0.03)
平均总效应	S_Area 或 S_SumDN	-0.0824*** (-5.89)	-0.594*** (-4.05)	-0.0644*** (-4.35)	-0.423** (-2.75)	-0.0860*** (-6.99)	-0.632*** (-4.91)	-0.0739*** (-5.49)	-0.507*** (-3.63)
	B_Area 或 B_SumDN	0.0105 (0.91)	0.0336 (0.28)	0.00821 (0.56)	-0.0234 (-0.15)	0.0177 (1.74)	0.0981 (0.92)	0.0224 (1.64)	0.0968 (0.69)

***、**、*分别表示0.1%、0.5%、1%的显著性水平

本 章 小 结

(一)研究结论

本章为探究小城镇和大城市的经济增长对城乡收入差距的影响，突破行政区划边界划分小城镇和大城市，运用2005～2021年的夜间灯光数据构建空间杜宾模型实证检验小城镇和大城市经济增长对城乡收入差距的影响。研究结果表明，在不考虑空间溢出效应时，小城镇经济增长缩小城乡收入差距，大城市经济增长则扩大城乡收入差距；考虑空间溢出效应，小城镇经济增长对邻近地区和本地区城乡收入差距的影响显著且大于大城市的影响，大城市经济增长对邻近地区的作用基本不显著；城市经济增长缩小城乡收入差距的效应大部分来自小城镇的经济增长。

(二)若干启示

为解决我国当前阶段的社会主要矛盾，促进农村地区充分发展和城乡平衡发展，缩小城乡收入差距成为当务之急。基于主要研究结论，提出如下建议。

处理好大城市、小城镇布局与农村发展的关系。增长极理论、累积因果关系理论、中心-外围理论以及空间极化理论均强调区域经济增长的不平衡规律，核心与外围之间主要通过资源要素自上而下流动联系，表现为城市偏向的城乡关系。若过于注重大城市的经济发展且公共投资等政策偏向大城市，小城镇经济发展会受到大城市"虹吸效应"和"极化效应"的影响，难以形成"涓滴效应"，不利于小城镇的发展，也就不利于缩小城乡收入差距。

应充分发挥县城与农村密切联系的优势，以县域范围为重点因地制宜促进新型城镇化并带动农村经济发展。城乡边缘地带是联系城市农村的关键地区，大城市边缘更多是小城镇，小城镇边缘的城乡接合部是沟通城市和农村的桥梁，具有人口流动性强、复合型经济发展的特征，易形成集聚经济，有利于缩小城乡收入差距、促进城乡融合发展。按照城市规模等级结构合理化布局，以县城为节点实现城乡联系，有利于农村剩余劳动力与城市产业的衔接并促进城乡要素流动，促进公共投资和公共服务向农村地区延伸与扩展(安虎森，2010)。

建立健全小城镇经济增长与农村联动发展的体制机制。在建立国内统一大市场的背景下，完善农村富余劳动力就近就地城镇化的户籍制度，强化小城镇基础设施投资和公共服务建设，促进现代化要素自由流动。

参 考 文 献

安虎森. 2010. 新区域经济学[M]. 大连: 东北财经大学出版社.

曹子阳, 吴志峰, 匡耀求, 等. 2015. DMSP/OLS 夜间灯光影像中国区域的校正及应用[J]. 地球
　　信息科学学报, 17(9): 1092-1102.

陈斌开, 林毅夫. 2013. 发展战略、城市化与中国城乡收入差距[J]. 中国社会科学, (4): 81-102,
　　206.

陈晓毅. 2010. 城市化、工业化与城乡收入差距: 基于 SVAR 模型的研究[J]. 经济经纬, (6):
　　21-24.

盖庆恩, 朱喜, 史清华. 2013. 劳动力市场扭曲、结构转变和中国劳动生产率[J]. 经济研究,
　　48(5): 87-97, 111.

赫国胜, 赵玉. 2017. 城镇化对城乡收入差距影响的实证研究[J]. 技术经济与管理研究, (10):
　　115-119.

李兰冰, 高雪莲, 黄玖立. 2020a. "十四五" 时期中国新型城镇化发展重大问题展望[J]. 管理世
　　界, 36(11): 7-22.

李兰冰, 姚彦青, 张志强. 2020b. 农村劳动力跨部门流动能否缩小中国地区收入差距?[J]. 南开
　　经济研究, (4): 127-143.

梁丽, 边金虎, 李爱农, 等. 2020. 中巴经济走廊 DMSP/OLS 与 NPP/VIIRS 夜光数据辐射一致性
　　校正[J]. 遥感学报, 24(2): 149-160.

刘晓光, 张勋, 方文全. 2015. 基础设施的城乡收入分配效应: 基于劳动力转移的视角[J]. 世界
　　经济, 38(3): 145-170.

陆铭, 陈钊. 2004. 城市化、城市倾向的经济政策与城乡收入差距[J]. 经济研究, (6): 50-58.

罗超平, 黄俊, 张卫国. 2015. 西部大开发、城乡一体化与新型城镇化: "中国西部开发研究联
　　合体第 10 届学术年会(2015)" 综述[J]. 管理世界, (8): 166-169.

申云, 王锐, 张海兵, 等. 2022. 县域农村产业融合发展与城乡收入差距变迁[J]. 西南大学学报
　　(社会科学版), 48(5): 60-72.

万广华, 罗知, 张勋, 等. 2022. 城乡分割视角下中国收入不均等与消费关系研究[J]. 经济研究,
　　57(5): 87-105.

王国定, 陈祥, 孔欢. 2022. 城乡收入差距与人口老龄化的时空关联: 基于动态空间面板模型的
　　实证分析[J]. 经济问题, (7): 44-53.

尹晓波, 王巧. 2020. 中国金融发展、城镇化与城乡居民收入差距问题分析[J]. 经济地理, 40(3):
　　84-91.

张佰发, 苗长虹, 宋雅宁, 等. 2020. 一种 DMSP/OLS 稳定夜间灯光影像中国区域的校正方法[J].
　　地球信息科学学报, 22(8): 1679-1691.

张占录, 李鹏辉. 2022. 土地发展权交易对城乡收入差距的影响及作用机制: 以重庆地票实践为

例[J]. 中国农村经济, (3): 36-49.

Abrahams A, Oram C, Lozano-Gracia N. 2018. Deblurring DMSP nighttime lights: a new method using Gaussian filters and frequencies of illumination[J]. Remote Sensing of Environment, 210(1): 242-258.

Alvarez-Berríos N L, Parés-Ramos I K, Aide T M. 2013. Contrasting patterns of urban expansion in Colombia, Ecuador, Peru, and Bolivia between 1992 and 2009[J]. Ambio, 42(1): 29-40.

Baltagi B H. 2005. Econometric Analysis of Panel Data[M]. 3rd ed. Chichester: Wiley & Sons.

Bickenbach F, Bode E, Nunnenkamp P, et al. 2016. Night lights and regional GDP[J]. Review of World Economics, 152(2): 425-447.

Chatterjee U, Murgai R, Rama M G. 2015. Job opportunities along the rural-urban gradation and female labor force participation in India[R]. Washington: World Bank Group.

Chen Y G, Luo P, Chang T Y. 2020. Urbanization and the urban-rural income gap in China: a continuous wavelet coherency analysis[J]. Sustainability, 12(19): 8261.

Doll C N H. 2008. CIESIN thematic guide to night-time light remote sensing and its applications[R]. Center for International Earth Science Information Network.

Elhorst J P. 2014. Matlab software for spatial panels[J]. International Regional Science Review, 37(3): 389-405.

Elvidge C D, Baugh K E, Kihn E A, et al. 1997. Relation between satellite observed visible-near infrared emissions, population, economic activity and electric power consumption[J]. International Journal of Remote Sensing, 18(6): 1373-1379.

Gibson J, Gaurav D, Rinku M, et al. 2017. For India's rural poor, growing towns matter more than growing cities[J]. World Development, 98: 413-429.

Gibson J, Olivia S, Boe-Gibson G, et al. 2021. Which night lights data should we use in economics, and where?[J]. Journal of Development Economics, 149: 102602.

Harris J, Todaro M. 1970. Migration, unemployment and development: a two sector analysis[J]. The American Economic Review, 60(1): 126-142.

Henderson V, Storeygard A, Weil D N. 2011. A bright idea for measuring economic growth[J]. American Economic Review, 101(3): 194-199.

Lee L F, Yu J H. 2010a. Estimation of spatial autoregressive panel data models with fixed effects[J]. Journal of Econometrics, 154(2): 165-185.

Lee L F, Yu J H. 2010b. A spatial dynamic panel data model with both time and individual fixed effects[J]. Econometric Theory, 26(2): 564-597.

Lesage J, Pace R K. 2009. Introduction to Spatial Econometrics[M]. Lodon: CRC Press.

Lewis W A. 1954. Economic development with unlimited supplies of labour[J]. The Manchester School of Economic and Social Studies, 22(2): 139-191.

Li Y, Rama M G. 2015. Households or locations? Cities catchment areas and prosperity in India[R]. Washington: World Bank Group.

Liu Y, Long C H. 2021. Urban and rural income gap: does urban spatial form matter in China?[J]. SAGE Open, 11 (1): 215824402110022.

Lo C P. 2001. Modeling the population of China using DMSP operational linescan system nighttime data[J]. Photogrammetric Engineering and Remote Sensing, 67 (9): 1037-1048.

Molero-Simarro R. 2017. Inequality in China revisited. The effect of functional distribution of income on urban top incomes, the urban-rural gap and the Gini index, 1978-2015[J]. China Economic Review, 42: 101-117.

Sicular T, Yue X M, Gustafsson B, et al. 2007. The urban-rural income gap and inequality in China[J]. The Review of Income and Wealth, 53 (1): 93-126.

Small C, Elvidge C D. 2013. Night on Earth: Mapping decadal changes of anthropogenic night light in Asia[J]. International Journal of Applied Earth Observation and Geoinformation, 22: 40-52.

Tuttle A K, McMillan S K, Gardner A, et al. 2014. Channel complexity and nitrate concentrations drive denitrification rates in urban restored and unrestored streams[J]. Ecological Engineering, 73: 770-777.

Wu D J, Rao P. 2017. Urbanization and income inequality in China: an empirical investigation at provincial level[J]. Social Indicators Research, 131: 189-214.

Yuan Y, Wang M S, Zhu Y, et al. 2020. Urbanization's effects on the urban-rural income gap in China: a meta-regression analysis[J]. Land Use Policy, 99: 104995.

Zhao X M, Liu L. 2022. The impact of urbanization level on urban-rural income gap in China based on spatial econometric model[J]. Sustainability, 14 (21): 13795.

第八章 转移人口市民化的制度联动改革
与集成创新路径研究

从 1978 年到 2020 年，中国城镇的常住人口规模经历了显著的增长，由原先的 1.7 亿迅速攀升至 9 亿，形成了一个庞大的城市人口基数，与此同时城镇化的进程也同步加速，城镇化率从原先的 17.9%显著提升至 63.9%。城镇化进程的背景是我国独特的城乡二元结构，这一结构特征显著地影响了我国城镇化的路径和规模，使之成为人类历史上前所未有的人口迁移现象，这种迁移不仅是简单的空间转换，更是一次深度的社会转型。农业人口的顺利迁移与转型，对于我国乡村振兴战略与新型城镇化建设的成功实施起着至关重要的作用，转移人口市民化的实现也能为调整优化城乡区域经济结构，扩大内需，促进经济持续健康发展创造条件。农业转移人口市民化，不仅涉及户口的迁移，还意味着身份的改变、公共服务与政治权利的获得，以及最终实现在心理层面融入城镇生活。中共十八大报告对农业转移人口市民化做出了清晰的界定，即这一过程不仅涉及从农村到城镇的地理迁移和职业转型，更包括农村劳动人口在迁入城镇后，能够享有与城镇户籍居民同等的社会地位及权益(李国平等，2016)。市民化并非仅指户籍的变更，从更深层次上讲，它要求农业人口在转变为城镇居民后，能够平等地参与政治生活，享受完善的社会服务，改善经济生活水平，并在城市中获得身份认同和归属感(魏后凯和苏红键，2013)。单纯户籍转化并非市民化的终点，我们应关注农业转移人口在城市生活中的实际需求，保障他们享有平等的市民权利，以促进他们在行为意识和价值观上真正融入城市生活。政府需要制定并实施一系列公共政策，促进农业转移人口融入城镇，包括户籍制度改革、就业政策、社会保障政策、住房政策等。为确保政策的有效实施，需要合理运用恰当的政策工具，推动城镇化与市民化的协同发展，以更好地实现政策目标。

因此，本章首先从政策工具的视角，查找并筛选"转移人口市民化"相关政策文本，构建一个政策文本库；其次，对政策文本的内容单元进行了详尽的编码，并以此为基础构建一个涵盖政策工具与政策目标的二维分析框架；再次，运用频数统计分析和多维度的比较分析方法，对政策文本的具体内容和编码结果进行深入的剖析；最后，用内容分析法定量研究转移人口市民化政策文本，并据此总结归纳出我国转移人口市民化政策工具的构成体系。基于这一研究成果，我们提出了具有针对性的政策建议，以期为我国转移人口市民化政策的优化和完善提供有益的参考。

第一节　基于政策工具的转移人口市民化政策文本分析框架

一、政策工具的类型和选择

政策工具，也称为管理工具或政府工具，是政府用于达到一定目的的政策措施。已有研究表明应当慎重选择政策工具，以实现精准施策。政策工具能够有效地帮助决策者达成一个或多个决策目标，因此在社会治理方面发挥着关键作用。政策工具研究的核心在于探讨如何将管理者的规划和蓝图变为现实，从政策工具角度对政策进行深入研究，不仅有利于科学决策、精准施策，而且能够有助于构建更加和谐稳定的社会环境，从而给社会带来长远且持续的效益。

随着政策科学领域的深入探索，众多专家学者从多元化的视角出发，对政策工具进行了细致的分类与深入的研究。特别是在 20 世纪 90 年代，政策工具的分类问题更是成为学术界的研究焦点，这一趋势体现了学者对于政策工具运用及其影响的日益关注。通过对政策工具的科学分类与深入分析，我们能够更好地理解其内在逻辑和运作机制，为政策制定与执行提供有力的理论支持。其中，Rothwell 和 Zegveld (1984) 根据政策工具产生的影响，将其分为供给型、需求型和环境型三类工具；Schneider 和 Ingram (1990) 将政策工具分为五类，分别为权威型、激励型、能力型、规范型以及学习型；Howlett 和 Ramesh (1995) 则按照政策的强制程度将其分为强制型、混合型和自愿型三种政策工具；Salamon 和 Elliott (2002) 基于政策工具的治理实质及其实施策略，对政策工具进行了系统的分类，将其分为直接行政手段、经济调控措施、社会规范机制、合同支付、直接的财政拨款以及税收优惠形式的支付策略等多个类别。这些多样化的分类不仅为政策工具的深入研究提供了坚实的理论支撑，而且为分析公共政策提供了独特且丰富的视角。

在国内学术界，对于农业农村领域的政策工具分析已引起广泛关注。匡兵等 (2018) 运用内容分析法和专家评估法，以《探索实行耕地轮作休耕制度试点方案》作为研究样本，依据政策工具的作用机制和影响领域，将政策工具划分为供给型、环境型和需求型等类别，进而分析了这些政策工具在耕地轮作休耕政策中的应用情况和效果。在探讨我国农业信息化政策时，谭春辉等 (2019) 以 52 份相关政策文件为样本，依据供给型、环境型和需求型三类政策工具的分类，从农业价值链的视角对政策文本进行了深入的剖析。付城和刘媛 (2020) 选取 1982 年至 2020 年中共中央发布的 22 个一号文件，用政策文本量化分析方法，同样将政策工具划分为供给型、环境型和需求型等类别，从乡村振兴视域下对我国农业现代化政策工具的选择开展研究。故本章拟选用 Rothwell 和 Zegveld (1984) 的政策工具分类方法，因为农业政策领域的许多相关研究，都采用了供给型、环境型和需求型政策工具维度的分类，选择该分类具有理论依据。

二、X轴：政策工具维度

本章依据 Rothwell 和 Zegveld(1984)提出的理论框架，将政策工具划分为供给型、环境型与需求型三类，作为农业转移人口市民化政策分析的 X 维度。政策工具的分类及具体内涵如表 8-1 所示。

表 8-1　政策工具的分类及内涵解释

类型	政策工具	内涵解释
供给型	资金投入	政府利用经济手段来促进农业人口转移，如中央财政加大农业转移人口市民化奖励资金支持力度
	基础设施	政府依托我国经济活动来进行基础设施建设的投入，如统筹推进城中村人居环境整治工作
	教育培训	政府综合利用经济手段和行政手段对农业转移人口开展教育培训、人才培养和技术指导等
	公共服务	政府利用行政手段和经济手段健全农业转移人口的公共服务制度，落实基本公共服务项目，如教育、医疗、住房、户籍等
	信息服务	政府利用经济手段加强农业转移人口的信息建设投入以及推动相关信息传播与流通，如政府大数据平台，推动进城农民的信息有效对接
环境型	目标规划	政府凭借行政手段来制定我国农业转移人口市民化与发展的具体规划
	法规管制	政府利用行政手段规范农业转移人口活动的有序进行，如政府出台相关政策，深化户籍制度改革
	金融支持	政府利用经济手段来激发金融市场发展活力，如政府给予农民贷款贴息来购买农业生产信息工具
	考核评估	政府对农业人口转移各项工作的考核评估
	策略性措施	政府为推动城镇化而制定各项策略性措施，如鼓励创新、鼓励技术引进等
需求型	示范工程	政府通过建立试点、推广成功经验来推进转移人口市民化
	市场化融资	政府通过公开的招投标等形式，促进转移人口市民化工作的市场化融资

三、Y轴：政策目标维度

在深入探讨政策工具对多元目标的效能时，本章引入农业转移人口市民化的政策目标作为 Y 维度进行分析研究。针对这一政策目标，学术界已有大量研究积累，本章借鉴朱健和陈盼(2020)的观点，将政策目标划分为三个层次：身份市民化、权利市民化、行为意识市民化。具体而言，身份市民化主要关注农业转移人口在户籍性质上的转变，即从原有的农业户口转变为城镇户口，这标志着他们在身份认同上向城市居民的转变。权利市民化则涵盖了社会保障、收入及就业状况、受教育程度、居住条件等多个方面，旨在确保农业转移人口能够平等地享有城市生活的各项权益。行为意识市民化则聚焦于农业转移人口在社会融入、心理认同以及政治参与等方面的表现，反映了他们在行为和心理层面上向城市居民的转变。转移人口市民化政策文本分析的二维框架如图 8-1 所示。

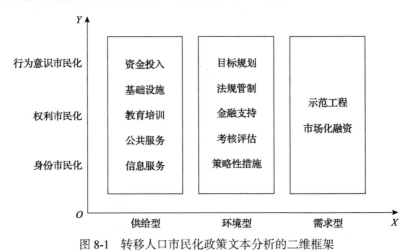

图 8-1　转移人口市民化政策文本分析的二维框架

第二节　政策文本选取与编码

一、政策文本选取

从《国家新型城镇化规划(2014—2020 年)》发布以来，中央部委围绕此出台了一系列文件，通过搜索北大法宝、政府工作网站，整理 2014 年至 2023 年的关于转移人口城镇化的政策文件(表 8-2)，在获取了初步的政策文件集合之后，为了保障研究的严谨性并增强与研究主题的契合度，本章对初始政策文件样本进行了筛选：①选取国家层面具有权威性和影响力较高的政策文件，如中共中央、国务院及其直属机构颁布的政策文本；②选取"农民工""农业转移人口"等词语出现次数较多，且内容与推动"转移人口市民化"直接相关的政策文本；③选定了包括法规、意见、办法、方案、通知及规划纲要等在内的关键性文件，排除了答复类文件以及部门间转发的文件，如果存在多个版本或更新版，则选择最新版或最全面的版本。经过系统性的筛选和整理，构建了一个转移人口市民化政策文件的数据样本库，共收录了 18 份关键性的政策文件作为样本，用于深入的分析和研究。通过这一筛选过程，确保了所选取的文件能够全面、准确地反映政策制定的核心内容和精神实质，为后续的研究分析奠定了坚实的基础。

表 8-2　政策文本列表

序号	年份	文件名称	制定机关
1	2023	《人力资源社会保障部等 9 部门关于开展县城农民工市民化质量提升行动的通知》	人力资源和社会保障部；国家发展和改革委员会；教育部；公安部；财政部；住房和城乡建设部；农业农村部；国家医疗保障局；中华全国总工会
2	2023	《国家发展改革委等部门关于推动大型易地扶贫搬迁安置区融入新型城镇化实现高质量发展的指导意见》	国家发展和改革委员会；国家乡村振兴局；教育部；工业和信息化部；公安部；民政部；财政部；人力资源和社会保障部；自然资源部；住房和城乡建设部；交通运输部；农业农村部；商务部；文化和旅游部；国家卫生健康委员会；中国人民银行；中国银行保险监督管理委员会；国家市场监督管理总局；国家林业和草原局
3	2022	《中共中央办公厅、国务院办公厅印发〈关于推进以县城为重要载体的城镇化建设的意见〉》	中共中央办公厅；国务院办公厅
4	2022	《国家发展改革委关于印发〈2022 年新型城镇化和城乡融合发展重点任务〉的通知》	国家发展和改革委员会
5	2021	《国家发展改革委办公厅关于推广第三批国家新型城镇化综合试点等地区经验的通知》	国家发展和改革委员会办公厅
6	2021	《国家发展改革委关于印发〈2021 年新型城镇化和城乡融合发展重点任务〉的通知》	国家发展和改革委员会
7	2021	《中华人民共和国国民经济和社会发展第十四个五年规划和 2035 年远景目标纲要》	全国人民代表大会
8	2020	《国家发展改革委关于印发〈2020 年新型城镇化建设和城乡融合发展重点任务〉的通知》	国家发展和改革委员会
9	2019	《中共中央办公厅、国务院办公厅印发〈关于促进劳动力和人才社会性流动体制机制改革的意见〉》	中共中央办公厅；国务院办公厅
10	2019	《关于加快促进有能力在城镇稳定就业生活的农村贫困人口落户城镇的意见》	国家发展和改革委员会；公安部；国务院扶贫开发领导小组办公室；农业农村部
11	2019	《关于进一步推动进城农村贫困人口优先享有基本公共服务并有序实现市民化的实施意见》	国家发展和改革委员会；教育部；公安部；民政部；财政部；人力资源和社会保障部；自然资源部；住房城乡建设部；农业农村部；国家卫生健康委；国家医疗保障局；国务院扶贫开发领导小组办公室
12	2018	《国家发展改革委关于实施 2018 年推进新型城镇化建设重点任务的通知》	国家发展和改革委员会
13	2017	《国务院批转国家发展改革委关于 2017 年深化经济体制改革重点工作意见的通知》	国务院
14	2016	《国务院办公厅关于印发推动 1 亿非户籍人口在城市落户方案的通知》	国务院办公厅

续表

序号	年份	文件名称	制定机关
15	2016	《国务院关于实施支持农业转移人口市民化若干财政政策的通知》	国务院
16	2016	《国务院关于深入推进新型城镇化建设的若干意见》	国务院
17	2015	《国务院关于进一步完善城乡义务教育经费保障机制的通知》	国务院
18	2014	《国家新型城镇化规划(2014—2020 年)》	中国共产党中央委员会；国务院

二、政策文本内容单元编码

在本章中，我们运用了内容分析法对政策文本进行了详尽的计量分析。内容分析法，作为一种深入剖析文本内容的研究工具，旨在通过系统化和量化的手段，对文本中蕴含的信息及其动态变化进行推理和解析(王春萍等，2021)。通过对政策文本的量化分析，我们能够更好地理解和评估政策的实际效果，为政策优化和完善提供有力依据。在学术研究的严谨性要求下，对于政策文本的分析过程需要进行精确而系统的阐述。首先，我们选取并引入了 18 份与主题紧密相关的政策文本至 NVivo 软件中。其次，为了确保分析的条理性和系统性，我们依据 X 维度在 NVivo 中构建了树状节点结构。具体而言，我们识别出三种主要的政策工具类型，即供给型、环境型与需求型政策工具，并将它们作为树状结构的一级节点。再次，依据这三种分类标准，我们进一步细化了分析框架，为每种政策工具类型建立了相应的子节点。最后，依据政策文本的具体内容和意图，我们将相关语句逐一归类至先前构建好的树状节点结构中，确保每个节点下的内容与其标签相符，从而形成一个完整且逻辑清晰的政策文本分析框架，并用同样的方法对 Y 维度进行编码，最终得到 158 条编码。

三、政策工具使用情况统计与分析

1. X 维度：政策工具的统计与分析

我们将 158 条编码根据政策文本编码内容表进行了详尽的分类，把它们归入供给型、环境型和需求型这三大政策工具类型之中，并进行了分布比例的细致统计。这三类政策工具在推进农村转移人口市民化的进程中均扮演了关键角色，为这一过程提供了全方位的支持与指导。然而，通过表 8-3 的数据对比分析，我们观察到这三类政策工具在实际应用中展现出显著的差异性和不平衡性。供给型政策工具在总编码中的占比为 39.24%，这一比例虽不低，但相较于环境型政策工具仍有提升的空间。环境型政策工具则占据了主导地位，其占比高达 50.63%，显示出政府在转移人口市民化过程中对环境因素的重视。然而，需求型政策工具的应用则相对较少，仅占 10.13%，这一数据显现出其在拉动市民化进程方面存在明显的不足。

表 8-3　政策工具使用情况

政策工具类别	政策工具名称	数量/条	占比
需求型(10.13%)	市场化融资	6	3.80%
	示范工程	10	6.33%
供给型(39.24%)	资金投入	9	5.70%
	基础设施	10	6.33%
	教育培训	12	7.59%
	公共服务	28	17.72%
	信息服务	3	1.90%
环境型(50.63%)	目标规划	9	5.70%
	法规管制	28	17.72%
	金融支持	8	5.06%
	考核评估	14	8.86%
	策略性措施	21	13.29%

深入分析三种政策工具的内部构成，我们可以观察到在供给型政策工具的内部结构中[图 8-2(a)]，公共服务的应用占据了举足轻重的地位，其比例高达 45.16%。紧随其后的是教育培训与基础设施，这两者在供给型政策工具中亦占据相当的分量，分别占据 19.35% 与 16.13% 的比重。可以看出，在供给型政策工具的应用策略中，政府主要侧重于为农业转移人口提供全面而完善的公共服务，这些服务涵盖了医疗保障、养老保障及随迁子女的教育等多个方面，辅以对转移人口的技能培训，提高其就业能力，同时完善基础设施，提高其在城镇中的生活质量。经过对比分析，在供给型政策工具的应用中，相较于公共服务、教育培训和基础设施，资金投入和信息服务的分配力度稍显薄弱，分别占据了 14.52% 和 4.84%的比例。在环境型政策工具[图 8-2(b)]的运用中，法规管制则占据了主导地位，其使用频率高达 35.00%。这显示出政府在营造良好政策环境时，更倾向于采用具有强制性和规范性的法规管制措施。此外，策略性措施也占不小的比重，达到了 26.25%；考核评估占比为 17.50%，目标规划和金融支持占比分别为 11.25% 和 10.00%。在环境型政策中，政府以法规管制为主，通过制定相关的制度与法规，

保障转移人口在户籍、土地、教育、医疗、住房等方面的权利，同时通过策略性措施，间接性地引导农业转移人口市民化。但是金融支持方面的工具使用率偏低，未充分发挥其间接的政策调控作用，在激发金融市场带动作用和税收激励方面的重视程度不足。在需求型政策工具中[图 8-2(c)]，示范工程占比最大，占需求型政策工具的 62.50%，市场化融资占比为 37.50%。我国农业转移人口市民化的政策拉力主要依赖于政府的示范工程，在市场化融资方面尚显不足，需求类政策工具的缺失可能会使其在整体政策体系中的地位下降，从而减弱对农业转移人口市民化的吸引力。

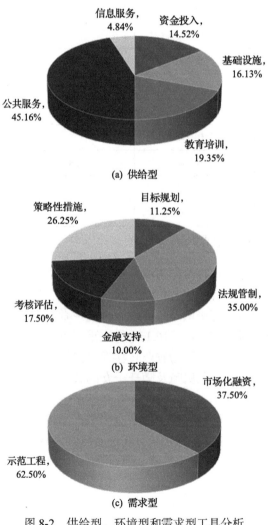

图 8-2　供给型、环境型和需求型工具分析

2. Y 维度：政策目标的统计与分析

通过建立 3 个转移人口市民化政策目标维度的节点，涵盖了身份市民化、权利市民化以及行为意识市民化。通过对 18 份政策文本的深入剖析，我们将 158 条编码归类至各自对应的市民化任务中，进而绘制出转移人口市民化政策目标的详细文本分布图。如图 8-3 所示，各项政策目标在其中的占比情况如下：旨在实现农业转移人口身份市民化的政策占 15.03%，侧重于权利市民化的政策占比高达 49.02%，而着眼于行为意识市民化的政策则占据了 35.95% 的比重。这一分布图不仅清晰地反映了政策目标的分布状况，也为我们深入理解转移人口市民化政策提供了重要的数据支持。由此可见，当前我国农业转移人口市民化政策重心在于实现权利市民化和行为意识市民化。近几年，我国为推动新型城镇化建设及户籍制度改革和农村人口转移已经出台了大量相关政策，很大一部分农业转移人口已经实现了身份市民化。在推进农业人口向城市居民转化的过程中，我国致力于实现公共服务的均等化，这是推动农业人口转化为城市居民的关键，与我们在户籍改革中实行的"居住证"制度方向一致。

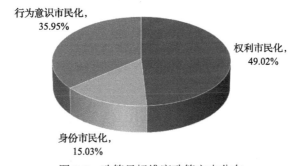

图 8-3　政策目标维度政策文本分布

在推进政策实施的过程中，我们不得不正视户籍制度改革在细节上的不足，这些具体细节亟待进一步的细化和精确化。此外，现有的市民化政策工具在促进社会融入、心理认同和政治参与等方面尚显不足，这无疑削弱了转移人口市民化政策应有的效力，并可能成为农业人口向城市居民转化过程中的一大阻碍。

3. X 维度、Y 维度：转移人口市民化政策文本二维统计与分析

为了对政策进行更为深入和系统的分析，将对已划分的政策工具 X 维度与政策目标 Y 维度进行交叉比对研究(图 8-4)。政策工具方面，涵盖了供给型、环境型和需求型三大类别，共计包含 12 项具体的政策工具，这些工具又进一步细化为 158 个具体的节点。在政策目标层面，我们将其细分为身份市民化、权利市民化和行为意识市民化三个层次。其中，身份市民化目标涉及 5 项具体的政策工具，这些工具再分解为 23 个节点；权利市民化目标则包含 12 项具体政策工具，对应

78 个节点；行为意识市民化目标涵盖 11 项具体政策工具，共计 57 个节点。根据交叉分析堆积统计图可以看出，政策工具在实现权利市民化上占比最大，其中供给型政策工具使用频次最多；而在行为意识市民化方面，环境型政策工具使用最频繁；进一步深入探究，我们进行了交叉分析，结果显示某些特定组合的频数竟然为 0。例如，在身份市民化任务中，需求型政策工具的数量为 0，当前的策略配置还需要进一步优化与完善，以适应和满足市民化的多元化需求。

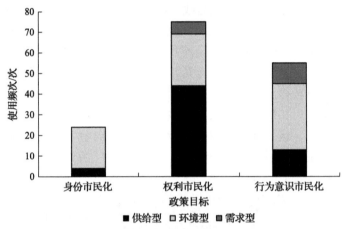

图 8-4　*X* 维度、*Y* 维度交叉分析堆积统计图

本 章 小 结

本章从政策工具和政策目标两个维度建立中国农业转移人口市民化政策的分析框架，运用内容分析法揭示了其对农业转移人口市民化事业的积极影响，但同时也辨识出了一些潜在的改进空间。

一、研究结论

1. 环境型政策工具较多，结构不合理

目前，三种政策工具中使用频率最高的是环境型政策，法规管制和策略性措施的使用频率相对较高，这两者在环境型政策实施中占据了核心地位。紧随其后的是考核评估与目标规划，相较之下，金融支持工具的应用则显得较为有限，融资、税收等方面的优惠政策较为匮乏。供给型政策工具的应用也较多，其中政府尤其重视公共服务政策，注重为进城的农业转移人口提供医疗、住房、教育、养老等公共服务，提高其生活质量和便捷程度。同时也通过教育培训培养转移人口的就业技能，提高就业水平。但是信息服务政策较少，便捷的互联网、大数据等新技术还尚未向更多的转移人口惠及。需求类政策工具的供给存在显著不足，这种不足不仅限制了其独立作用的发挥，更限制了需求类政策工具与其他两类政策工具进行协同时的效能。因此，当前需求类政策工具在促进农业转移人口市民化进程中的积极作用受到了明显的削弱。

2. 不同目标所用政策工具存在差异

身份市民化是转移人口市民化的基础，为实现这一政策目标主要是通过环境型政策工具中的法规管制和策略性措施来改变城乡二元户籍制度，让在城市就业的农业转移人口有机会申请城市户口，进而使其享受与城镇居民均等的社会服务，同时也建立高效的土地流转制度，解决转移人口的后顾之忧。在实现权利市民化方面政府高度依赖供给型政策，政府希望通过完善基础设施、提供公共服务以及加强教育培训，帮助农业转移人口获得与城镇居民均等的权利，但这样的方式将对公共财政提出较高要求，也加重了政府的职能负担。随着城镇化的推进，政府也越来越关注转移人口的行为意识市民化，通过策略性措施渐进性地引导转移人口在思想上、行为上融入城市生活，但是目前供给型及需求型政策工具的使用仍然较少，政策结构存在短板，不利于农业转移人口市民化的系统性发展。

二、政策建议

1. 改善政策工具结构

在推进转移人口市民化过程中，供给型、环境型和需求型三种政策工具都是必不可少的，并且需要建立合理的结构体系。首先，在推进农业转移人口市民化政策的过程中，我们应当审慎考虑环境型政策工具的使用强度，并致力于落实现有法规制度及策略的具体执行。此举旨在防止政策间的模糊重叠或冗余现象，确保政策体系的清晰性和高效性。同时，我们还应建立健全有效的监督机制，以确保各级管理机构能够切实推动转移人口市民化政策的落地实施，并对其执行情况进行定期评估和反馈，从而不断优化政策效果，促进农业转移人口的顺利市民化。其次，在优化政策工具组合的过程中，我们需对供给型政策工具的执行重点进行有针对性的调整。具体而言，应在关键领域加大资金投入力度，以确保政策实施的充足资源保障。同时，为了充分激发社会组织和企业的参与热情，应明确并落实奖励机制，通过政策激励调动其积极性。此外，我们还应积极探索并扩大资金来源渠道，引入更多的社会资本参与，以形成多元化的资金供给体系，激发社会组织在就业、教育等领域的作用，引导转移人口市民化的主动发展。再次，我们需要加大需求型政策工具的应用力度，以提升其在整个政策框架中的核心地位。为此，应积极倡导和激励社会组织及企业投身其中，共同为农业转移人口构建一个健康、稳定且公平的市场环境。同时，政府在金融、税收等关键经济领域也应积极发挥引导作用,通过政策激励,鼓励企业增加农业转移人口的就业机会,并加速建设具有示范效应的特定区域和产业集群。

2. 多元复合的政策工具使用

为实现政策目标,不能单一使用某种政策工具,同时某一项政策工具也不仅仅只服务于单一政策目标,需全面考虑各种政策工具的作用效果,使各种政策手段相互补充,通过复合的方式共同发挥作用。例如,政府通过法规管制为转移人口就业减少障碍,同时为其提供教育培训的机会,帮助进城务工人口掌握就业技能、提高竞争力,并通过资金投入以及金融支持的方式,引导和鼓励企业吸纳农业转移人口就业。在政策执行的过程中,各种政策工具并非孤立存在,而是可以相互影响、互为补充的。因此,为了提升政策工具的整体效能,我们应根据当前政策环境和目标群体的实际需求,将多元化的政策工具进行精准组合。这种组合并非简单的叠加,而是需要通过精细的策略规划,实现不同政策工具之间的深度融合与交叉运用。此举旨在确保政策实施的协调性与一致性,以发挥政策工具间的协同效应,从而以更小的成本、更高的效率达成政策制定的初衷和目标。

3. 强化政策结果验收

在后续政策制定和实施过程中,政府应加强政策系统的整体性功能,落实政策实施、监督政策效果,确保政策的连续性和有效性。首先,建立健全政策评价体系,对政策实施效果进行科学评价。政策制定者应建立完善的政策评价体系,定期对政策实施效果进行评估,为政策调整提供依据。其次,强化政策执行力,确保政策能够真正落地生根。政策制定者应加强对政策执行过程的监督,对执行不力的部门和个人进行问责,确保政策实施效果。最后,也要发挥政府、市场、社会等多元主体在推进转移人口市民化建设中的合力。政府提供政策支持和方向指引;市场发挥其竞争优势,承担社会责任,社会提供专业服务和人文关怀,实现其柔性功能,多主体合作保障政策的实施效果,促进结果的落地。

参 考 文 献

付城, 刘媛. 2020. 乡村振兴视域下农业现代化政策工具选择研究: 基于中央1号文件的考察[J]. 世界农业, (9): 29-37, 140.

匡兵, 卢新海, 陈丹玲. 2018. 基于内容分析法的中国耕地轮作休耕政策工具选择研究[J]. 中国土地科学, 32(11): 30-36.

李国平, 孙铁山, 刘浩. 2016. 新型城镇化发展中的农业转移人口市民化相关研究及其展望[J]. 人口与发展, 22(3): 71-78.

谭春辉, 王一夫, 曾奕棠. 2019. 政策工具视角下的农业信息化政策文本量化分析[J]. 信息资源管理学报, 9(4): 101-111.

王春萍, 段永彪, 任林静. 2021. 中央部委乡村振兴政策文本量化研究: 基于政策工具视角的一个三维分析框架[J]. 农业经济与管理, (3): 15-27.

魏后凯, 苏红键. 2013. 中国农业转移人口市民化进程研究[J]. 中国人口科学, (5): 21-29, 126.

朱健, 陈盼. 2020. 农业转移人口市民化水平评价指标体系构建及实证: 基于 2017 年全国流动人口动态监测数据的分析[J]. 湘潭大学学报(哲学社会科学版), 44(4): 98-103.

Howlett M, Ramesh M. 1995. Studying Public Policy: Policy Cycles and Policy Subsystems[M]. Boston: Oxford University Press: 80-98.

Rothwell R, Zegveld W. 1984. An assessment of government innovation policies[J]. Review of Policy Research, 3(3/4): 436-444.

Salamon L M, Elliott O V. 2002. The Tools of Government: A Guide to the New Governance[M]. Boston: Oxford University Press.

Schneider A, Ingram H. 1990. Behavioral assumptions of policy tools[J]. The Journal of Politics, 52(2): 510-529.

第九章 数字经济对县域农民工市民化的影响：
经验分析与实证检验

随着我国产业的不断优化升级，传统的劳动密集型产业持续向中西部进行转移，加之我国以少子化和老龄化为主要特征的人口发展新常态，全国农民工的流动半径呈现不断缩小的态势。当前，我国城镇化渐入"深水区"，统筹以县城为重要载体的城镇化发展，推动县域农民工就近、就地市民化，已成为新阶段我国缩小户籍人口与常住人口城镇化率差距、落实新型城镇化战略的必由之路。

随着云计算、人工智能、区块链等新数字技术的不断发展，数字经济在推动我国城镇化建设中的引擎作用不断凸显。这一背景下，值得思考的是：现阶段数字经济的发展如何影响县域农民工市民化进程？可能的理论机制有哪些？数字技术作为一种技能偏向型技术，具有一定的使用门槛，对于不同类型县域农民工的市民化意愿的影响是否存在差异？对于这些问题的深入分析，可以为中国在数字经济快速发展背景下如何落实新型城镇化战略提供理论依据和科学路径。

本章研究可能有三方面的贡献：第一，与已有聚焦于一般农民工市民化的文献不同，在我国统筹以县城为重要载体的新型城镇化建设的背景下，本章将聚焦研究县域农民工的市民化行为，在研究对象的选取上颇具新意。第二，数字经济具有包容性发展的特征，为以县城为代表的小城镇的发展提供了新的发展机遇，基于此，本章深入探讨了数字经济发展对县域农民工市民化的影响及内在作用机制，进而为理解两者关系提供了经验证据和可能的新视角。第三，本章深入分析了数字经济对不同类型县域农民工的异质性影响，对相关的实证研究进行了补充。

第一节 文献综述与理论假设

一、文献综述

许多研究指出，户籍制度是农民工市民化的关键因素，深化户籍制度改革势在必行（Au and Henderson，2006；章莉等，2014）。但是，农民工市民化并不仅仅是将农业户口转变为城市户口那么简单（邹一南，2021），不同地区的劳动力市场能够提供的就业机会和工资性收入是影响农民工流动的关键因素（Wilson，2021；马述忠和胡增玺，2022）。此外，农民工也会为了享受更好的公共服务而流动（夏怡然和陆铭，2015）。

数字经济最早由 Tapscott(1996)提出，他认为互联网对现代经济产生了深远的影响，并提出数字经济的未来势必离不开电子商务的发展。Moulton(1999)进一步指出，数字经济以互联网和信息技术为内核，代表着未来经济发展趋势的新型经济形态。不少文献指出数字经济对农民工就业(张广胜和王若男，2023；齐秀琳和江求川，2023)、农业生产方式(周月书和苗哲瑜，2023)、家庭消费(王奇等，2023)、创业创新(赵涛等，2020；赵佳佳等，2023)、代际流动(方福前等，2023)和社会阶层认同(彭艳玲等，2022)等方面具有重要的影响。尤为重要的是，数字经济具有包容性发展的特征(张勋等，2019；柏培文和张云，2021)，对促进区域协调发展具有重要意义。尹志超和吴子硕(2023)研究指出以数字技术为支撑的移动支付有效促进了县域经济的增长。王永进和刘玉莹(2023)指出数字技术为异地办公提供了支撑，提高了劳动力要素的流动性，推动了劳动力从人口拥挤的大城市向"住有所居"的小城市迈进，促进了小城市的发展。然而，林龙飞和祝仲坤(2022)发现数字经济对农民工高质量就业存在"先上升后下降"的倒"U"形正向效应，指出以数字经济为抓手推动农民工高质量就业需遵从"适度"原则，这一观点也基本与张广胜和王若男(2023)的研究观点一致。

上述文献是本章研究的重要基础，对本章研究的开展具有重要启示作用，但仍然存在进一步研究的空间：第一，现有文献重点关注一般农民工，缺乏对于县域农民工的关注，然而，县域农民工是农民工群体的重要组成部分，我国超过半数的农民工在县域就业，目前聚焦到县域农民工的研究仍显不足。第二，在研究视角上，数字经济为推动新型城镇化提供了发展新思路，蕴藏着全新的研究视角。然而，现有文献对于数字经济与农民工市民化行为的探讨不够深入，对于数字经济推动新型人口城镇化的作用机制的理解存在不足。基于此，本章拟采用全国代表性的微观数据集，深入分析数字经济对县域农民工市民化的影响及其作用机制，进而为在数字经济快速发展的背景下中国如何落实新型城镇化战略的顶层设计提供依据。

二、理论假设

根据人口迁移理论，农民工通常选择公共服务更好、就业机会更丰富的城市定居(Tiebout，1956；程郁等，2022)。然而，城市行政等级制度决定了大城市可以获得更多的基础设施、财政优惠等公共资源，导致农民工持续向少数大城市集聚(金三林等，2022)，最终造成了不平衡的城镇化发展格局。由于产业基础薄弱和公共服务供给水平低、质量差，我国大多数县城长期以来处于劳动力不断流失的困境中。

数字技术能够嵌入不同类型的生产活动中，在优化资源配置效率、缓解信息不对称等方面起到重要作用(黄益平和黄卓，2018；马述忠和胡增玺，2022)，将对县域城镇化建设产生重大影响（尹志超和吴子硕，2023）。尤为重要的是，数字经济具有包容性发展的特征（张勋等，2019；柏培文和张云，2021）。首先，数字经济变革了传统的社会分工模式，打破了就业的时空限制，拓宽了县域劳动力市场。其次，数字经济优化了信用评级机制，打破了传统金融的地理排斥、评估排斥与价格排斥（何婧和李庆海，2019），提高了县域内正规信贷的可及性。最后，数字经济推动了地方政府的数字化治理，为县级政府和县域农民工创造了良性互动的平台，提高了县级政府的治理能力。基于以上分析，提出如下假设。

假设 1：数字经济可以提高县域农民工的市民化意愿。

数字经济可以提高县域农民工就业和创业的概率，进而提高其市民化意愿。第一，数字经济可以促进县域农民工就业。一方面，数字技术突破了传统劳动力市场的涵盖范围，创造的在线办公、异地办公等就业形式具有能够使居住地与工作地分离的新特征，进而拓宽了县域的劳动力市场，为县域农民工提供了更多的就业岗位。另一方面，数字经济催生的数字交易模式也在县域创造了大量对劳动技能要求不高且进入门槛宽松的自媒体、家政、外卖员等新型就业岗位。第二，数字经济可以促进县域农民工创业。一方面，基于大数据和人工智能等数字技术，金融机构可以获取县域农民工在互联网上沉淀下来的资金往来、履约状况等数字足迹，减少信息不对称问题，提高县域农民工获得创业贷款的概率。另一方面，数字技术打破了消费的时空限制，使得原本大量在线下由于交易成本高而无法进行的交易行为得以在线上开展，进而扩大了县域企业的潜在产品市场规模，提高了县域农民工进行创业的潜在收益。

综上，数字经济不仅通过拓宽县域地区劳动力市场和创造新型就业岗位，促进了县域农民就业，而且通过优化金融信用评级机制和扩大县域企业的产品市场规模，促进县域农民工创业。进一步，就业创业机会的增加可以为县域农民工在县城长期生活提供收入来源和保障，进而促进其进行市民化。基于此，本章提出假设 2。

假设 2：数字经济通过拓展就业岗位，提高了县域农民工的市民化意愿。

数字经济通过提高公共服务的可获得性，提高了县域农民工的市民化意愿。第一，数字经济推进了政府数字政务的建设（许潇丹等，2023），大数据、云计算等数字技术对基本公共服务系统进行了数字化升级，使得县级政府可以动态掌握辖区内农民工的基本公共服务需求，进而实现基本公共服务的精准化、智慧化供给。第二，数字金融的发展增强了经济部门的债务承受能力，抑制了地方隐性债务规模的扩张，进一步改善了政府部门的财政状况，最终促进了县级政府的公共服务供给能力的提升。第三，数字技术在政府和农民工之间搭建了一个良性互动的数字平台，为县域农民工监督地方政府的公共收支活动提供了渠道（唐天伟等，2022），进而倒逼县级政府优化财政支出结构，提高对农民工的公共服务供给数量和质量。进一步，由于我国大多数县域的公共服务供给水平较低(金三林等，2022)，公共服务的资本化效应不明显，收入效应占据主导地位。因此，势必会有效改善县域农民工的收入预期(Tiebout，1956)，提高其市民化意愿。基于此，本章提出假设3。

假设3：数字经济通过提高公共服务可获性，提高了县域农民工的市民化意愿。

第二节　数据、变量及模型

一、数据来源

本章研究数据主要来源于2018年中国流动人口动态监测调查、国家统计局发布的《中国县域统计年鉴》和北京大学数字金融研究中心发布的数字普惠金融指数。其中，2018年中国流动人口动态监测调查数据是本章使用的主要数据集，由国家卫生健康委员会开展，以31个省(自治区、直辖市)和新疆生产建设兵团的全员流动人口年报数据为基本抽样框，灵活使用分层、多阶段、按容量比例概率抽样法(proportionate to population size，PPS)等多种抽样方法进行样本抽样。该调查主要针对15周岁以上的在本地居住超过1个月的流动人口，对样本家庭成员的基本信息、流动范围、就业特征、家庭开支、公共福利等情况进行深入调查，共包含15.2万个样本，总体可以满足本章的研究需求。由于本章研究重点关注县域农民工，因此筛选的样本需要满足如下条件：①受访者户口性质为农业户口；②受访者的流入地为县城且在流入地居住半年及以上。最终得到的有效样本为14 039个。

二、变量定义与描述性统计

(1)被解释变量。参考邹一南(2021)、祝仲坤(2021)等研究，本章使用县域农民工的就地定居意愿来表征县域农民工市民化意愿，主要依据调查问卷中的问题"如果您打算留在本地，您预计将在本地留多久？"被访者在"0~4年""5~9年""10年以上""定居""没想好"五个选项中选择，本章将农民工选择"定居"取值为1，选择其他选项的取值为0。

(2)核心解释变量。参考郭峰等(2020)和张勋等(2023)的研究，本章使用县域层面的数字普惠金融指数来表征数字经济，主要基于以下理由：①数字金融是基于现代信息通信技术的经济活动，是数字经济的重要组成部分；②数字经济发展包括消费互联网和工业互联网，中国目前在数字经济领域的发展主要来自消费互联网，消费互联网中的支付工具，如微信、支付宝等均基于数字金融平台，属于数字金融的重要范畴；③数字普惠金融指数根据蚂蚁集团提供的海量数据编制而成，包括省、市、县三个层级，十分具有代表性和可靠性。

（3）控制变量。本章在实证模型中控制了县域农民工的个体和家庭特征，个体特征层面包括被访者的年龄、性别、受教育程度、婚姻状态、迁入时间等，家庭特征层面包括家庭规模、家庭老年人比重、家庭小孩比重等。此外，考虑到县域地区的数字经济发展程度可能受到县域内经济水平和产业结构的影响，本章还控制了县域经济水平和产业结构。主要变量与描述性统计如表 9-1 所示。

表 9-1　主要变量与描述性统计

变量名称	变量定义和度量	均值	标准差
县域农民工市民化意愿	是否愿意在本县城定居（是=1，否=0）	0.287	0.452
数字经济	县域层面的数字普惠金融指数	106.200	6.658
公共服务	被访者的所有子女是否在本地上学（是=1，否=0）	0.293	0.455
灵活就业	被访者的工作是否属于灵活就业（是=1，否=0）	0.254	0.435
县域创业	家庭是否在本地开办企业（是=1，否=0）	0.006	0.075
家庭消费率	家庭在流入地的月消费总支出占月收入的比例	0.545	0.214
年龄	被访者年龄（岁）	37.390	9.756
性别	被访者性别（男=1，女=0）	0.520	0.500
受教育程度	被访者受教育程度：研究生=7，大学本科=6，大学专科=5，高中或中专=4，初中=3，小学=2，未上过学=1	3.204	1.038
婚姻状态	被访者婚姻状态：未婚=0，已婚=1	0.872	0.334
家庭规模	被访者家庭成员数量（人）	3.433	1.177
家庭老人比重	被访者家庭 60 岁以上人口占比	0.021	0.100
家庭小孩比重	被访者家庭 16 岁以下人口占比	0.283	0.202
家庭收入	过去一年，全家在本地每月总收入（元）	6977	6008
跨省迁移	是=1，否=0	0.515	0.500
省内跨市迁移	是=1，否=0	0.302	0.459
迁入时间	被访者在流入地居住时间（年）	7.438	6.313
经济水平	被访者所在地级市人均地区生产总值	10.960	0.835
产业结构	被访者所在地级市第三产业产值与第二产业产值之比	1.243	1.076

三、模型设定

本章的研究目的在于识别数字经济对县域农民工市民化的影响，由于被解释变量县域农民工市民化意愿是赋值 0 或 1 的二元变量，本章构建基准 Probit 回归模型：

$$Y_{ij}^* = \beta_0 + \beta_1 \text{DigitalCounty}_j + \gamma X_{ij} + \varepsilon_{ij} \tag{9-1}$$

$$\text{Prob}\left(Y_{ij} = 1\right) = \text{Prob}\left(Y_{ij}^* > 0\right) = \Phi\left(\beta_0 + \beta_1 \text{DigitalCounty}_j + \gamma X_{ij}\right) \tag{9-2}$$

其中，Y_{ij}^* 表示 j 县中 i 农民工市民化的潜变量；Y_{ij} 表示可观测的县域农民工市民化意愿结果变量，若 $Y_{ij}^* > 0$，则 $Y_{ij} = 1$，表示县域农民工准备定居本地，若 $Y_{ij}^* \leqslant 0$，则 $Y_{ij} = 0$，表示县域农民工不准备定居本地；DigitalCounty_j 表示核心解释变量，代表 j 县的数字普惠金融指数；X_{ij} 表示一系列控制变量，包括个体层面、家庭层面以及县域层面的特征变量；ε_{ij} 表示随机扰动项；β_0 表示常数项；β_1 表示待估计的系数。由于本章分析的是县域层面数字经济发展对农民市民化的影响，为避免地区内部个体之间的相关性对模型估计结果产生影响，模型均采用聚类到地区层面的异方差稳健标准误。

此外，尽管本章的核心解释变量数字普惠金融指数是县域层面的数据，这大大缓解了实证分析中的反向因果关系。但是，本章的实证模型仍然可能会遗漏城市层面的影响数字经济发展的各种政策和制度，因此，为了缓解内生性问题，本章首先在实证检验部分分别尝试将县域层面的控制变量均滞后一期匹配、控制地级市固定效应和工具变量法。

第三节 实 证 分 析

一、基准回归结果

表 9-2 报告了基准回归结果。(1)列仅控制了核心解释变量，(2)～(4)列逐步加入了个体特征变量、家庭特征变量和县域特征变量，(1)～(4)列均控制了地级市固定效应。根据回归结果，数字经济的估计系数在各列中均为正，且在 1% 的统计性水平下显著，表明数字经济发展对县域农民工市民化具有促进作用，假设 1 得到初步验证。

表 9-2 基准回归结果

变量	县域农民工市民化意愿			
	(1)	(2)	(3)	(4)
数字经济	0.049*** (0.005)	0.049*** (0.005)	0.042*** (0.005)	0.068*** (0.007)

续表

变量	县域农民工市民化意愿			
	(1)	(2)	(3)	(4)
年龄		0.003** (0.001)	−0.006*** (0.002)	−0.006*** (0.002)
性别		−0.109*** (0.025)	−0.117*** (0.025)	−0.119*** (0.025)
受教育程度		0.119*** (0.014)	0.118*** (0.014)	0.118*** (0.014)
婚姻状态		0.357*** (0.042)	0.302*** (0.051)	0.299*** (0.051)
家庭规模			0.051*** (0.015)	0.052*** (0.015)
家庭老人比重			0.691*** (0.131)	0.692*** (0.131)
家庭小孩比重			−0.053 (0.085)	−0.053 (0.085)
家庭收入			0.107*** (0.027)	0.103*** (0.027)
跨省迁移			−0.567*** (0.037)	−0.565*** (0.037)
省内跨市迁移			−0.167*** (0.039)	−0.157*** (0.039)
迁入时间			0.040*** (0.002)	0.041*** (0.002)
经济水平				−0.276*** (0.055)
产业结构				−0.096*** (0.025)
常数项	−6.353*** (0.507)	−7.153*** (0.518)	−7.165*** (0.579)	−6.688*** (0.588)
地级市固定效应	是	是	是	是
N	14 039	14 039	14 039	14 039

注：括号内为稳健标准误

***、**分别表示1%、5%的显著性水平

二、内生性处理：工具变量回归

借鉴易行健和周利（2018）、刘诚（2023）的做法，本章构建了滞后一期的数字普惠金融指数与数字普惠金融指数的一阶差分的交互项作为巴提克（Bartik）工具变量。从外生性来看，县域层面的数字普惠金融指数中位值的增长率相对于县域农民工的经济行为而言是外生的；从相关性来看，滞后一期的数字普惠金融指数

与当期数字普惠金融发展存在一定的相关性。

表 9-3 汇报了使用 Bartik 工具变量(instrumental variable，IV)的估计结果。IV-Probit 模型的 Wald 外生性检验值为 11.36，第一阶段回归方程的 F 值为 1175.30，工具变量在 1%的统计性水平下显著为正，并且弱工具变量检验结果也在 1%的水平下显著，这一系列检验结果表明本章选取的 Bartik 工具变量是一个相对有效的工具变量，IV-Probit 模型的估计结果显示，数字经济的系数在 1%的水平下显著为正，与基准回归结果一致，假设 1 得到进一步验证。

表 9-3 工具变量回归结果

变量	第一阶段	第二阶段
	数字经济	县域农民工市民化意愿
数字经济		0.035*** (0.012)
Bartik	0.010*** (0.0001)	
个体特征	是	是
家庭特征	是	是
县域特征变量	是	是
地级市固定效应	是	是
常数项		−5.456*** (0.699)
第一阶段 F 值	1175.30***	
Wald 检验	11.36***	
N	14 039	14 039

注：括号内为稳健标准误
***表示 1%的显著性水平

三、稳健性检验

1)替换被解释变量

参考祝仲坤(2021)的研究，表 9-4 的(1)～(2)列分别使用变量"是否愿意在本地居住 5 年以上(是=1，否=0)"和"是否愿意在本地居住 10 年以上(是=1，否=0)"来替换被解释变量。结果表明，数字经济的估计系数仍在 1%的水平下显著为正，这一结果表明针对不同统计口径的被解释变量，本章的研究结论是稳健的。

2)约束分析数据集

借鉴赵佳佳等(2023)的处理方法，本章首先剔除了杭州市的样本，其次进一

表 9-4　稳健性检验结果

变量	县域农民工市民化意愿			
	(1)	(2)	(3)	(4)
	是否愿意在本地居住 5 年以上	是否愿意在本地居住 10 年以上	剔除杭州市的样本	剔除数字普惠金融指数最高 5%和最低 5%的样本
数字经济	0.053*** (0.006)	0.062*** (0.006)	0.068*** (0.007)	0.061*** (0.007)
个体特征	是	是	是	是
家庭特征	是	是	是	是
县域特征变量	是	是	是	是
地级市固定效应	是	是	是	是
常数项	−6.525*** (0.520)	−7.126*** (0.539)	−6.738*** (0.589)	−6.062*** (0.651)
N	14 039	14 039	13 999	12 501

注：括号内为稳健标准误

***表示 1%的显著性水平

步剔除数字普惠金融指数最高 5%和最低 5%的样本，最后利用新的数据集进一步进行实证检验。从表 9-4 的(3)~(4)列的估计结果来看，数字经济的估计系数在 1%的水平下显著为正，进一步证实了本章研究结论的稳健性。

3)控制地级市落户门槛

县域农民工所在地级市落户门槛会显著影响其就地市民化意愿，假若地级市落户门槛不高的话，县域农民工很有可能会选择在地级市定居，而非在县城定居，因此，本章使用了张吉鹏和卢冲(2019)测算的 2014~2016 年城市综合落户门槛指数，在实证模型中对这一指数进行了控制。结果如表 9-5 所示，表明在控制了不同方法测算的城市综合落户门槛指数后，数字经济的系数均在 1%的水平下显著为正，这进一步证实了前面研究结论的稳健性。

表 9-5　控制地级市落户门槛的稳健性检验结果

变量	县域农民工市民化意愿		
	(1)	(2)	(3)
	投影法	等权重法	熵值法
数字经济	0.065*** (0.016)	0.065*** (0.016)	0.065*** (0.016)

续表

变量	县域农民工市民化意愿		
	(1)	(2)	(3)
	投影法	等权重法	熵值法
城市综合落户门槛指数	−1.613 (2.123)	−3.954 (5.204)	−4.088 (5.380)
个体特征	是	是	是
家庭特征	是	是	是
县域特征变量	是	是	是
地级市固定效应	是	是	是
常数项	−3.802** (1.675)	−3.858** (1.619)	−4.227*** (1.298)
N	4324	4324	4324

注：括号内为稳健标准误，表中观测值数量较基准回归大幅减少，是因为本章使用的 CMDS 数据所覆盖的城市（326 个城市）与城市综合落户门槛指数所覆盖的城市（120 个城市）并非一一对应关系

***、**分别表示 1%、5%的显著性水平

四、异质性分析

(1)农民工代际差异。按照国家统计局的标准，本章将出生年份在 1980 年以后的农民工定义为新生代农民工，将 1980 年之前出生的农民工定义为老一代农民工，进而讨论数字经济影响县域农民工市民化意愿的代际差异。表 9-6 中(1)列的估计结果显示，交互项的系数在 10%的水平下显著为正，表明数字经济更能促进新生代县域农民工选择市民化。与老一代县域农民工相比，新生代县域农民工利用数字技术的意愿和能力更强，这一群体的消费习惯、工作方式等生活特征也更能契合数字经济发展的内生要求。

表 9-6　异质性分析结果

变量	县域农民工市民化意愿		
	(1)	(2)	(3)
数字经济	0.063*** (0.007)	0.063*** (0.007)	0.054*** (0.006)
数字经济 × 新生代农民工	0.008* (0.004)		
新生代农民工	−0.703 (0.443)		
数字经济×高技能农民工		0.011*** (0.004)	

续表

变量	县域农民工市民化意愿		
	(1)	(2)	(3)
高技能农民工		−0.949** (0.455)	
数字经济×经济强县			0.025** (0.010)
经济强县			−3.071*** (1.112)
个体特征	是	是	是
家庭特征	是	是	是
县域特征变量	是	是	是
地级市固定效应	是	是	是
常数项	−6.504*** (0.645)	−5.863*** (0.608)	−8.229*** (0.656)
N	14 039	14 039	14 039

注：括号内为稳健标准误

***、**、*分别表示 1%、5%和 10%的显著性水平

(2)人力资本差异。本章将高中或中专①及以上学历的农民工定义为高技能农民工，高中或中专以下学历的农民工定义为低技能农民工，分析不同人力资本下数字经济对县域农民工市民化意愿的异质性影响。

表 9-6 中(2)列的估计结果显示，交互项的系数在 1%的水平下显著为正，表明数字经济更能促进高技能的县域农民工选择市民化。数字技术属于技能偏向型技术，具有一定的使用门槛，高技能农民工更加容易掌握数字技术，并在数字经济的发展过程中更容易受益。

县域经济发展水平差异。经济发展水平不同的县级城市中，数字经济对县域农民工市民化意愿的影响可能存在差异。首先，经济发展水平高的县级城市中就业机会更多、发展环境和薪酬待遇也更好，数字经济的就业带动效应会更加明显。其次，经济发展程度比较好的县级城市中，政府的财政能力更强，数字经济优化政府公共服务供给效率的空间更大，也能更好地解决县域农民工的后顾之忧。因此，本章将县域人均地区生产总值高于 50 分位数的县级城市定义为经济强县，进一步进行异质性分析。表 9-6 的(3)列的结果显示，交互项的估计系数在 5%的统计性水平下显著为正，表明在经济强县中，数字经济更能促进县域农民工市民化。

---

① 进一步，本章将高技能农民工定义为大学本科以上学历的农民工，结果基本保持一致。

第四节　机　制　检　验

一、典型特征事实

基于前文的理论分析，拓展就业岗位和提高公共服务可获得性是数字经济促进县域农民工市民化的可能有效路径。首先，参考尹志超和吴子硕(2023)、邓辛和彭嘉欣(2023)的研究，本节依据"受访者是否在本地开办私营企业"来构造县域农民工创业行为变量，依据"受访者就业是否享受养老保险或医疗保险"构建县域农民工灵活就业变量。其次，考虑到子女教育在家庭迁移决策中的重要性，父母对子女的教育投资深刻影响着家庭的迁移成本和收益(王春超和叶蓓，2021)，本节使用县域农民工家庭是否获取公共教育服务(家庭中处于义务教育阶段的孩子是否在本县城上学)来表征公共服务变量。从图 9-1 中可以看出，随着数字经济发展水平的提高，县域农民工参加灵活就业、创业和获取基本公共服务的概率均不断上升，这一数据的趋势性结果初步说明数字经济与县域就业岗位数量和公共服务可获得性具有明显的正相关关系。

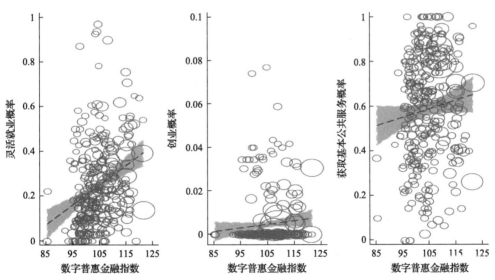

图 9-1　数字普惠金融指数与县域灵活就业、创业、获取基本公共服务
图中圆圈的大小表示每个县的样本量；灰色部分为 95% 置信区间

二、作用机制检验

为了检验拓展县域就业岗位的作用机制，本章将创业、灵活就业和获取基本公共服务作为被解释变量，采用 Probit 模型进行回归分析，结果如表 9-7 所示。

表 9-7　作用机制检验结果

变量	(1)	(2)	(3)
	创业	灵活就业	获取基本公共服务
数字经济	0.048** (0.023)	0.028*** (0.007)	0.015** (0.007)
个体特征	是	是	是
家庭特征	是	是	是
县域特征变量	是	是	是
地级市固定效应	是	是	是
常数项	−11.413*** (2.088)	0.567 (0.575)	−5.045*** (0.616)
N	14 039	14 039	14 039

注：括号内为稳健标准误

***、**分别表示 1%、5%的显著性水平

从(1)～(3)列可以看出，数字经济不仅可以显著促进县域农民工创业和灵活就业，也可以显著提高其获取基本公共服务的概率。数字经济可以拓展县域农民工的就业岗位，改善县域农民工的收入和生计保障；同时，数字经济可以提高县域农民工获取基本公共服务的概率，县域内的基本公共服务的供给水平总体不高（金三林等，2022），资本化效应不明显，收入效应占据主导地位，基本公共服务可以改善县域农民工的预期收入水平（Tiebout，1956）。综上，假设 2、假设 3 得证。

本 章 小 结

推进县域农民工市民化对于推进乡村振兴和城乡融合发展具有重要作用，本章利用代表性微观调查数据，深入考察了数字经济发展对县域农民工市民化意愿的影响及其内在作用机制。研究结果显示：第一，数字经济可以显著提升县域农民工市民化意愿，该结论在经过内生性、稳健性等系列检验后依然成立。第二，机制分析发现，数字经济通过拓展县域创业、灵活就业和提高基本公共服务可获得性提高了县域农民工市民化意愿。第三，异质性分析表明，数字经济对新生代、高技能和经济强县的县域农民工市民化意愿的提升作用更加明显。

基于研究结论，本章提出如下政策建议：第一，加快县域内云计算、物联网、人工智能、区块链等数字基础设施的建设，提高县域数字信息的接入质量和传输能力。第二，尽快制定与数字经济发展相适应的就业保障体系，围绕新型就业形态从业人员的身份界定、劳动报酬、社会保险等问题建立常态化监测和治理方案，提高灵活就业人员的劳动保护强度和就业质量。第三，利用大数据建立完善的居

民信用风险评估体系和保障机制，降低信息不对称产生的金融排斥，拓宽个性化的金融与保险服务渠道，提高县域农民工获得正规信贷的能力。第四，加强对于低学历和低技能农民工等相对弱势群体的数字培训与教育投入，提高其数字技能和知识水平，增强其在数字经济时代的竞争力。

参 考 文 献

柏培文, 张云. 2021. 数字经济、人口红利下降与中低技能劳动者权益[J]. 经济研究, 56(5): 91-108.

程郁, 赵俊超, 殷浩栋, 等. 2022. 分层次推进农民工市民化: 破解 "愿落不能落、能落不愿落" 的两难困境[J]. 管理世界, 38(4): 57-64, 81.

邓辛, 彭嘉欣. 2023. 基于移动支付的数字金融服务能为非正规就业者带来红利吗? ——来自码商的微观证据[J]. 管理世界, 39(6): 16-33, 70.

方福前, 田鸽, 张勋. 2023. 数字基础设施与代际收入向上流动性: 基于 "宽带中国" 战略的准自然实验[J]. 经济研究, 58(5): 79-97.

郭峰, 王靖一, 王芳, 等. 2020. 测度中国数字普惠金融发展: 指数编制与空间特征[J]. 经济学(季刊), (4): 1401-1418.

何婧, 李庆海. 2019. 数字金融使用与农户创业行为[J]. 中国农村经济, (1): 112-126.

黄益平, 黄卓. 2018. 中国的数字金融发展: 现在与未来[J]. 经济学(季刊), 17(4): 1489-1502.

金三林, 张海阳, 孙昊, 等. 2022. 大力推动县域城镇化进程 助力大中小城市和小城镇协调发展[J]. 农业经济问题, (10): 53-59.

林龙飞, 祝仲坤. 2022. "稳就业" 还是 "毁就业"?数字经济对农民工高质量就业的影响[J]. 南方经济, (12): 99-114.

刘诚. 2023. 数字化进程与线上市场配置效率: 基于平台流量倾斜的微观证据[J]. 数量经济技术经济研究, 40(6): 175-194.

马述忠, 胡增玺. 2022. 数字金融是否影响劳动力流动?——基于中国流动人口的微观视角[J]. 经济学(季刊), 22(1): 303-322.

彭艳玲, 周红利, 苏岚岚. 2022. 数字经济参与增进了农民社会阶层认同吗? ——基于宁、渝、川三省份调查数据的实证[J]. 中国农村经济, (10): 59-81.

齐秀琳, 江求川. 2023. 数字经济与农民⼯就业: 促进还是挤出? ——来自 "宽带中国" 政策试点的证据[J]. 中国农村观察, (1): 59-77.

唐天伟, 刘文宇, 江晓婧. 2022. 数字经济发展对我国地方政府公共服务效率提升的影响[J]. 中国软科学, (12): 176-186.

王春超, 叶蓓. 2021. 城市如何吸引高技能人才? ——基于教育制度改革的视角[J]. 经济研究, 56(6): 191-208.

王奇, 牛耕, 李涵. 2023. 数字基础设施建设与金融包容性发展: 中国经验[J]. 财贸经济, 44(7):

91-107.

王永进, 刘玉莹. 2023. 在线劳动力市场、异地办公与中国区域经济布局[J]. 数量经济技术经济研究, 40(8): 25-45.

夏怡然, 陆铭. 2015. 城市间的"孟母三迁": 公共服务影响劳动力流向的经验研究[J]. 管理世界, (10): 78-90.

许潇丹, 惠宁, 韩先锋. 2023. 数字经济赋能基本公共服务均等化: 作用机制与动态调节效应研究[J]. 经济问题探索, (8): 132-146.

易行健, 周利. 2018. 数字普惠金融发展是否显著影响了居民消费: 来自中国家庭的微观证据[J]. 金融研究, (11): 47-67.

尹志超, 吴子硕. 2023. 移动支付与县域经济增长[J]. 财经研究, 49(8): 124-138.

张广胜, 王若男. 2023. 数字经济发展何以赋能农民工高质量就业[J]. 中国农村经济, (1): 58-76.

张吉鹏, 卢冲. 2019. 户籍制度改革与城市落户门槛的量化分析[J]. 经济学(季刊), (4): 1509-1530.

张勋, 万广华, 张佳佳, 等. 2019. 数字经济、普惠金融与包容性增长[J]. 经济研究, 54(8): 71-86.

张勋, 杨紫, 谭莹. 2023. 数字经济、家庭分工与性别平等[J]. 经济学(季刊), 23(1): 125-141.

章莉, 李实, Darity W A Jr, 等. 2014. 中国劳动力市场上工资收入的户籍歧视[J]. 管理世界, (11): 35-46.

赵佳佳, 魏娟, 刘天军. 2023. 数字乡村发展对农民创业的影响及机制研究[J]. 中国农村经济, (5): 61-80.

赵涛, 张智, 梁上坤. 2020. 数字经济、创业活跃度与高质量发展: 来自中国城市的经验证据[J]. 管理世界, 36(10): 65-76.

周月书, 苗哲瑜. 2023. 数字普惠金融对农户生产经营投资的影响[J]. 中国农村观察, (1): 40-58.

祝仲坤. 2021. 公共卫生服务如何影响农民工留城意愿: 基于中国流动人口动态监测调查的分析[J]. 中国农村经济, (10): 125-144.

邹一南. 2021. 农民工落户悖论与市民化政策转型[J]. 中国农村经济, (6): 15-27.

Au C C, Henderson J V. 2006. Are Chinese cities too small?[J]. The Review of Economic Studies, 73(3): 549-576.

Moulton B R.1999. GDP and the digital economy: keeping up with the changes [J]. Understanding the Digital Economy Data, 4(5): 34-48.

Tapscott D. 1996. The Digital Economy: Promise and Peril in the Age of Networked Intelligence[M]. NewYork: McGrawHill.

Tiebout C M. 1956. A pure theory of local expenditures[J]. Journal of Political Economy, 64(5): 416-424.

Wilson R. 2021. Moving to jobs: the role of information in migration decisions[J]. Journal of Labor Economics, 39(4): 1083-1128.

第十章　协同推进新型城镇化与乡村振兴的主要制约因素及制度壁垒研究

中国存在城乡发展不平衡及农村发展不充分的问题，2022年中国城乡居民收入比为2.45，远高于国际平均水平(周小刚和王超华，2023)，过大的城乡收入差距和不充分的农村发展可能引发一系列社会问题(薛敏，2022)。中央先后提出新型城镇化和乡村振兴战略，其中乡村振兴战略以"三农"问题为中心，坚持党管农村工作，保证农业农村优先发展，确保农民主体地位，推进乡村全面振兴，推动城乡融合发展，推动人与自然的和谐共生，推动因地制宜、循序渐进。

新型城镇化是在城镇化政策的基础上提出的有边界(框定了城乡发展的边界红线)、有重点(大都市圈+县城+乡村振兴)的发展战略，摆脱了过去对小城镇的片面依赖，但仍强调小城镇的重要作用。乡村振兴和新型城镇化自提出以来受到学界的广泛关注，普遍认为乡村振兴和新型城镇化应当携头并进。与之相呼应的是，党的十九大提出"建立健全城乡融合发展体制机制和政策体系"，并明确将新型城镇化与乡村振兴的双轮协调发展作为城乡融合发展的重要抓手(徐雪和王永瑜，2023)。由此可见，乡村振兴和新型城镇化并非对立，二者存在一致性，是一种你中有我，我中有你的关系(王金华和谢琼，2021)。

由于乡村振兴与新型城镇化政策具体实施过程中政策体系存在内在张力，具体表现在与战略设计和政策制定初始意愿相违背的实践后果(杨嵘均，2019)，推进新型城镇化的过程中存在以下问题：①城镇与城镇发展差异大(卢晶，2022)，中心城镇发展高于地方城镇；城镇与农村联动发展不协调。②城镇规划缺乏特色，规划区域内控规、详规覆盖率低(张晓薇，2022)。③综合承载能力弱，有限的新增建设用地指标导致即使采用增减挂钩等方法仍无法满足城镇建设用地需求等问题。推进乡村振兴的过程中存在以下问题：①产业链单一，农产品附加值低，基础设施与科技支撑能力不强；②人才缺失，人才引进机制不完善，对高学历人才吸引力不够；③基层村组织治理责任淡化，组织力量薄弱及内部治理资源薄弱，依赖国家输入资源(杜志雄和王瑜，2021)。

针对协同推进新型城镇化与乡村振兴的过程中出现的障碍及其治理路径，学界对此进行了深入的研究，总体上分为以下几类。

(1)改进人才制度，吸引更多高水平人才建设乡村。乡村振兴战略有效实施离不开人,在当前乡村缺乏高水平、高知识人才的状况下,有效的人才引进及配套激励措施对乡村振兴战略的实施有积极作用。"新乡贤"这一词语多次出现在国家颁布的《乡村振兴战略规划(2018—2022年)》等纲领性文件中,表明国家对乡村振兴人才战略高度重视。有学者认为应当基于不同实践逻辑及乡村传统文化资源对在外青年进行外生或内生动员(高万芹,2022)。与引进人才相对应,也有人提出调动乡村留守精英的积极性以促使其更好地实现公共参与的路径(杜姣,2022)。治理乡村不仅要吸引人才,还需建立分析与评估框架,以便量化人才治理政绩并对其进行有针对性的指引。有学者建立了一个嵌入性和公共性与乡村振兴绩效的关联分析框架以从治理能力与治理意愿叠加的角度分析人才助力乡村振兴的绩效。依据关联分析框架能够综合各类影响人才治理乡村因子并理清其权重主次,从而进行有针对性的调整。不同于单独考虑乡村振兴这一因素,还有学者提出了"人力资本-城乡融合-农民主体性"三维分析框架(李海金等,2021),将城乡融合趋向纳入分析框架以保证乡村人才权利,并从其他两方面考虑来分析并寻找提升人才建设乡村的动力与能力。

(2)创新土地制度,盘活土地并提高其利用效率。土地作为农业生产的最基本要素,是农民生产生活的最大依赖之一,因此土地对乡村振兴及新型城镇化有重要作用。有学者从目前的土地关系出发,以城乡关系预测出未来乡村可能会成为城市需求的后工业腹地,传统村落将会由于城市的发展而逐渐萎缩(叶敏和张海晨,2019)。因此土地制度的改善或创新对乡村振兴及新型城镇化存在迫切性与重要性。地方针对土地制度创新已经开展不少实践创新,如经营权流转、跨村集体经济组织的差别化宅基地使用制度、"现代农业基地建设+经营权流转"等。有学者基于江西省黄溪村的"确权确股不确地"的土地制度创新实践提出坚持系统思维的土地创新是乡村振兴的关键切入点(陈美球等,2018)。有学者通过梳理土地发展权配置与乡村绩效关系得出不同模式下的土地发展权配置对乡村振兴五个子方面影响存在差异,并提出"保留型配置模式"更有利于统筹土地以促进产业融合的结论(姚树荣等,2022)。

(3)对集体经济模式的深入挖掘。在协同推进新型城镇化与乡村振兴过程中,对集体经济模式的深入挖掘及集体经济组织的制度创新有助于乡村振兴及新型城镇化的推进(张晓山,2023;徐选国和杨君,2014)。农民合作社作为近年来较热点的话题,中央多次针对其提出发展要求,需要高质量发展以确保其能为城镇化、工业化、乡村振兴提供强有力的助推。针对农民合作社尚未实现高质量发展的现状,有学者提出培养"企业家型带头人"来推动农民合作社与乡村产业协同发展的路径(王生斌和王保山,2021)。有学者基于成都崇州市的实践,构建了"共有—共建—共治—共享"的一体化村社集体经济共同体分析框架,从产权、利益共享机制、深化"共有制+分配制"的方向提出改进路径(申云等，2023)。有学者通过提炼浙江桐乡市的经验，总结出"抱团发展"的农村集体经济组织的四种模式：自主经营、在地投资、飞地投资与平台经营。根据当地市场、城市资源、政策的不同有针对性地选择适当模式能够兼顾效率与合法性，助力乡村振兴(郝文强等，2022)。有学者通过对新型城镇化背景下新型农村社区建设的探索，将家庭分类为"农业型—农业型""农业型—非农型""非农型—非农型"，并提出不同类型转变应遵循空间整合、要素配置、主体嬗变的三重逻辑，从而有效率地推进建立健全城乡融合发展体制机制(陈小玉和陈绍军，2022)。

这意味着协同推进新型城镇化和乡村振兴受土地制度、户籍制度、农村集体产权制度等众多因素影响。现有对协同推进乡村振兴和新型城镇化的研究集中于实践创新、机理探究、概念提炼等，也有针对某一制度(如土地制度、集体制度)的深入探究。一是探究制度的合理性，二是寻求提高效率和效果的方法。这些研究或是提出了创新的变革思路，或是指出具体的改进路径，然而目前针对制度体系的研究较少，针对单一制度的研究无法考量制度体系发展趋势及其存在的共性障碍。政策文本分析作为一种从量化视角发掘文本结构与内容的过程，常被用以文本理论化(涂端午，2009)。通过对政策制定的用词、时间段、数量以及制度演变、形成及功能使用文本分析，能够结合定量和定性综合分析制度体系，探寻制约因素和制度壁垒，并有针对性地提出政策建议，为协同推进新型城镇化和乡村振兴提供经验的参考。

第一节　文本分析框架和研究样本

一、分析框架

本章参考熊勇清等(2013)的做法，依据乡村振兴和新型城镇化相关政策的颁布时间、适用对象、政策内容以及政策颁布形式对政策文本进行分析，构建"四维度"分析框架，对从政策提出到目前为止的可获取政策样本进行系统研究，总结归纳乡村振兴与新型城镇化政策演变过程和特征、现实环境和制度障碍。

1. 颁布时间

乡村振兴战略自 2017 年 10 月首次提出以来，2018 年至 2023 年每年的政策侧重点有所不同。因此，本章将依据每年政策的数量特征，分析乡村振兴的发展变化和侧重点。新型城镇化战略自 2014 年提出，同样以政策颁布年度为依据，分析其发展变化。

2. 适用对象

将适用对象划分为专一型和普适型，普适型指相关政策适用于总体乡村振兴或新型城镇化战略，是方向性、指导性或某种标准的规定，而专一型指针对总体战略的某一方向提出，如乡村振兴五大方向——"产业振兴，人才振兴，文化振兴，生态振兴，组织振兴"。

3. 政策内容

政策内容将使用 ROSTCM6 文本分析软件，对文本词频、语义网络及政策用词等方面进行综合判别，运用政策语言和逻辑学相关知识，结合文本内容研判，分析内容的运用规律及可能存在的模糊性、用词不妥之处。

4. 政策颁布形式

政策颁布形式即政策颁布时使用的形式，包括通知、规划、意见等，本章根据乡村振兴和新型城镇化政策颁布具体情况，将政策颁布形式分为办法、方案、公告、规划、通报、通知、意见、指引八类。

二、研究样本

1. 样本采集

随着乡村振兴战略的提出，乡村振兴与新型城镇化被越来越多的学者关注，为解决中国社会城乡发展不充分不平衡的状况，需要坚持乡村振兴与新型城镇化"双轮驱动"，因此中国政府及各主管部门出台了一系列政策文件，为乡村振兴战略和新型城镇化战略的实施提供了指引，规定了总体发展方向及其细分领域。本章主要是对乡村振兴与新型城镇化政策进行研究，选取涵盖乡村振兴和新型城镇化提出以来的部门工作文件、部门规范性文件及法规制度文本，通过北大法宝网站以"乡村振兴"和"新型城镇化"为关键词进行搜索，选取现行有效的中共中央、国务院及其直属机构颁布的政策文本，并剔除了答复文件、部门间转发文件等，最终形成了乡村振兴和新型城镇化政策文件数据样本库，共得到 219 份政策文件。

2. 样本组成

样本的发文机构包括中共中央组织部、中共中央办公厅等党中央机构，以及国家发展和改革委员会、国家税务总局、农业农村部、工业和信息化部、财政部、商务部、教育部等国务院组成部门和直属机构，也包括各政策性银行的联合发布。政策发布时间从 2014 年至 2023 年共十年时间，其中，国家发展和改革委员会单独发布或联合发布共 51 份，占总数的 23.3%，财政部单独发布或联合发布共 45 份，占总数的 20.5%，发文主体共 57 个。

第二节 政策文本分析

自党的十九大提出乡村振兴战略以来，共收集了乡村振兴相关政策文本数量 188 份，其中 2018 年 12 份，2019 年 8 份，2020 年 4 份，2021 年 73 份，2022 年 60 份，2023 年 31 份，新型城镇化与乡村振兴政策文本数量随时间变化见图 10-1。乡村振兴政策文本数量总体呈上升趋势，但也存在一定程度的波动；新型城镇化政策文本数量则没有固定趋势，处于波动状态。

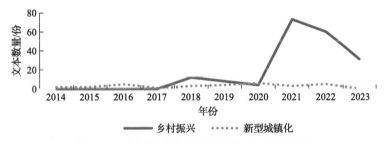

图 10-1 乡村振兴和新型城镇化政策文本数量

乡村振兴政策文本数量的变化可能与当年中共中央对乡村振兴战略的导向及当时的国民经济和社会发展的规划目标有关。2018 年 3 月 5 日，国务院政府工作报告多次提及乡村振兴战略，在此之前仅有两份文件提及乡村振兴战略，分别为《中共中央、国务院关于实施乡村振兴战略的意见》(2018 年 1 月)及《农业部关于大力实施乡村振兴战略加快推进农业转型升级的意见》(2018 年 2 月)。之后各国务院直属部门陆续推出了相关政策文件，涉及教育部、财政部、水利部、审计署等发布主体。

2018 年 9 月，中共中央、国务院印发了《乡村振兴战略规划(2018—2022 年)》，并发出通知，要求各地区各部门结合实际认真贯彻落实，随后到 2021 年 2 月 21 日，《中共中央 国务院关于全面推进乡村振兴加快农业农村现代化的意见》，即中央一号文件发布，此后政策文件出现频率快速提高，2021 年收集到了 73 份相关政策文件，随后国务院直属机构——国家乡村振兴局正式挂牌，2021 年 4 月 29 日，十三届全国人大常委会第二十八次会议通过《中华人民共和国乡村振兴促进法》，乡村振兴在当年关注度较高，2021 年之后的关注度也保持较高水平，2023 年 2 月，《中共中央 国务院关于做好 2023 年全面推进乡村振兴重点工作的意见》发布，2021 年至 2023 年，政策文本数量较乡村振兴战略提出以来有明显增长趋势。

城镇化是一个很早提出的战略，新型城镇化在其基础上根据中国国情进行了适当改变并被提出，由于先前已有相关政策对城镇化做出规定，因此新型城镇化政策文本数量相较于乡村振兴政策文本数量偏少。中国的新型城镇化研究起始于2009年，可分成三个时间段：初始阶段（2012年及以前）、快速增长（2013～2016年）、逐步深入（2017年至今）。总的来说，新型城镇化的相关研究存在研究的响应时间较短、核心作者群体活力较弱、内容选题仍待深化创新等特点。与研究相对应的是国家相关政策的推出，2014年12月29日，国家新型城镇化综合试点名单正式公布，此后新型城镇化相关政策被陆续制定并发布。2019年国务院政府工作报告提出"促进区域协调发展，提高新型城镇化质量"，同一年国家发展和改革委员会发布了《2019年新型城镇化建设重点任务》，内容包括了加大户籍制度改革力度、推动大中小城市协调发展等任务。2020年国务院政府工作报告再一次对新型城镇化做出了方向性的指导，从发布政策数量可以看出，国务院政府工作报告提及新型城镇化的两年时间中，政策文件数量相对较多，然而该时间段前后的政策文本数量偏少。从上述数量分析可以看出，新型城镇化和乡村振兴政策的颁布与中共中央和国务院对中国经济与社会发展规划的实施紧密相关。

乡村振兴政策的类型中，专一型占大多数，其中产业振兴是乡村振兴的重点关注方向。新型城镇化两种类型政策文本数量基本相同。

2014～2023年颁布的乡村振兴相关政策文本及其类型如表10-1所示。其中，专一型的乡村振兴政策文本有111份，而普适型的仅77份，专一型政策占比达59%。依据收集到的统计结果，乡村振兴政策以专一型为主，普适型起到指导性或引领性的作用。不同时期两类政策比例虽有变化，但总体趋势保持不变。新型城镇化相关政策中，普适型政策为17份，占总数的54.8%。根据上述收集到的政策文本数量特征，政府政策对于乡村振兴偏向于专一型，因为乡村振兴作为一个较大的范畴，不能仅仅只是规定一些总体性的、方向性的政策，而要通过具体可落实的政策，才能有针对性地实施战略。新型城镇化由于先前有城镇化实施的基础，所以普适型和专一型的政策没有太大数量上的区别。

表 10-1　乡村振兴政策文本数量分布情况（单位：份）

年份	规划期合计	政策文本分布情况					
		普适型	专一型				
		数量	产业	人才	文化	生态	组织
2018	12	6	5	1	0	0	0
2019	8	5	3	0	0	0	0
2020	4	1	2	1	0	0	0
2021	74	23	27	4	9	2	9

续表

年份	规划期合计	政策文本分布情况					
		普适型	专一型				
		数量	产业	人才	文化	生态	组织
2022	61	21	22	3	7	5	3
2023	29	21	5	0	2	0	1
总计	188	77	64	9	18	7	13

乡村振兴政策中又以产业振兴方面的政策为主，习近平总书记指出："发展特色产业是实现乡村振兴的一条重要途径，要着力做好'土特产'文章，以产业振兴促进乡村全面振兴。"[①]且产业振兴是乡村振兴重要的一环，乡村特色产业的发展有利于促进乡村产业兴旺、创造一个生态宜居的乡村，继承和发展乡村文明，夯实人才基础，提高乡村治理效率，书写乡村振兴的新篇章。因此政策中有大部分都是针对产业振兴的，然而关于人才振兴和生态振兴相关的政策较少，现今乡村治理人才缺乏程度大，年轻人去农村的意愿弱，且治理过程中难免存在生态污染和环境破坏，而相关政策方向对这两个方面的重视程度却不大。新型城镇化的专一型政策中，也是以产业方向为主。关于产业的政策文本共 10 份，人才的 1份，组织的 3 份，普适型的 17 份，共计 31 份。然而，目前尚未收集到涉及文化和生态方面的政策文件。新型城镇化是以城乡统筹、城乡一体、产城互动、节约集约、生态宜居、和谐发展为基本特征的城镇化，但是对生态和文化的相关规定政策尚待完善。

乡村振兴战略对农业、农村、农民的关注度高，其五个方向的相关政策用词也涉及较多。新型城镇化则更多关注城市群、产业链、城乡关系等。

本章内容使用了 ROSTCM6 文本分析软件，两种战略的词频分布如表 10-2 所示。乡村振兴是针对目前社会"三农"问题的一种解决措施，因此对于乡村振兴的相关政策文本，"农民、农村、农业"等相关词语被提及频率较高，说明乡村振兴战略是从解决"三农"问题的目的出发的。乡村振兴战略包括"产业振兴，人才振兴，文化振兴，生态振兴，组织振兴"，各子方向的相关词语也有较高的提及频率，如关于产业振兴，"建设、医疗、创新"等相关词语出现频次很高，关于人才振兴则有"教育、院校"等词语，关于生态振兴则是"绿色、绿化、污染、污水、环境"等词语，其他两个方向也存在高频提及的相关词语。颁布主体包括教

---

① 《发展乡村特色产业　全面推进乡村振兴》,http://www.qstheory.cn/dukan/hqwg/2023-11/28/c_1129996606.htm,2023 年 11 月 28 日。

育部、财政部、国家发展和改革委员会、国家乡村振兴局等。有关新型城镇化，"城镇、城乡"是最常被提及的词语，说明政府在城镇化过程中密切关注城乡关系，城乡关系与城镇化进程密不可分，城镇化就是乡村发展成城镇的过程，在发展过程中，土地与集体的问题是政府最为关注的几个问题之一，乡村发展成城镇，土地所有权必然发生变动，因此土地归属问题和集体的关系需要更加规范、有效的政策引领。除此之外，农村居民的就业、生活保障也需要有针对性的指引，推进城镇化不能使农村居民生活无保障，没有可靠的收入来源。关于新型城镇化应该如何进行，政府也经常提及"城市群、产业链"等词语，说明集群化的管理形成规模效应是新型城镇化的一个重要方向。

表 10-2　政策高频词词频分布情况

高频词	词频/次	高频词	词频/次	高频词	词频/次
乡村、农村	7658	创新	1048	住房	347
建设	4139	就业	874	水利	345
医院、医疗	3489	农产品	682	旅游	288
农业	3458	城镇、城乡	633	投资	276
农民	3213	智能、智慧、现代化	622	劳动力、劳务	273
服务	2919	市场	454	粮食	266
脱贫、返贫	1502	用地	446	产业化、产业链、产业带	221
绿色、绿化、污染、污水、环境	1423	创业	442	教育、院校	212
文化、文明	1392	集体、集体经济	405	消费	168
流动、流通、流转	1386	卫生	390	园区	124
组织	1352	交通	380	民政部	122
科技、研发、研究	1338	财政	372	城市群	118
技术	1159	法律、法治	351	移风易俗	102

除了通过词频可以了解到政策导向外，ROSTCM6 软件可以通过分析各种词语间的联系来获取社会语义网络图，词语的箭头越复杂的，则表明其与其他词语的关联度越高，其为核心词语的可能性越大。针对获取的 219 份政策文本，本章在剔除无意义的动词，如"推动，加深，扩大"等后，使用 ROSTCM6 软件绘制了政策文本的社会语义网络图，如图 10-2 所示。

由图 10-2 可知，最核心的三个词语为"农业、农村、农民"，这与前文词频分析的结果一致，除此之外，"地区、服务、建设"等词也与其他词语联系紧密，

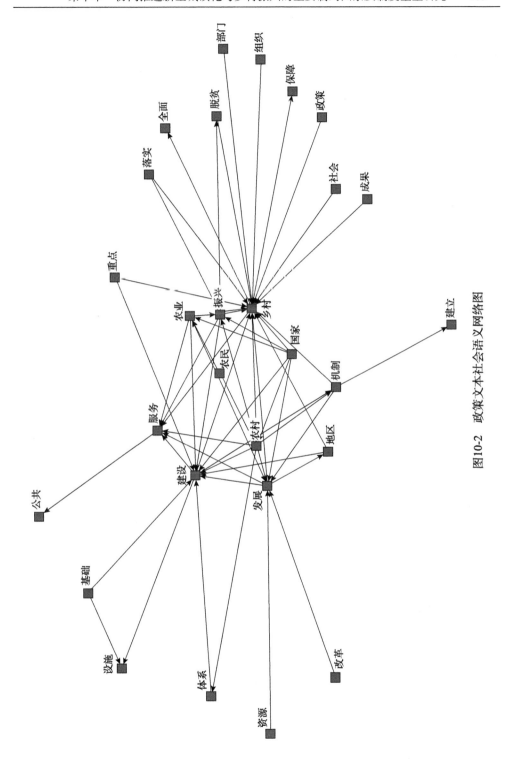

图10-2　政策文本社会语义网络图

这表明在协同推进乡村振兴与新型城镇化的过程中，政府对于地区发展和组织也有较大的关注力度，对于乡村和城镇的建设十分关注，同时也很注重集体组织的作用，包括对居民生活的保障，如"脱贫、服务"等。除主要语义网络外，还有部分词语存在次要语义网络连接，如医疗、教育等，它们与主要语义网络无关，因此未放到主要语义网络，但是次要语义网络中的词语也存在探讨价值，表明政府在推进乡村振兴和新型城镇化的过程中也重视配套生活保障，对于居民医疗及子女教育等方面也十分关注。

乡村振兴与新型城镇化政策以通知和意见为主，虽具有较强的规范性和约束性，但在指导性和可操作性方面明显不足，需进一步优化政策类型以增强实际执行效果。具体来说，根据政策类型的约束性、规范性、指导性和可操作性（李明，2008），将乡村振兴与新型城镇化政策文本类型归纳为八类，结果如表 10-3 所示。

表 10-3　乡村振兴与新型城镇化政策文本类型统计

文本类型	数量/份	比例	特点	
			规范性和约束性	指导性和可操作性
通知	161	73.5%	较强	较弱
意见	47	21.5%	较强	较弱
公告	5	2.3%	强	弱
办法	1	0.5%	较弱	较强
方案	1	0.5%	较弱	较强
规划	1	0.5%	较强	较弱
通报	2	0.9%	较强	较弱
指引	1	0.5%	弱	强

自政策提出以来，乡村振兴与新型城镇化最常用的形式是通知和意见，分别有 161 份和 47 份，占政策文本总数的 73.5%和 21.5%，通知和意见类政策文本占文本总数的 95%，几乎涵盖了所有文本类型，说明乡村振兴和新型城镇化政策具有较强的规范性和约束性，但在指导性和可操作性方面偏弱。通知作为一种常用的政策文本类型，具有使用频率高、适用对象多、专一性强的特点。与此相对，办法、方案等政策类型对于实际工作的指导意义更大，具有更强的可操作性，但乡村振兴和新型城镇化政策中，这两类政策类型占比均为 0.5%，说明乡村振兴和新型城镇化政策总体欠缺指导性与可操作性。

本 章 小 结

(一)政策评价

第一，乡村振兴政策对于产业振兴强调程度很高，但是对于其他四个方面的关注度相对较低，新型城镇化普适型政策多，对于生态和文化的相关政策尚有空缺。乡村振兴专一型政策文本中，大多数都强调产业振兴，对于产业振兴的重视程度高于其他几个方面。产业振兴是乡村振兴的重中之重，但人才振兴、文化振兴、生态振兴和组织振兴也是乡村振兴不可或缺的一部分，而政策对这四个方面强调程度较低，对于人才振兴多数是考虑建设院校、提高教育水平，对于青年人才的引进和激励程度仍存在不足。组织、生态、文化振兴在2018～2020年存在真空期，到后来才逐渐被提及，说明先前存在不重视的问题，近年来有所改善，但仍存在差距。

第二，乡村振兴和新型城镇化的政策文本内容中对各个方面都有涉及，但是程度不同，关于人才返乡及激励方面的政策内容较少，关注度低。乡村振兴和新型城镇化都需要有人推进，实施具体的、符合当地情况的措施，然而目前乡村对青年人才的吸引力度仍不够，城市对青年人才的吸引力度仍然大于乡村，当前乡村青年人才的来源主要局限于政府安排的基层岗位和部分地区的人才振兴计划，但这些途径仍难以满足乡村对青年人才的需求。乡村基层工作面临较大人才缺口，尤其缺乏熟悉当地情况且能因地制宜开展工作的专业人才。

第三，乡村振兴与新型城镇化政策有较强的规范性和约束性，有利于把握战略总体方向，然而指导性和可操作性较弱，在落于实际工作时仍存在可操作性不足的问题。乡村振兴和新型城镇化以通知和意见为主，通知和意见能够保证中央政策在传达到地方时不会产生偏差，具有较强规范性和约束性，然而其指导性和可操作性较弱，不同地区的实际情况可能存在差别，因此贯彻国家方针时应当存在可操作性空间，从目前的乡村振兴和新型城镇化政策颁布情况来看，规范性和约束性较强，但缺少指导性和可操作性。

(二)政策建议

首先，注重产业振兴的同时，也要加强人才振兴、文化振兴、生态振兴和组织振兴的关注度，并注意专一型问题。乡村振兴五个方向都是战略实施不可或缺的部分，乡村的全面发展需要组织的领导，也需要人才的推动，在发展乡村的同时也要注重环境保护和可持续发展，同时要注重乡风文明建设，保证乡村全面、可持续发展。在颁布政策时加强其他四个方面的考虑，确保人才、文化、生态和组织振兴有可以参考和实施的规范，保证政策实施的效果、效率及其全面性，同时颁布时还应当考虑专一型问题，目前颁布主体存在多元化的问题，为提高政策的实施效率和准确性，应当尽可能减少政策主体模糊、语义重叠或部门意见冲突的问题，提高部门间政策协调一致性。

其次，对人才振兴应当增加返乡激励，提高村镇对人才的吸引力。人才振兴是乡村治理不可或缺的一环，目前乡村人才短缺、对人才吸引力弱等问题仍存在。政策文本词频分析的结果表明，目前政策文本对人才的关注度不够，且针对人才的政策多是强制性的工作政策，如基层服务期限限制等。目前部分地区开展了人才振兴计划，但覆盖面不足，政策关注度低，因此政策工具应当确保乡村对人才的吸引力，在激励政策和人才返乡政策的研究方面要提高政策照顾力度，通过鼓励人才下乡、人才振兴村镇的办法吸引更多人投身乡村振兴和新型城镇化。

最后，增加办法、方案等指导性和可操作性强的政策类型。目前政策样本中有95%的政策属于通知和意见类别，这两类政策的特点是规范性和约束性强，但指导性和可操作性弱。办法、方案等类型的政策弥补了这一缺点，但缺乏政策制定者的关注度，在所有类别中，这两类政策均仅占0.5%，因此使用政策工具时应加强对指导性和可操作性的考虑，在坚持中央主体战略方向的同时提高政策的指导性和可操作性，通过提高方案、办法等类型政策的占比，能够使地区政府有更大的可操作空间和更具体的指导方向，因地制宜、有针对性地制定适合当地的乡村振兴和新型城镇化政策。

参 考 文 献

陈美球, 廖彩荣, 刘桃菊. 2018. 乡村振兴、集体经济组织与土地使用制度创新: 基于江西黄溪村的实践分析[J]. 南京农业大学学报(社会科学版), 18(2): 27-34, 158.

陈小玉, 陈绍军. 2022. 新型城镇化进程中农村家庭转型的实践逻辑及反思[J]. 南京农业大学学报(社会科学版), 22(5): 81-89.

杜姣. 2022. 乡村振兴背景下乡村留守精英及其组织化的公共参与路径[J]. 中国农村观察, (5): 140-152.

杜志雄, 王瑜. 2021. "十四五"时期乡村基层治理体系建设与减贫治理转型[J]. 改革, (11): 62-70.

高万芹. 2022. 社会动员与政治动员: 新乡贤参与乡村振兴的动力机制与内在逻辑[J]. 南京农业大学学报(社会科学版), 22(4): 91-102.

郝文强, 王佳璐, 张道林. 2022. 抱团发展: 共同富裕视阈下农村集体经济的模式创新: 来自浙北桐乡市的经验[J]. 农业经济问题, (8): 54-66.

李海金, 焦方杨, 李梦婕. 2021. 疫情背景下贫困户返贫风险与稳定脱贫长效机制构建研究: 以湖北省四个村庄为例[J]. 中国农村研究, (2): 278-291.

李明. 2008. 新时期中国科技人才政策评析[D]. 沈阳: 东北大学.

卢晶. 2022. 新型城镇化发展的空间关联及其影响因素[J]. 统计与决策, 38(6): 50-54.

申云, 景艳茜, 李京蓉. 2023. 村社集体经济共同体与农民农村共同富裕: 基于成都崇州的实践考察[J]. 农业经济问题, (8): 44-59.

涂端午. 2009. 教育政策文本分析及其应用[J]. 复旦教育论坛, 7(5): 22-27.

王金华, 谢琼. 2021. 新型城镇化与乡村振兴协同发展的路径选择与地方经验: 全国新型城镇化与乡村振兴高峰研讨会暨第十七届全国社科农经协作网络大会会议综述[J]. 中国农村经济, (12): 131-137.

王生斌, 王保山. 2021. 农民合作社带头人的"企业家精神": 理论模型与案例检验[J]. 中国农村观察, (5): 92-109.

熊勇清, 黄健柏, 陈鑫铭. 2013. 资源、环境与工业发展研究的新进展: 中国工业经济学会 2012 年年会学术观点综述[J]. 中国工业经济, (2): 83-90.

徐选国, 杨君. 2014. 人本视角下的新型城镇化建设: 本质、特征及其可能路径[J]. 南京农业大学学报(社会科学版), 14(2): 15-20.

徐雪, 王永瑜. 2023. 新型城镇化与乡村振兴耦合协调发展的时空格局及影响因素[J]. 统计与决策, 39(5): 50-55.

薛敏. 2022. 跨越中等收入陷阱与乡村振兴的互动关系[J]. 西北农林科技大学学报(社会科学版), 22(6): 45-51.

杨嵘均. 2019. 论新型城镇化与乡村振兴战略的内在张力、政策梗阻及其规避[J]. 南京农业大学学报(社会科学版), 19(5): 24-32, 155.

姚树荣, 赵茜宇, 曹文强. 2022. 乡村振兴绩效的地权解释: 基于土地发展权配置视角[J]. 中国农村经济, (6): 23-44.

叶敏, 张海晨. 2019. 紧密型城乡关系与大都市郊区的乡村振兴形态: 对上海城乡关系与乡村振兴经验的解读与思考[J]. 南京农业大学学报(社会科学版), 19(5): 33-40, 155.

张晓山. 2023. 发展新型农村集体经济[J]. 农业经济与管理, (1): 1-4.

张晓薇. 2022. 我国特色小镇绿色发展及其评估研究[D]. 南昌: 南昌大学.

周小刚, 王超华. 2023. 数字经济、新型城镇化对城乡收入差距的影响研究: 基于空间杜宾模型的实证分析[J]. 农林经济管理学报, 22(6): 780-791.

第十一章　城乡基础设施与公共服务均等化实施路径与优化策略研究

改革开放以来，中国经济迅速发展，社会生活的各个方面都发生了巨大的变化，然而，尽管中国经济持续增长，但在公共服务领域仍有待进一步提升。《国家基本公共服务体系"十二五"规划》明确指出，我国基本公共服务供给不足、发展不平衡的矛盾仍然十分突出。党的二十大的顺利召开，为我国的乡村振兴勾勒了蓝图，而城乡基础设施与公共服务均等化是推动乡村振兴的重要抓手。目前中国的城乡发展展现出不平衡的特征，与城市相比，农村地区的发展仍然滞后很多，特别是在基础设施与公共服务方面。这种状况直接影响城乡之间的资源配置，导致社会矛盾突出，严重制约了城乡经济的发展。在长期的执政实践中，中国共产党始终秉持对城乡基础设施和公共服务事业的高度重视态度，将其置于国家战略的重要位置，着重强调"全面推进乡村振兴，加强农村基础设施和公共服务体系建设"。但从目前来看，城乡基础设施与公共服务不均等主要体现在以下两方面：一是优质的教育、医疗、就业等公共服务主要集中在城市，农村地区相对而言缺乏优质的公共服务；二是农村基础设施薄弱，道路交通、排水系统、信息化建设等并不完善，严重阻碍了农村的现代化发展。

站在新的历史节点，促成城乡协调发展的新格局是实现共同富裕的重要基础，但目前城乡之间的基础设施与公共服务还存在比较大的差距，这将不利于和谐社会的构建。本章以推进城乡基础设施与公共服务均等化为促进城乡协调发展的着力点，通过借鉴国内外相关理论成果与实践成果，意在探索一条符合我国国情的城乡基础设施与公共服务均等化的实施路径，对进一步优化城乡基础设施与公共服务的均等化发展进行探究。

第一节　新时代推进城乡基础设施与公共服务均等化意义

恩格斯曾言："在人人都必须劳动的条件下，人人也都将同等地、愈益丰富地得到生活资料、享受资料、发展和表现一切体力和智力所需的资料。"实际上，这些资料在人类社会生活的各个领域中扮演着非常重要的角色，其主要表现形式是基本公共服务建设事业。基础设施与公共服务均等化是基本公共服务建设的目标，其最早出现于瑞典、美国、英国等欧美资本主义国家，他们从医疗、教育、住房等多个角度实行基础设施与公共服务的均等化政策，逐渐建立起均等化的福利制度。在我国，"十一五"规划中首次提出了"基本公共服务均等化"的概念，在后来的《"十三五"推进基本公共服务均等化规划》中将它进一步阐释为全体公民都能公平可及地获得大致均等的基本公共服务。

"均等化"一般可以理解为均匀、相等的意思，当然，这里的相等更接近于均衡的意思，学者范柏乃和唐磊蕾（2021）指出其实质为促进社会公平、维护社会和谐稳定的公共政策。结合我国国情，薛元和李春芳（2007）梳理了我国基本公共服务均等化所包括的内容，包括在制度架构、财政投入、决策参与及资源配置这四方面公民所享有的权利与机会应该均等。均等化主要有以下三个特征：一是阶段性，在经济社会的不同发展阶段，内涵也应不同；二是公平性，大众享有基础设施与公共服务的权利、机会与结果应大致相同；三是渐进性，城乡之间的基础设施与公共服务的差距需要逐渐缩小（陈聚芳等，2018）。

对于城乡基础设施与公共服务均等化的内涵的理解，可以从以下四个方面入手。

第一，实现城乡基础设施与公共服务均等化需要政府的大力支持。基础设施与公共服务的属性决定了提供城乡居民享受均等化的机会与权利是政府的重要职责，因此，政府需要改变以经济发展为主的单一价值取向，将更多的资源投入城乡基础设施与公共服务建设领域，优化运行公共服务运行机制，着力建设服务型政府（范柏乃和唐磊蕾，2021）。

第二，实现城乡基础设施与公共服务均等化应以县域为重点。王凯霞（2022）指出推进县域的城镇化对于城乡公共服务融合具有实践价值，包括破除城乡二元结构、帮助城乡社会保障体系均等化发展等。

第三，城乡基础设施与公共服务均等化具有相对性。均等化并不是简单的平均化和无差异化，其核心是促进城乡居民享有的机会均等，这种均等是一种动态性的指标，它的标准会随我国社会经济发展、居民需求的变化以及财政能力的增强而逐渐提高。

第四，城乡基础设施与公共服务均等化是一个动态发展的过程。对于现阶段部分城乡地区不能获得的公共服务，随着经济的发展和体制的完善，政府将会逐渐扩大对这些地区的服务供给范围，同时提高供给质量，以满足城乡居民的需求。

城乡基础设施与公共服务的均等化，不仅对于农村经济的繁荣至关重要，更是推动整个社会经济有序、和谐发展的必然选择。其意义主要体现在以下两方面。

一方面，有利于解决新的矛盾，促进社会和谐发展。党的十九大报告指出，"我国社会主要矛盾已经转化为人民日益增长的美好生活需要和不平衡不充分的发展之间的矛盾"①，其重点在于发展是不协调问题，而其中我国城乡基础设施与公共服务供给机制不完善、供给质量低的矛盾日益突出，逐渐加深了城乡之间的发展不平衡。因此，按照公平原则，为进一步解决城乡发展不平衡的问题，政府必须承担起维护社会公平与正义的公共职能，加大民生保障力度，帮助城乡困难群体解决就医难、上学难等问题，促进公共资源在城乡之间的合理分配，以此缩小城乡之间的发展差距，巩固脱贫攻坚成果，满足农村居民生存和发展的最低层次需求(杨远根，2020)。让城乡共享改革发展成果，不但有助于解决新时代我国面临的矛盾，还有利于实现公共性的利益和谐、文化和谐与社会和谐，促进社会的和谐稳定。

另一方面，有利于实施乡村振兴战略，解决农村发展难题。目前我国"三农"问题产生的重要原因是城乡之间的发展不平衡，以往的政府方针只注重"城市建设"，导致乡村有效治理缺位、难以得到有效的发展。在乡村振兴战略中，农村基础设施与公共服务的完善占据核心地位，它们是推动农业强盛、农村美丽、农民富裕的关键性举措。因此，为我国农业农村的发展提供可持续性内生动力，需要推进城乡基础设施与公共服务均等化，促进城乡之间要素资源的平等交换，助推农村走善治之路，从而带动乡村振兴，形成新时代的城乡关系(吴根平，2014)。

第二节　城乡基础设施与公共服务不均衡现状分析

由于自然资源、地理位置等方面的差异，城乡间的发展差异难以避免，此时就需要借助政府的力量来减少这种不均衡。但是从许多地区的情况来看，政府的财政拨款不仅没有弥合这种发展鸿沟，反而拉大了城乡居民之间所享有福利的差距。同时，不同制度层面因素所造成的教育、医疗等公共权利的不均等恶化了这种现象。

一、农村基础设施建设环节存在诸多问题

改善农村地区的基础设施需要大量的资金支持，但农村地区的融资渠道狭窄，主要是因为这些基础设施不仅投资体量大，而且投资周期长、回报率低。一方面，各级政府、部门是城乡基础设施建设的主体，主要依靠它们的投资来改善城乡基础设施，特别是在生活相对困难的农村，整个农村地区的基础设施发展仅仅依靠政府的单一供应。农村地区的基建缺乏成熟、标准的融资方式和运作机制，因而资本的逐利性使得农村基础设施建设缺乏多种资本支持。另一方面，政府部门对

---

① 《习近平：决胜全面建成小康社会　夺取新时代中国特色社会主义伟大胜利——在中国共产党第十九次全国代表大会上的报告》，http://www.xinhuanet.com//politics/19cpcnc/2017-10/27/c_1121867529.htm，2017 年 10 月 27 日。

农村地区的拨款支持很大程度上受到功利性思想的影响，对基础设施的建设投入如果无法获得有效的收益，一些农村地区的发展就很有可能因为投入资金不充分而受限，此时政府可能会倾向于将资金筹措的责任转移给当地的集体组织或个体农户。然而，这种行为往往面临一个挑战，即农户对于农村基础设施建设的积极性普遍偏低，他们很少会投入资金。此外，许多农村基础设施建设产权归属并不明确，在这种情况下可能会引发贷款主体缺失与贷款困难的问题。

此外，农村公共基础设施建设项目的审核规范需要完善。一方面，地方政府对当地基础设施建设资金的使用规范的审核强度有待加强，由于缺少建设过程中对专项活动资金的监控手段，项目资金的规范性与透明性难以得到保障，甚至导致公共基础设施项目工程质量存在问题。另一方面，地方政府对当地基础设施建设的审核流程不合理，尤其是许多地方政府并未明确招投标过程中的具体细节。

值得注意的是，即使农村基础设施通过上级部门的验收后依然不能保证其后期的稳定维护，这些设施可能会由于无人照看而逐渐陷入荒废状态，在自然灾害、人为破坏等外部因素影响下，它们使用率不高且使用寿命不长，加大了城乡规划建设的成本消耗。事实上，在农村基础设施建设环节中内部资源分布和整合利用不具备科学性与合理性，这将会限制整个农村地区的经济发展，加大城乡差距。

二、城乡基础设施建设失衡

相对于城市，农村基础设施建设的滞后性主要体现在四个方面。一是农村地区天然气管道建设普及率不高，根据《中国城乡建设统计年鉴》，2021 年全国用气人口达 4.42 亿，城市、县城、建制镇和村庄的燃气普及率分别为 98.04%、90.32%、58.93% 和 38.19%，而在青海等西部地区的农村，燃气普及率不到 10%，可见我国城乡燃气区域发展很不平衡。二是农村电力基础设施布局不够完善，由于农村地形复杂，农村居民居住分散，且公路建设存在问题，许多电网选址布局和电线规划不合理，严重阻碍了农村的电力发展(盛丹，2019)。三是城乡网络基础设施均等化水平较低，根据 2021 年发布的《中国互联网络发展状况统计报告》，截至 2021 年 6 月，我国农村网民规模达 2.97 亿，占网民整体的 29.4%；城镇网民规模达 7.14 亿，占网民整体的 70.6%。造成城乡网民规模差异的一个重要原因是农村大面积的网络覆盖工程建设还未有效展开，如图 11-1 所示，从 2010 年到 2020 年，虽然城市宽带接入用户与农村宽带接入用户数量逐年增加，但是两者之间的差距也在增大，尤其是当下全国范围城市已基本实现了 5G 覆盖，但仅部分农村建立了 5G 基站，这进一步拉大了城乡之间的"数字鸿沟"。四是农村道路交通不便，极大束缚了其发展。许多农村地区仍然以土路交通为主，较差的路况使得农民运输蔬菜瓜果等农副产品十分不便，造成成本增加。并且部分农村地区的公路虽然可以通车，但是由于缺乏后期有效的维护，损坏程度较高，形成了许多"断头路"，对地区行车造成极大的不便。

图 11-1　城市与农村宽带接入用户对比

三、优质公共资源城乡分配不均衡

一是教育领域。农村地区学校的薪资待遇普遍偏低且基础设施并不完善，难以培养出优秀的师资队伍，因此众多农村儿童的教育发展起点比城市儿童要低，城乡义务教育质量的不均衡仍是突出问题。另外，农村劳动力的受教育程度不高，使得他们在学习现代农业技术和管理模式时显得力不从心。根据《第三次全国农业普查主要数据公报》，我国农业生产经营人员中受教育程度在初中及以下的就占据了九成，这严重阻碍了农业现代化的发展。二是医疗卫生领域。城乡医疗条件分布不均，不同层级的医疗资源配置仍需优化。以医疗机构数为例，根据国家卫生健康委员会发布的《2021 年我国卫生健康事业发展统计公报》，2021 年末，全国医疗卫生机构 1 030 935 个，其中乡镇卫生院为 34 943 个，占比 3.39%。此外，从图 11-2 和图 11-3 也可以看出，无论是对比每万人医疗机构床位数还是每万人拥有执业(助理)医师数，城市与农村依然存在显著差距。而且农村基层医护人员群体中存在学历低、职称低、技术低等普遍现象。三是公共文化领域。与城市相比，农村的公共文化设施(如图书馆、文化馆、剧院等)总量不足，使得农村地区人员的文体活动不足。事实上，城乡的协调发展离不开农村的精神文明建设，为进一步提高农村的文化软实力需要加快文化基础设施建设并打造具有当地特色的文化产品。

因此，要想解决农村地区基础设施不完善、公共服务产品短缺与当地居民公共需求快速增长之间的矛盾，实现共同富裕，推进城乡基础设施与公共服务均等化是必须完成的重大且迫切的任务。

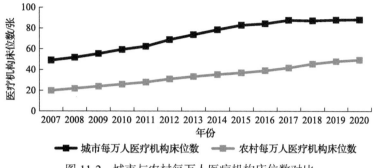

图 11-2　城市与农村每万人医疗机构床位数对比

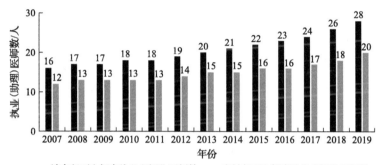

图 11-3　城市与农村每万人拥有执业(助理)医师数对比

第三节　城乡基础设施与公共服务非均等化原因分析

一、严重的城乡二元结构

城乡二元结构是造成两者基础设施与公共服务非均等化的根本原因,其表现为城乡之间收入分配、社会事业等方面的不统一,在这种结构上建立起的城乡保障制度有着显著的等级特征。城市居民往往处于优先和核心地位,享受着相对完善的权益保障。然而,农村居民在社会保障体系中则处于边缘化地带,他们往往难以得到与社会经济发展相匹配的保障。这种情况在不同国家中均存在,而我国由于长期以来受计划经济体制的影响,城乡二元结构比一般的发展中国家更为严重。根据国家统计局的数据,2021 年我国城镇居民人均可支配收入达 47 412 元,而农村居民人均可支配收入仅为 18 931 元,缩小城乡之间的居民收入经济差距仍是待解决的重大问题。

长期以来,我国各项社会保障的改革建立在户籍制度之上,城乡之间的户籍壁垒将公民一分为二,形成了事实上的户口等级与继承制度,城市户口的部分人员享受公费医疗、住房补贴等福利,而农村户口人员难以获得这些福利,这导致了公民之间的社会身份存在价值与等级差异。此外，许多单位与机构仅在城市招工，同等条件下的应聘人员，也是优先考虑本地户籍人员。城市职员也已经建立起较为完善的社会保障制度，但是农村依然靠地吃饭，需要子女来供养。在公共基础设施方面，城市的水、电、燃气供应等已基本完善，而农村的许多公共基础设施需要村民自筹解决，村集体的作用难以得到有效发挥。

二、城乡基础设施与公共服务供给机制不合理

1. 农村供给主体单一，供给责任缺失

农村的公共服务与基础设施的供给主体是政府，而除了政府以外的社会团体与组织由于种种限制，无法大规模地进入农村以进行有效的公共产品与服务供给，并且基础设施与公共服务难以给供给主体带来大量的经济利润，资本的逐利性与公共服务的公益性之间难以调和，政府对非政府组织和团体参与农村公共服务供给缺乏有效激励措施，导致这些组织和团体参与意愿较低，这也凸显了在基础设施与公共服务供给中引入市场机制的诸多挑战。此外，在以政府为主导的供给模式中，上下级政府未达成一致，并且执行力不强。面对上级政府的问责风险和组织绩效压力，地方政府往往会采用"科层制"与"市场化"相结合的模式，其核心是下级政府对上级政府施压的回应策略(何彬和潘新美，2016)。

2. 政府偏好差异影响基础设施与公共服务供给

我国城乡基础设施与公共服务供给存在明显的政府偏好，政府与农民的偏好与需求情况并不一致(赵云旗等，2010)。我国是"自上而下"的供给决策模式，因此，基础设施与公共服务的供给难以真实反映出农民的需求。在许多农村地区，道路交通、饮用水与电力等公共物品缺乏现象严重。

3. 供给资金结构不合理

随着公共设施建设成本的持续攀升，资金不足已成为制约农村基础设施建设和公共服务发展的主要因素，此外，农村地区的基础设施与公共服务供给在资金运用结构上存在重大工程、轻小设施的缺点，造成农村基础设施投资专项规划覆盖率低、农村基础设施相关配套差。

三、公共财政制度的不完善

造成城乡基础设施与公共服务巨大差异的重要原因是城乡财政的不均等，其主要表现为财政资源在城乡之间的分配不平衡以及政府财权和事权划分不合理。首先，中央政府与地方政府事权划分过于宽泛，不够具体，在农村基础设施与公共服务供给上的责任划分存在模糊性。一旦发生交叉事权上的争议，就很可能出现政府间相互推诿和扯皮的情况，这时候只能依靠上级政府的决议或者相关责任

方的讨价还价方式来解决问题。其次，我国"分税制"的财政体系成为城乡基础设施与公共服务均等化的大瓶颈，在该体制下，形成了"财权上交，事权下放"的对称性分权体制，以集中财权和财力的方法来增强中央政府的财政能力，并且每一级政府有权决定它与下一级政府的财政划分办法，造成财权逐级上移，然而市级政府的财政供给能力强于县乡政府，较为沉重的财政负担使农村地区难以得到与城市相同的公共待遇。

四、转移支付制度存在缺陷

当下我国中央对地方的转移支付主要包括税收返还、一般性转移支付、专项转移支付和其他形式的转移支付等。事实上，我国的转移支付制度为平衡不同地区财力起到了极为重要的作用，但是仍然存在结构不合理、形式混乱等问题，具体来讲，可以分为以下几方面。第一，转移支付形式混乱，难以统一协调。我国不同形式的转移支付在支付过程中职能有所交叉，范围不明确。第二，税收返还制度制约城乡均等化进程。第三，一般性转移支付规模仍需扩大。一般性转移支付在支付过程中按均等化的原则进行，对城乡均等化发展有着重要意义，我国一般性转移支付占转移支付总额的比重未来仍有上升空间。第四，专项转移支付规模大且缺乏有效的运行机制。

第四节　城乡基础设施与公共服务均等化效应

一、收入效应

基础设施与公共服务的建设属于政府再分配行为的范畴，对城乡居民的社会福利有着直接影响，是调节居民收入的有效手段。但目前我国城市与农村呈现明显的发展不均衡性，可见，在我国的城乡居民收入分配活动中，基础设施与公共服务建设不仅没有缩小两者之间的福利与收入差距，反而进行了逆向调节。

正常情况下，基础设施与公共服务的建设理应由国家财政来提供资金，但我国实行的是城乡有别的成本分担制。在城市，基础设施与公共服务基本由制度内供给，但是在农村，经历了长期的制度外供给时期后，又囿于基层财政不足等原因，农民一直以来得不到有效的补助。所有这些均使得农村的发展缺乏动力和后劲，使得城乡收入差距不断扩大。因此，逐步推进城乡基础设施与公共服务均等化，扩大对农村地区的多方面投入，可以拓宽农村地区的发展空间，大大增强农民工的就业积极性和创造性，逐渐瓦解城乡二元结构，缩小城乡居民收入差距。

二、消费效应

消费需求是经济增长的主要动力，中国拥有广阔的市场，尤其是农村市场，其消费潜力巨大。但农民收入水平显著低于城市居民，且其收入增长难以达到稳定预期，使得农村市场的消费潜力无法被激发。根据国家统计局的数据，分城乡看，2022 年我国城镇居民人均消费支出为 30 391 元，农村居民人均消费支出为 16 632 元，城乡居民消费水平收入比约为 2∶1，存在较大差距。造成这种现象的一个重要原因是政府在城乡基础设施与公共服务上的供给存在不均衡。相比于城市，农村居民所能获得的公共产品明显不足，再加上这些公共产品随着市场化进程加快其价格也在不断上涨，农村居民难以负担，进而即期性消费减少，预防性储蓄增多，消费率难以提高。因此，推进城乡基础设施与公共服务均等化进程，加大对农村地区道路交通、电力、医疗、教育等多方面的投入，有利于改善农村居民的生活和生产条件，增加其消费水平，进一步发掘农村市场的消费潜力以带动经济增长。

第五节　城乡基础设施与公共服务均等化实施路径与优化策略

城乡基础设施与公共服务均等化是实现国家现代化治理的重要议题，仅仅依靠政府的力量是不够的，更重要的是政府、市场以及公民三个主体之间的良性互动与相互作用，使更多资源投入基础设施与公共服务领域的建设当中。一方面，不断变化的经济形势促使政府转变均等化的思路，优化均等化的运行机制与实施路径；另一方面，城乡基础设施与公共服务是复杂的系统工程，涉及范围广，涵盖领域多，需要全社会的共同努力。城乡基础设施与公共服务均等化既要求政府持有的价值观念与实施的治理政策的有机统一，又要求在这个过程中不断调整基础设施与公共服务的范围和边界。现有城乡基础设施与公共服务均等化政策的优化研究结果，主要从政府职能、多元供给、法律等多个维度进行分析，在借鉴前人研究结果的基础上，本章提出均等化的实施路径与优化策略，以期提高城乡均等化水平，增强城乡居民的幸福感。

一、推动政府转型，加快建设公共服务型政府

当前在我国政府官员的晋升体系中，以经济绩效作为主要参考指标来考察官员在任职期间的业绩并用来判断是否晋升，虽然这种激励体系在一定程度上促进了地方的经济发展，但是也容易造成地方官员忽视履行发展公共服务的职能，使

得地区之间基础设施与公共服务发展不均衡。此外，各级政府之间的权责不明确，尤其是上级政府对下级政府在公共服务与基础设施供给方面的绩效难以度量，由此弱化了问责机制的效力，再加上民众利益诉求机制的不完善，发展型政府向服务型政府转型步履维艰。

在探讨城乡基础设施与公共服务均等化的意义时，我们必须认识到这是一项关乎全体社会成员福祉的重大战略工程，其关键之处在于推动政府职能由经济建设向公共服务转变，强化政府在公共产品供给中的主导作用，以打造科学合理的公共服务体系。为了实现目标，政府要从多个层面做好谋篇布局工作，不断提升公共服务的效能。具体来讲，可以从以下三方面入手。第一，需要严格区分各级政府与部门的公共服务职责，各级政府与部门应将资源配置在其核心职能上，使其职责与能力相匹配，改变政府公共服务机构职能趋同化的现象，打造有限、高效政府。第二，改善民众的利益需求表达机制。在城乡基础设施与公共服务均等化的建设过程中，政府有责任保障民众参与各个环节，将资源最先分配给最需要的地方。因此，要将以往"从上往下的"公共服务供给的反应路径逐步转变为"从下往上的"反应路径，建立健全基层民众对公共产品与服务的利益需求机制，这样政府才能有针对性地为部分农村地区合理分配公共资源，缩小城乡差距，实现均等化。第三，要建立以公共服务为导向的干部绩效考核评价体系。在当前的行政管理体制下，存在部分政府对其职能重视程度不高的问题，在官员绩效考核机制中，仅依赖覆盖率作为评估标准，无法全面、准确地反映某项政策实施后的实际成效，这也体现了政府的资金投入对城乡基础设施与公共服务的均等化的效果难以量化。因此，为了将均等化从理念转变为现实，需要将城乡基础设施与公共服务均等化的效果纳入官员的绩效考核，对相关指标进行量化，并建立相应的反馈机制。此外，绩效评估的结果与均等化的情况也应定期或者不定期地向上下级政府机构及民众反馈，政府在增加公共服务供给的同时，持续加强其与群众之间的紧密联系，提升群众参与社会事务的能力，从而更有效地回应民众的期待，夯实政策实施的民心基础，以此完善政府、民众等多方参与的考核评价体系，预防政府部门的缺位、越位现象，保证均等化的有效性与普惠性。

二、科学核算投入资金，构建公共服务的多元供给机制

在推进农村基础设施与公共服务建设的过程中，需充分考虑当地的自然环境特点，科学融合经济发展与治理水平，以实现合理的布局规划。在此过程中，应坚决避免"一刀切"的治理模式，确保每个村庄都能根据其独特情况进行个性化发展。为实现这一目标，必须深入调研，全面了解各村庄的基本情况，制订精细化的公共服务供给计划。此外，应大力推广那些低成本、低能耗、低维护成本且高效率的基础设施建设技术，以确保农村基础设施与公共服务的建设既符合经济

效益，又兼顾环境可持续性，从而提高投资效率与资金利用率。在水资源供应方面，结合当地河流、港口的分布，尽快建立起具有防洪减灾功能、水资源可以持续供应的保障系统，同时，在乡村建设的进程中，要加强农业基础设施建设，加快实施节水改造等配套项目。在道路交通方面，应建立健全养护管理制度，坚持农村公路建养并重的原则，纠正以往公路"管建不管养"的倾向，地区交通主管部门也应建立农村公路养护管理制度的考核机制，将定期与不定期检查相结合，以此提升公路养护管理水平。在电力供应方面，需要重新规划农村电网布局，将其改造升级成新型农网，切实分析当地用电情况，解决线路"卡脖子"、设备"过负荷"以及"低电压"等问题，使农村居民生活用电得到保障，农业生产用电问题得到基本解决。

目前公共服务的投融资可以通过三种渠道达成：政府、市场及公益。为形成多元化的投入机制，需要进一步拓宽投融资渠道。一方面，地方政府要积极争取中央政府的财政支持，并将获得的资金纳入基础设施与公共服务供给的财政预算当中，尤其要针对农村地区相应资金保障不足的情况，进行合理的资助。另一方面，政府也要制定合理的政策以此吸引民间资本以多种方式参与或者提供基础设施与公共服务。具体来说，政府可以考虑将某些农村的基础设施与公共服务外包给私人企业，政府对工程核验无误后可给予其适当补贴，而农民根据"谁受益，谁负担"的原则向供给主体缴纳一定的使用费用。值得注意的是，为引导更多的社会资本参与城乡公共服务建设，当地政府也可以发行专门用于公共服务建设的债券来募集资金。当然，在提供更多优质公共资源的同时，各地的"土地财政"开始变得越来越有限，地方政府通过举债方式筹集资金将使得其债务规模逐渐扩大，因此，地方政府也要考虑相应措施以有效防范和化解地方政府债务风险。

此外，在公共项目完成以后，也要完善当地的设施管护机制。当地政府要在基层治理中起带头作用，对农村公共设施的维护与管理要承担重要责任，相关职能单位要按其管理职能，将农村公用设施纳入管理范围，依据其使用寿命时长、损耗、防护等方面的要求，制定相应的管理制度，从而达到管护机制完善、监督有效、责任到人的效果。与此同时，当地政府和相关部门需要将农村公共设施的建设和维护视为新农村建设的重要内容，加强对农村公共设施维护参与人员的业务培训，增强农村公共设施管护的创新性与有效性。在推进农村公共设施扩建的过程中，需统筹兼顾农民就业问题，确保两者相互促进。为实现这一目标，应精心策划并合理安排本地区的农业劳动者参与相关设施的日常维护与管理，以创造更多的就业机会。

三、推行结对帮扶机制，带动不同县域共同振兴

相对于大城市而言，尤其是在东部地区，县城的基础设施与公共服务供给显得不足，这也是外来农村户口想要落户大城市的重要原因。虽然西部地区的县城落户门槛基本不存在，但其公共服务水平甚至显著低于东部乡镇及更低级别的单位。为了解决我国地区发展不均衡的难题，国务院深化并创新了东部援助西部的战略模式。面对城乡基础设施与公共服务均等化发展的迫切需求，我国决定将帮扶机制进一步聚焦在县域层面，特别是实施了东部经济发达县对中西部基础设施与公共服务薄弱县的定向支援行动。此举旨在实现双方在基础设施与公共服务领域的优势互补，共同提升。为确保帮扶工作的有效实施，东西部的不同县域应签署政府间关于基础设施和公共服务建设的目标责任协议，明确责任主体，并设立定期会晤机制，以监测和评估帮扶工作的进展情况。此外，应鼓励东部地区积极利用其资金、技术和人才等资源，向中西部地区提供必要的支持，以改善当地农村地区服务设施的发展滞后状况。通过这一举措，可以在县域层面构建起基础设施共建和公共服务共享的长效机制，推动城乡发展的均衡与协调，从而实现不同县域的共同振兴，促进城乡均等化进程。

此外，援助模式的重点应聚焦于教育、医疗和养老关键且相对薄弱的领域，为了深入促进乡村资源的优化配置，实现城乡基础设施与公共服务的均衡化布局。在教育领域，逐渐完善东西部县级教育部门的援助机制，定期开展交流活动；在医疗领域，东西部县级卫生部门要签署医疗合作协议，东部强县可以委派相关医疗卫生团去中西部县进行援助，重点解决农村医疗人才培养、农村居民就诊困难等问题，努力实现乡村共享优质医疗资源；在养老领域，中西部县的养老模式单一，东部县可以帮助构建社区养老、家庭养老、机构养老等多种模式，以此提升人民幸福感。

四、打破农村地区传统观念，加大宣传力度

农民不仅是农村地区基础公共设施建设与维护的主体，同时也是其最为直接的获益者，因此，为保证城乡基础设施与公共服务均等化的有序推进，需要有效发挥农民的主体作用，重点在于打破农村地区的传统观念，改变农民的传统思维习惯。首先，要增强宣传力度并拓宽宣传渠道，可以借助展览会、农村广播等平台对农民进行教育，逐渐转变他们的思想观念，让农民认识到基础设施与公共服务的重要性以及他们参与的必要性，从而激发农民的积极性。其次，要提高农民的科学文化素养，增强他们的精神生活内驱力。进行农村教育的目的是服务"三农"，目前农村子弟受教育水平不高，科教兴农之路任重道远。因此，国家财政资金应向农村倾斜，尤其是在普及农村地区义务教育方面，在改善农村教育条件的同时应选好农村实用的现代科学知识，逐步推进农村教育改革。而在教育改革过程中也应加强思想政治工作，克服农村地区的小农观念，培养农民树立科学文化

价值观，从而增强他们的精神生活内驱力。最后，根据不同城乡的实际情况建立基层党组织牵头、村委会为核心的交流磋商制度，着重解决基础设施与公共服务供给中的相关问题，发挥基层民主自治制度的优越性。

五、数字赋能公共服务，提高效用性与便捷性

随着互联网、大数据等数字技术的出现，人类的生活与生产都发生了巨大的变化。从以往经验来看，数字技术的应用能有效降低政府与居民之间的沟通成本，提高当地政府的治理水平，因此，许多国家的体制创新中包含了数字技术的应用。结合我国具体国情，将数字技术手段纳入城乡公共服务均等化具体实践当中，以着力改善民生和提升人民生活质量。

将数字技术应用于城乡公共服务，可以准确地识别出居民的需要，缩短服务提供者与接收者的距离，使城乡公共服务在需求与供给层面达到动态平衡。具体来讲，依靠大数据技术对城乡居民的流动、居住范围等方面的总体变化趋势进行监测，在此基础上准确地分析和判断城乡居民的差异化、个性化的公共服务需要，由此提高政府的生产与供给的精准度，在保持强项的同时补齐弱项，逐渐改变之前城乡公共服务供需不对等的局面。这种数字技术带来的成效可以明显减少政府在城乡公共服务上的花费，以低成本、高效用的方式提供更多的公共服务，减少社会资源的浪费。此外，将数字技术运用于公共服务，有助于打破城乡之间的"数字鸿沟"，实现公共服务共享。例如，借助互联网可以搭建"数字课堂""数字医院"等云端平台，以此促进城乡之间的信息流通，让农村地区的居民也能享受到更为优质的教育与医疗资源，从技术层面上帮助生活困难地区缓解公共服务质量欠佳、供给不足等难题，从而实现城乡公共服务的均等化发展，事实上，部分地区在线教育与在线医疗的成功实施，已经体现了将数字赋能公共服务的价值性。此外，将数字技术运用于城乡公共服务可以促进政府职能向服务型转变。"多跑数据少跑路"可以提升城乡居民的满意度，居民可以利用政府提供的数字平台获取快捷的公共服务。但要注意的是，仍然有诸如警察服务等公共服务难以数字化的情形，这类服务需要介入决策判断，单纯的数字化运行难以有成效。无论如何，将数字赋能城乡公共服务，不仅减弱了当地政府与民间资本缺乏带来的城乡服务供给不足的消极影响，而且能提高公共服务供给的效用性与便捷性，从而推动城乡深度融合发展，引领城镇化，达到城乡公共服务均等化的现实目标。

六、建立财权、事权相匹配制度，完善转移支付

在我国推进城乡均等化的过程中，法治扮演着至关重要的角色，它不仅是确保均等化体系顺畅运作的核心支撑，更是城乡公民平等享有权益的坚实基础。然而在现实中，政府将公共服务政策正式纳入法律框架的做法尚显不足，缺乏一定

的规范性。政府将公共服务政策多以通知、意见、规划等文件形式呈现，这在一定程度上削弱了政策执行的有效性和约束力，对城乡公共服务的均等化发展构成了阻碍。

鉴于此，为了确保城乡公民能够依法享有均等化的公共服务权利，有必要从以下两方面进行深入的改革与推进。首先，政府应当积极推进基本公共服务均等化的立法工作，在这一过程中，可以参考西方资本主义国家在公共服务立法方面的成熟经验，但更重要的是要紧密结合我国的具体国情，制定出一系列具有针对性和操作性的法律法规，进一步明确城乡公共服务的供给标准和范围、上下级政府之间的权责分配、城乡均等化模式等，以此保证城乡公共服务均等化过程中的规范性、严肃性和权威性。其次，政府也要推进基本公共服务均等化司法。司法公正是实现社会稳定的基础，也是实现司法为民的前提保证，民众的安全感能够从司法公正中得以强化，在城乡非均等化发展的复杂背景下，为满足城乡居民对公共服务的多元化利益诉求，需要合理完善相关矛盾调解、纠纷处理和冲突制止的司法机制，以此保障公共服务均等化立法的有效实施。此外，为进一步提高司法程序的公正性、独立性与效率性，需要强化城乡居民享有公共服务均等化的权利意识，同时完善相应的司法救济渠道。

本 章 小 结

虽然我国城镇发展不断加快，人民生活水平日益提高，但作为一个农业大国，农村依然是我国矛盾最集中、最突出的地方。现阶段我国城乡差距不仅表现在经济发展水平和收入上，更反映在政府提供的各类公共服务和基础设施上。基础设施和公共服务作为国家的重点建设领域，已成为推进乡村振兴和实施乡村建设行动的重要内容，本章对城乡基础设施与公共服务均等化的内涵进行了探讨，并对目前城乡非均等化现状和原因进行了分析，有针对性地提出了城乡基础设施与公共服务均等化实施路径与优化策略，旨在有效缩小城乡发展差距，进一步促进和谐社会建设。

参 考 文 献

陈聚芳, 颜泽钰, 孙俊花. 2018. 以基本公共服务均等化助力乡村经济振兴[J]. 经济论坛, (7): 106-108.

范柏乃, 唐磊蕾. 2021. 基本公共服务均等化运行机制、政策效应与制度重构[J]. 软科学, 35(8): 1-6.

何彬, 潘新美. 2016. 任务压力、问责风险与政府公共服务供给模式的选择: 以城市管网巡护为例[J]. 甘肃行政学院学报, (2): 35-44, 126-127.

盛丹. 2019. 新农村建设背景下我国农村电力发展现状及对策[J]. 乡村科技, (36): 122-123.

王凯霞. 2022. 县域城镇化促进城乡公共服务融合发展的路径研究[J]. 经济问题, (4): 124-129.

吴根平. 2014. 我国城乡一体化发展中基本公共服务均等化的困境与出路[J]. 农业现代化研究, 35(1): 33-37.

薛元, 李春芳. 2007. 关于我国实现基本公共服务均等化的对策建议[J]. 中国经贸导刊, (17): 17-19.

杨远根. 2020. 城乡基本公共服务均等化与乡村振兴研究[J]. 东岳论丛, 41(3): 37-49.

赵云旗, 申学锋, 史卫, 等. 2010. 促进城乡基本公共服务均等化的财政政策研究[J]. 经济研究参考, (16): 42-63.

第十二章　双重目标约束下农户土地配置机制研究
——基于江苏省粮食种植户的实证分析

农业发展目标及其政策支持方向是由当期农民生活水平以及国内外经济情况所决定的，其中增加有效农产品供给和提高农民收入成为中国农业发展的关键，而"粮食安全"和"农民增收"已成为中国农业政策所追求的两大主要长期目标（杜志雄和胡凌啸，2023）。从现实来看，"粮食安全"和"农民增收"这二者很难达成一致，更多表现为此消彼长（李俊高等，2019）。从理论来看，由于土地要素的限制，政府更偏好于在有限的土地上生产更多的粮食，即提高土地生产率以保障粮食安全，可以将土地生产率称为社会效率。然而，作为农业生产的微观主体农户，其生产函数追求收入最大化，即提高劳动生产率以实现农民增收，可以将劳动生产率称为私人效率（晋洪涛，2015）。农户在收入最大化的目标约束下实现"有私人效率"的粮食生产，对政府或社会而言却是低社会效率。因此，在研究农业高质高效发展时，必须考虑到社会效率与私人效率的冲突，根据内外部环境辩证性选择发展目标。

近年来，中央政府希望通过适度规模经营来打破"社会效率"与"私人效率"之间的冲突，来实现"粮食安全"和"农民增收"的双重目标。但各地实践中出现了非常明显的偏离政策目标的错位现象，主要包括速度过快、规模过大、过度资本化和财政支持失衡，造成了增收不增产问题，对中国粮食安全产生了严重威胁（戚渊等，2023）。众多学者围绕土地适度规模经营与生产率进行了大量的探讨，研究多站在社会效率的角度以土地生产率为目标进行讨论，并证实粮食大规模经营并未带来较高的单产与规模报酬，甚至降低了土地生产率（许庆等，2011）。由于土地规模经营并未带来规模报酬，则考虑土地单一要素的研究较为片面，只能观察到土地配置过度这一现象。中国户均耕地呈现出由单极化向两极化转变的特征，小规模经营农户数量依然很大，耕地规模占据高位，但大规模经营农户数量增加且耕地越来越向他们手中集中（周应恒等，2015）。这导致相对于其他生产要素，土地配置既存在过度状态也存在不足状态。甚至部分学者根据单一目标测算了适度经营规模，但脱离了其他生产要素投入的约束，测算结果注定是不科学且不符合现实的。

现有文献已经在考虑其他生产要素投入的情况下，对农地配置的合理性进行了探讨，以考察农业生产中农户经营面积与劳动力、资本投入之间的匹配性。盖庆恩等(2017)基于2004～2013年农业部全国农村固定观察点数据研究发现,中国存在严重的农地错配,且造成了57.63%的生产率损失。这些研究均以部门间的农地错配为研究对象,认为应该通过土地流转将土地由低效率的农户转移向高效率的农户,从而优化农地配置,提高农业生产率(盖庆恩等,2020)。但这可能会导致公平的缺失,原因在于由于年龄较大、受教育程度较低,即使减少低效率农户的耕地规模,其土地的边际产出依然较低,只有退出农业生产或经营极小规模的耕地才能使土地配置达到最优,而低效率农户也难有其他生计方式,进而导致其难以生存。当前,我国拥有大约2.3亿户农民家庭。为了使每户能够种植超过100亩(1亩≈666.667平方米)的土地,需要进行大规模的土地转移,涉及超过90%的农户。然而,这样的目标在可预见的短期内实现起来是极具挑战性的。因此,考察农户间农地配置可能与中国农业发展战略相悖,从公平角度出发,我们应该探讨农户内部农地配置情况,只需农户能够达到其自身土地平均产出最大即表示其农地配置达到最优。

本章基于中国土地经济调查(China Land Economic Survey,CLES)数据来考察中国农户土地错配的基本事实。首先,我们分析了中国农业政策的演进方向,判断当前农业发展目标,为后续中国农户土地错配的理论框架奠定制度基础。其次,使用农户土地边际产出与土地平均产出的差值衡量中国农户土地错配程度及其配置方向。最后,从农业支持政策和地块特征角度,分析了中国农户土地错配程度的影响因素,以期为中国农业高质高效发展提供可行性路径。本章的边际贡献在于:一方面,区别于以往单一要素和部门间农地配置的研究,在其他生产要素投入的约束下,探讨了中国农户内部土地配置逻辑。另一方面,基于翔实的微观数据估计了中国农户土地错配的程度,并研究了农业支持政策和地块特征对中国农户土地错配的影响。

第一节　中国农业政策演进

一、人民公社制度下增产主导阶段(1949～1977年)

1949年新中国成立以后,中国农业发展走上集体化道路,经过互助组—初级社—高级社—人民公社的演变,逐渐优化土地、劳动力和生产资料之间的分配问题,最终通过简单协作实现规模经济,提升了生产效率。在此阶段,农业的核心贡献不仅是维系人民生存,还需为重工业发展提供原始资本(全世文,2022),国家战略要求农民利益服从国家利益、短期利益服从长期利益,增产成为农业发展的主要目标。随着集体经济组织日益庞大,农业生产力的增强暴露了农村劳动力过多的困境。然而,非农业市场的容量较小,这限制了其吸纳过剩劳动力的能力,尤其是在劳动力需求呈季节性波动时，这一问题变得更加突出。此外，集体经济组织日益庞大也带来了监督上的挑战和"搭便车"现象。劳动力过剩导致无效劳动的增加，这进一步加剧了监督的难度和"搭便车"问题，从而严重影响了农业生产的动力和资源配置的效率。

二、家庭联产承包责任制下增产主导阶段（1978～2003 年）

1978 年底开始的农村改革渐进地改变了人民公社的政社合一体制和集体经营体制。家庭联产承包责任制的实行消除了监督困难和"搭便车"问题，计划经济体制逐步转向市场经济体制，便利了家庭资源的重新配置以及劳动力的转移和充分利用（钟甫宁，2021）。此阶段依然以增产为主要目标，原因在于户籍制度壁垒、土地产权限制、非农就业机会稀少等因素导致农户的土地规模难以扩大，土地配置一直处于不足状态，农户选择增收策略以实现收入最大化，在本质上就是扩大土地生产率（高帆，2018）。在这一时期，农业发展还承担着为轻工业积累初始资金的重任。尽管政策层面强调了增加农民收入，但实际上，农民的相对经济状况并没有得到根本性的提升。

三、市场化体制下增收主导阶段（2004～2015 年）

自中国成为世界贸易组织成员后，国内农产品市场与全球市场开始融合，农业的国际竞争能力成为制定农业政策时必须考虑的关键因素。同时，凭借劳动力成本的相对优势，中国的轻工业在国际市场上迅速增长。由于比较优势的差异，工业与农业之间的劳动生产率差距进一步扩大，这促使农业政策更加注重提升农民收入的目标。自 2003 年起，中国政府开始执行一系列政策，目的是缩小城乡公共产品供给上的差异。紧接着从 2004 年开始，实施了有利于农民的补贴政策。这标志着中国正式步入了工业反哺农业、城市支持农村的新阶段。高帆（2018）将2003～2004 年之后的改革定义为以"农民增收"为主导的改革时期。在这一阶段，由于改革面临众多政策目标，政策措施表现出多样性和复杂性，不同政策间的潜在矛盾也逐渐显现。

四、双重目标兼顾下适度规模阶段（2016 年至今）

静态分析显示，2016 年之前，中国农业政策面临的主要问题是政策目标之间的内在矛盾。具体来说，现行政策体系在确保粮食安全和提高农民收入这两个目标之间难以取得平衡，实现这些目标的路径存在冲突（全世文和于晓华，2016）。2016 年，农业"三项补贴"改革首次将促进粮食适度规模经营纳入政策目标，旨在实现农民利益与国家利益长期一致的目标，同时完成脱贫攻坚任务。这一改革强调，在确保粮食安全和促进农民增收的基础上，推动农业经营组织形式从小规模向适度规模转变。改革的实践在很大程度上继承了以往渐进式改革的思路，强调"适度"是为了预防过快转型给粮食安全和社会稳定带来的不利影响。这种改革思路的原因在于中国作为一个拥有完全独立主权的大国，其人多地少的基本国情以及当前复杂的国际形势。国家不可能长期忽视对粮食安全保障能力的要求，这决定了国家战略不能持续牺牲农民利益。因此，未来的农业政策需要重新聚焦于实现农民利益和国家利益的长期一致性。

第二节　理论分析与方法设计

一、理论分析框架

农户作为"理性经济人"，其生产目标是个体收入最大化，边际收益（marginal revenue，MR）等于边际成本（marginal cost，MC）是农户实现收入最大化的均衡条件。由于农产品初始市场属于完全竞争市场，农户个体产出并不会影响市场价格，此处边际收益 MR 可用边际产出（marginal product，MP）代替，同理，边际成本可使用土地价格 P 代替。因此，土地投入的均衡点应由边际产出和边际成本共同决定，两者的交点则为农户土地投入的均衡规模。由图 12-1 可知，如果土地价格 P 超过边际产出最高点，农户转出土地获得的收益高于农户种植收益，农户会选择退出农业生产，因此，土地价格 P 不可能超过边际产出最高点。基于此，农户会根据收入最大化的生产目标在区间 $[L_{\text{Min}}, L_{\text{Max}}]$ 内决定土地投入量。

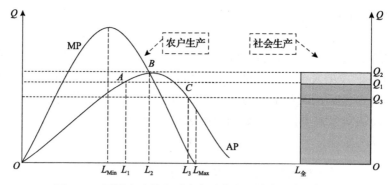

图 12-1　不同土地投入下农户总产出和社会总产出情况

图 12-1 为不同土地投入下农户总产出和社会总产出情况。假设农户是同质的，而社会土地总投入是固定的。可以看出，当农户在区间 $[L_{\text{Min}}, L_{\text{Max}}]$ 内投入土地时，存在以下三种土地投入情况：一是农户采取土地投入 L_1，平均产出为 Q_1，边际产出 MP 高于平均产出（average product，AP），此时相对于其他固定要素投入，土地投入不足，MP 和 AP 之间差距越大，土地投入不足程度越大。二是农户采取土

地投入 L_2，平均产出为 Q_2，边际产出 MP 等于平均产出 AP，此时相对于其他固定要素投入，土地投入最优。三是农户采取土地投入 L_3，平均产出为 Q_3，边际产出 MP 低于平均产出 AP，此时相对于其他固定要素投入，土地投入过度，MP 和 AP 之间差距越大，土地投入过度程度越大。

二、研究方法

1. 农户内部土地错配测算

由前面的分析可知，土地的边际产出和平均产出的差距决定了粮食安全与农民增收的偏差及偏差方向。因此，必须计算出农户的边际产出 MP 和平均产出 AP。

在进行实证分析时，必须对生产函数 $f(\cdot)$ 的形式做出一定的假设。主要的假设形式包括柯布-道格拉斯生产函数和超越对数生产函数。本章选择将生产函数设定为超越对数形式，原因在于柯布-道格拉斯生产函数假定各生产要素之间的替代弹性是恒定不变的，这与实际情况可能存在偏差。相比之下，超越对数生产函数能够考虑到土地、资本和劳动之间的相互作用对产出的影响，并且其形式较为灵活，有助于减少模型设定不当产生的估计误差。

超越对数生产函数模型的表达式为

$$
\begin{aligned}
\ln Q_{i,t} = {} & \beta_0 + \beta_1 \ln K_{i,t} + \beta_2 \ln N_{i,t} + \beta_3 \ln L_{i,t} + \frac{1}{2}\beta_{11}\left(\ln K_{i,t}\right)^2 \\
& + \frac{1}{2}\beta_{22}\left(\ln N_{i,t}\right)^2 + \frac{1}{2}\beta_{33}\left(\ln L_{i,t}\right)^2 + \beta_{12}\left(\ln K_{i,t}\right)\left(\ln N_{i,t}\right) \quad (12\text{-}1) \\
& + \beta_{13}\left(\ln K_{i,t}\right)\left(\ln L_{i,t}\right) + \beta_{23}\left(\ln N_{i,t}\right)\left(\ln L_{i,t}\right) + \nu_i - u_{i,t}
\end{aligned}
$$

粮食产量（$Q_{i,t}$），用小麦和稻谷总产量表示。
劳动力投入量（$N_{i,t}$），用粮食种植劳动力总投工日表示。
资本投入量（$K_{i,t}$），用粮食种植资本总投入表示。
土地投入量（$L_{i,t}$），用粮食种植面积表示。

土地的边际产出可以通过生产函数对土地投入求偏导得到，结合平均产出，由式（12-2）可得土地的边际产出与平均产出的差值，即农户内部土地错配 τ：

$$
\begin{aligned}
\tau &= \partial Q_{i,t}/\partial L - Q_{i,t}/L_{i,t} = \beta_{L,i} A_{i,t} \cdot K_{i,t}^{\beta_{K,i}} N_{i,t}^{\beta_{N,i}} L_{i,t}^{\beta_{L,i}-1} - Q_{i,t}/L_{i,t} \\
&= \left(\beta_{L,i} - 1\right) Q_{i,t}/L_{i,t}
\end{aligned} \quad (12\text{-}2)
$$

如果农户内部土地错配 τ 大于 0，说明土地投入成本较高，配置不足；倘若农户内部土地错配 τ 小于 0，则说明投入成本较低，配置过剩。

由式（12-2）可知，必须计算出各农户的土地产出弹性 β_L。我们使用随机前沿分析(stochastic frontier analysis，SFA)进行计算，一般需要事先利用 LR 检验对生产函数设定形式检验，不仅可以判断模型的适用性，还可以判断变量的显著性水平。SFA 方法能够做到分离误差项和效率项，并且 SFA 技术效率受到随机因素影响会由于其对于生产投入、随机误差项和非效率项的划分而更加明显，微观数据分析使用 SFA 方法得到的结果更稳健(范丽霞和李谷成，2012)。考虑本章的微观数据样本特点，借鉴已有研究(刘颖等，2023)，采用 SFA 方法估计各农户的土地产出弹性。

考虑到农户内部土地错配存在错配方向异质性，为使回归方向一致，参照季书涵等(2016)、白俊红和刘宇英(2018)的做法，对农户内部土地错配 τ 取绝对值，数值越大，表示农户内部土地错配绝对程度越严重。

2. 数据来源

本章研究采用中国土地经济调查的农户数据。该调查项目始于 2020 年，采用 PPS 进行，覆盖江苏省的 13 个地级市，从每个市中随机选取 26 个县区，进而在每个县区中随机抽取 2 个乡镇，每个乡镇中再抽取 1 个行政村。由此，原始数据集收集了来自 52 个乡镇、52 个行政村的 2628 户农户的信息。2021 年项目团队对这些农户进行了追踪调查，追踪的样本数量为 1544 户，追踪率达到了 63.8%。对于未能追踪到的农户，在相应的村庄中进行了随机抽样补充，补充样本量为 876户。由于新冠疫情的影响，2021 年的追踪调查仅在 12 个地级市得以完成，导致 2021 年的样本总量为 2420 户。本章综合了 2020 年和 2021 年的数据，构建了包含 1070 户农户的面板数据。

第三节　粮食安全与农民增收的偏差测算

一、随机前沿函数估计结果

表 12-1 展示了随机前沿函数的估计结果。初步检验模型设定的合理性，采用了 LR 检验来评估是否应使用柯布-道格拉斯生产函数。检验结果的 LR 值为 160，这一数值在 1%的显著性水平下显著，从而拒绝了原假设，支持了采用超越对数形式生产函数的合理性。进一步地，模型的对数似然度为 653.8586，同时，大多数参数的估计值都显示出统计显著性，这表明模型的拟合效果是令人满意的，并且具有较高的解释能力。平均而言，农户的技术效率为 0.5264，表明在生产经营过程中存在显著的技术非效率现象，导致效率损失高达 47.36%。具体来看，管理误差导致的技术效率损失占比达到 74.01%，表明通过改进生产管理并合理配置生产要素来提升技术效率的重要性。此外，技术效率损失中还有 25.99%归因于不可控的随机误差，这可能与自然灾害的频繁发生有关，这些灾害对农业和基础设施

造成了严重破坏，进而影响了农户的经营技术效率。此外，在估计结果中，土地要素的一次项系数显著为 1.7325，初步说明江苏省农户内部土地配置整体呈现配置不足的状态，且土地要素二次项系数也显著为正，说明土地持续投入并未带来农业产出的持续增长，呈现正"U"形，进一步表明土地配置程度及其配置状态随土地投入规模而变化。

表 12-1　随机前沿超越对数模型生产方程与效率方程

变量	系数	标准误
$\ln K$	0.349 5	0.500 1
$\ln N$	0.377 1*	0.204 9
$\ln L$	1.732 5***	0.508 3
$(\ln K)^2$	0.017 3	0.045 2
$(\ln N)^2$	0.001 9	0.006 9
$(\ln L)^2$	0.138 0***	0.051 2
$\ln K \times \ln N$	0.058 2*	0.033 8
$\ln K \times \ln L$	0.127 7	0.089 6
$\ln N \times \ln L$	0.062 8*	0.034 0
常数项	5.693 9***	1.427 3
σ_u	0.538 1***	0.066 9
σ_v	0.318 9***	0.079 7
γ	0.740 1	
LR 检验值	160***	
Log L	653.858 6	
Wald chi2(9)	14 953.78	
Prob>chi2	0.000 0	
样本量	1 070	
平均技术效率	0.526 4	

注：γ 的计算公式为 $\gamma = \sigma_u^2 / (\sigma_u^2 + \sigma_v^2)$，其中 σ_u 与 σ_v 由模型估计得到

***、*分别表示在 1%、10%的显著性水平

二、农户土地错配的规模分布特征

根据表 12-1 的弹性估计系数以及公式(12-2)计算农户内部土地错配系数，同时具体分析农户内部土地错配的规模分析特征，详见表 12-2。

从宏观角度观察，大农户与小农户在数量及其耕种的耕地面积之间呈现出一

表 12-2　农户内部土地错配的规模分布特征

种植规模	配置不足户数/户	配置过度户数/户	配置状态	土地错配程度
10 亩以下	405	291	配置不足	65.5887
10~50 亩(含 10 亩)	183	43	配置不足	54.2578
50~100 亩(含 50 亩)	29	4	配置不足	34.6486
100~200 亩(含 100 亩)	25	15	配置过度	46.5941
200~500 亩(含 200 亩)	30	6	配置不足	34.4803
500 亩及以上	32	7	配置不足	41.2144
总体	704	366	配置不足	41.9343

种相反的关系。小规模农户，即耕种面积不足 50 亩的农户，在数量上占据了主导地位，大约占到了总农户数量的 86%，其中还包含了许多耕种面积不足 5 亩的更小规模农户。尽管小农户的数量众多，但他们所耕种的耕地面积仅占到所有农场耕地面积的大约 11%。随着耕种规模的增加，相应规模的农户数量比例逐渐降低，但他们耕种的耕地面积比例却呈现出上升趋势。超过 200 亩的大农户在所有农场中所占的比例不足 8%，但他们耕种的耕地面积却占据了总耕地面积的 78%以上。特别是耕种面积在 500 亩及以上的农户，他们耕种的耕地面积超过了一半。因此，小农户在数量上仍占主导地位，但是绝大部分耕地掌握在为数不多的大农户手中。

　　表 12-2 总结了农户内部土地错配分布及总体错配情况。首先，对估计量的统计分析发现，66%的农户面临土地配置不足问题，而 34%的农户面临土地配置过度问题。土地资源较少及其市场不完善性，导致农户难以获得其适用的土地规模，正如前面所述，不足 50 亩的小农户占比达到了 86%，这些小农户大多面临着土地配置不足的问题。似乎说明江苏省农户土地配置处于配置不足状态，但考虑到江苏省农户土地配置整体程度不仅与各农户土地错配程度相关，还与各农户的土地规模相关，因此并不能轻易得出此结论。我们使用土地投入份额为权重，对土地错配相对程度加权得到江苏省农户土地总体配置情况，总体配置状态表明，江苏省农户土地配置处于配置不足状态，进一步验证了上述结论。其次，从农户土地配置状态的规模分布特征来看，100~200 亩(含 100 亩)的农户土地配置呈现配置过度状态，其他规模农户均呈现配置不足状态，原因在于随着土地规模的扩大，小农户逐渐向大农户转变，但其相对应的生产资料及管理水平却未能够匹配，这将严重降低土地的边际产出，甚至导致土地边际产出为负数。然而，200 亩及以上的大农户能够实现土地规模扩大过程中生产资料和管理水平的优化匹配。我们又以土地投入份额为权重，对土地错配绝对程度进行加权平均，测算结果表明不

足 50 亩的小农户土地错配程度最高,而 50～100 亩(含 50 亩)和 200～500 亩(含 200 亩)的农户土地错配程度较低。以上结果表明土地配置程度及其配置状态随土地投入规模而变化,随着土地规模的扩大,农户土地配置状态可能会由配置不足向配置过度状态转变,且土地错配程度也会由逐渐减弱向逐渐增强发展。

第四节　农户土地错配程度的影响因素研究

一、农户土地错配的影响因素模型

从土地流转情况、地块特征和农业支持政策角度,分析了农户土地错配程度的影响因素,以期为农业高质高效发展提供可行性路径。因此,构建了模型(12-3):

$$\tau_{i,t} = \beta_1 LO_{i,t} + \beta_2 LI_{i,t} + \beta_3 DS_{i,t} + \beta_4 IS_{i,t} + \beta_5 LR_{i,t} + \beta_6 SR_{i,t}$$
$$+ \beta_7 FL_{i,t} + \sum_j \beta_{j+7} control_{i,t} + \varepsilon_{i,t} \tag{12-3}$$

其中,i、t 分别表示农户和年份;$\tau_{i,t}$ 表示农户土地错配程度;$LO_{i,t}$ 和 $LI_{i,t}$ 分别表示土地转出和土地转入;$DS_{i,t}$ 和 $IS_{i,t}$ 分别表示种植业补贴和农机购置补贴;$LR_{i,t}$、$SR_{i,t}$ 和 $FL_{i,t}$ 分别表示土地租金、土地细碎化和土地产权稳定性;$control_{i,t}$ 表示一系列控制变量;$\varepsilon_{i,t}$ 表示随机扰动项。

二、变量选择

本章选择的农户土地错配程度影响因素包括家庭特征、土地流转情况、地块特征及农业支持政策。家庭特征以户主年龄、户主受教育程度、户主健康程度、家庭常住人口数量、家庭是否有人当干部来表示。土地流转情况用土地转出和土地转入来表示。地块特征使用土地租金、土地细碎化和土地产权稳定性来表示。农业支持政策使用种植业补贴和农机购置补贴来表示。

本章关注的三类核心变量中:①土地转出和土地转入分别使用家庭耕地转出面积和家庭耕地转入面积,江苏省农户平均家庭耕地转出面积约为 0.42 亩,平均家庭耕地转入面积约为 0.39 亩。②在地块特征中,土地租金使用家庭耕地平均租金进行计算,江苏省土地平均租金约为 143.05 元;土地细碎化使用家庭耕地面积除以地块数量来表示,江苏省土地细碎化平均为 0.76 亩/块;土地产权稳定性使用土地转入是否签订书面合同,江苏省土地产权稳定性达到了 99.35%。③在农业支持政策中,种植业补贴使用家庭获得政府的种植业补贴金额来表示,江苏省农户平均获得约 3391.82 元的种植业补贴,农机购置补贴使用家庭获得政府的农机购置补贴金额来表示,江苏省农户平均获得约 3531.04 元的农机购置补贴。

具体变量的描述性统计分析见表 12-3。

表 12-3　影响农户土地错配因素的描述性统计分析

变量	观测值	均值	标准差
土地错配程度	1 070	58.486 9	202.030 3
土地转出	1 070	0.420 6	0.493 9
土地转入	1 070	0.389 7	0.487 9
土地租金	1 070	143.052 7	422.838 4
土地细碎化	1 029	0.766 2	0.809 3
土地产权稳定性	1 070	0.993 5	0.080 7
种植业补贴	1 068	3 391.824 6	14 716.254 0
农机购置补贴	1 060	3 531.037 7	78 357.742 0
家庭常住人口数量	1 070	3.210 3	1.675 7
家庭是否有人当干部	1 070	0.157 0	0.364 0
户主年龄	1 070	62.214 0	9.626 4
户主受教育程度	1 070	6.653 3	3.777 5
户主健康程度	1 070	3.941 1	1.063 6

三、结果分析

为考察农户土地错配程度的影响因素，对全样本进行回归，具体的回归结果见表 12-4。

表 12-4　农户土地错配程度的影响因素回归结果

变量	(1)		(2)	
	系数	标准误	系数	标准误
土地转出	−0.0096***	0.0036	−0.0212***	0.0044
土地转入	0.0355***	0.0119	0.0393***	0.0128
土地租金	−0.0209***	0.0059	−0.0163***	0.0046
土地细碎化	0.1713***	0.0399	0.1673***	0.0401
土地产权稳定性	−0.0081***	0.0015	−0.0608***	0.0114
种植业补贴	0.0254***	0.0095	0.0248***	0.0095
农机购置补贴	−0.0101***	0.0029	−0.0102***	0.0029
家庭常住人口数量			−0.0338	0.0203
家庭是否有人当干部			−0.0279	0.0933

续表

变量	(1)		(2)	
	系数	标准误	系数	标准误
户主年龄			0.0051	0.0045
户主受教育程度			0.0121	0.0104
户主健康程度			0.0037	0.0306
常数项	4.9167***	0.3738	4.6624***	0.4889
N	1021		1021	
R^2	0.0161		0.0250	

***表示在1%的显著性水平

土地流转情况的代表变量是土地转出和土地转入，其中，土地转出影响农户土地错配的系数在1%水平上显著为负，而土地转入影响农户土地错配的系数在1%水平上显著为正，这表明土地转出能够改善土地错配程度，而土地转入恶化了土地错配程度，这与当前土地错配情况存在违和，目前江苏省农户土地错配呈现配置不足的状态，理论上应该通过土地转入来消除错配，但通过土地转出能够释放其他要素的生产力，将家庭内部其他生产要素配置到非农活动中，这是纠正土地错配的其中一种路径。

地块特征的代表变量是土地租金、土地细碎化和土地产权稳定性，其中，土地租金影响农户土地错配的系数在1%水平上显著为负，这表明土地租金的上升能够改善土地错配程度，原因在于以土地租金为准的土地边际成本上升能够提升农户利润最大化目标下边际产出，也能够倒逼小农户退出农业生产，从而纠正大农户的土地配置过度问题和小农户的土地配置不足问题。土地细碎化影响农户土地错配的系数在1%水平上显著为正，这表明土地细碎化能够恶化土地错配程度，原因在于农户在不同地块之间转移劳作的成本高，相同耕作面积需要匹配更多的生产资料。土地产权稳定性影响农户土地错配的系数在1%水平上显著为负，这表明土地产权稳定性能够改善土地错配程度，原因在于土地产权稳定性为土地流转市场奠定了制度基础，保证土地能够在农户间自由流动，同时又能够激励农户投入更多的专用性投资和劳动力，加强土地与其他生产要素之间的匹配度。

农业支持政策的代表变量是种植业补贴和农机购置补贴，其中，种植业补贴影响农户土地错配的系数在1%水平上显著为正，而农机购置补贴影响农户土地错配的系数在1%水平上显著为负，这表明农机购置补贴能够改善土地错配程度，而种植业补贴恶化了土地错配程度，原因在于种植业补贴是一种以土地耕作面积计算的直接收入补贴，间接提升了土地的边际收益，在土地租金不变的情况下这会促进农户耕作更多的土地，同时减缓小农户退出农业生产，而农机购置补贴是一种提升生产技术效率的间接补贴，具有先天的政策对象筛选效应，对小农户退出农业生产不起作用，却能够直接提升大农户的技术效率，避免大农户陷入规模陷阱。

本 章 小 结

本章分析了中国农业政策演进方向，判断当前农业发展目标，为后续中国农户土地错配的理论框架奠定制度基础。并基于中国土地经济调查数据，运用随机前沿方法估计了超越对数生产函数，测算出江苏省农户内部土地错配程度，在此基础上进一步分析了土地流转情况、地块特征及农业支持政策对农户土地错配的影响，得到的结论如下。①当前农业政策以促进粮食适度规模经营作为目标，强调在保证粮食安全和促进农民增收的前提下实现组织形式由小农经营向适度规模经营转变。②江苏省农户内部土地配置整体呈现配置不足状态，且土地配置程度及其配置状态随土地投入规模而变化，随着土地规模的扩大，农户土地配置状态可能会由配置不足向配置过度状态转变，且土地错配程度也会由逐渐减弱向增强发展。③影响农户土地错配程度的因素情况如下：土地流转变量中，土地转出能够改善土地错配程度，而土地转入恶化了土地错配程度；地块特征变量中，土地租金的上升能够改善土地错配程度，土地细碎化能够恶化土地错配程度，土地产权稳定性能够改善土地错配程度；农业支持政策变量中，农机购置补贴能够改善土地错配程度，而种植业补贴能够恶化土地错配程度。

为提升农户土地配置的合理性，需采取以下措施：首先，促进多样化的适度规模经营方式，激励土地流转的创新模式，并鼓励那些转移就业的农户进行土地的长期流转。在推动规模经营的同时，应避免规模的无限制扩张，强调规模经营的适度性和合理性。其次，加强标准化农田的建设，保护农户的合法权益，并规范农户对耕地的使用，确保其成为法律认可的凭证，这包括农地市场交易和农地纠纷调解等，以促进土地市场价格体系的合理化。最后，实施精准的补贴政策，在分配补贴时考虑不同经营主体、不同规模的农户以及各类补贴项目，以提高补贴的针对性，从而最大程度地激发农户的生产热情。

参 考 文 献

白俊红, 刘宇英. 2018. 对外直接投资能否改善中国的资源错配[J]. 中国工业经济, (1): 60-78.

杜志雄, 胡凌啸. 2023. 党的十八大以来中国农业高质量发展的成就与解释[J]. 中国农村经济, (1): 2-17.

范丽霞, 李谷成. 2012. 全要素生产率及其在农业领域的研究进展[J]. 当代经济科学, 34(1): 109-119, 128.

盖庆恩, 程名望, 朱喜, 等. 2020. 土地流转能够影响农地资源配置效率吗?——来自农村固定观察点的证据[J]. 经济学(季刊), 20(5): 321-340.

盖庆恩, 朱喜, 程名望, 等. 2017. 土地资源配置不当与劳动生产率[J]. 经济研究, 52(5): 117-130.

高帆. 2018. 中国农村经济改革 40 年: 实施逻辑与发展趋向[J]. 求是学刊, 45(5): 11-21, 181.

季书涵, 朱英明, 张鑫. 2016. 产业集聚对资源错配的改善效果研究[J]. 中国工业经济, (6): 73-90.

晋洪涛. 2015. 政府"要粮"和农民"要钱"目标的兼容性: 基于粮食生产社会效率和私人效率的考察[J]. 经济经纬, 32(5): 25-30.

李俊高, 李俊松, 任华. 2019. 农业补贴对粮食安全与农民增收的影响: 基于马克思再生产理论的分析测度[J]. 经济与管理, 33(5): 20-26.

刘颖, 刘芳, 秦安琪. 2023. 水土资源约束下灌溉和机械投入对水稻生产效率的影响[J]. 华中农业大学学报(社会科学版), (3). 67-78.

戚渊, 朱道林, 程建, 等. 2023. 农地资本化困境: 粮食增产与农户增收[J]. 中国人口·资源与环境, 33(5): 201-212.

全世文. 2022. 论农业政策的演进逻辑: 兼论中国农业转型的关键问题与潜在风险[J]. 中国农村经济, (2): 15-35.

全世文, 于晓华. 2016. 中国农业政策体系及其国际竞争力[J]. 改革, (11): 130-138.

许庆, 尹荣梁, 章辉. 2011. 规模经济、规模报酬与农业适度规模经营: 基于我国粮食生产的实证研究[J]. 经济研究, 46(3): 59-71, 94.

钟甫宁. 2021. 从要素配置角度看中国农业经营制度的历史变迁[J]. 中国农村经济, (6): 2-14.

周应恒, 胡凌啸, 严斌剑. 2015. 农业经营主体和经营规模演化的国际经验分析[J]. 中国农村经济, (9): 80-95.

后　记

　　《协同推进新型城镇化与乡村振兴研究》是一个历经多年研究和思考的结晶，本书得以出版既是学术成果的呈现，也是对中国城乡融合这一复杂课题的深入探索。本书的写作过程充满挑战，让我深刻意识到城乡关系发展的复杂性及其对中国未来经济社会发展的重要性。回顾整个写作历程，我对中国城乡二元结构问题有了更加深刻的理解，也对如何通过协同推进新型城镇化和乡村振兴来促进城乡融合发展有了新的思考。

　　本书的写作始于近些年来我对中国城乡关系的重点关注。早在新型城镇化战略和乡村振兴战略提出之初，我就认识到这两大战略的协同推进将是解决中国城乡发展不平衡、加快实现共同富裕的关键。然而，在实际调研和研究过程中，我深切感受到城乡二元结构这一问题的根深蒂固以及各地在政策实施中的复杂性。正是这些现实问题促使我决定以"协同推进"为主题，全面探讨新型城镇化和乡村振兴如何从理论上构建协同发展的框架，并为政策设计提供切实可行的建议。

　　书中内容涵盖了城乡空间格局的演化、资源配置效率、制度创新与公共服务均等化等多个维度。在写作过程中，我力求将理论与实证相结合，通过多学科的交叉研究方法，揭示城乡融合发展的内在逻辑。尤其是在空间经济学和产业联动方面，通过运用数据模型、空间分析等手段，试图为读者展现城乡发展中的关键节点与痛点。我不仅对中国的城乡关系进行了系统回顾，还结合了国际上关于城乡融合的经验与教训，这让我对城乡融合发展的全球视野有了更全面的认识。

　　然而，书中的研究并非一帆风顺。在撰写过程中，我多次面临数据不足、案例选择不典型等问题。城乡融合这一主题广泛且复杂，涉及的因素众多，如资源、政策、人口流动、产业结构等，如何找到一个平衡点进行全面且深入的分析，成为写作中的一大挑战。为此，我多次进行实地调研，走访不同的城乡接合地区，聆听地方政府、农民、企业等多方意见，力求从理论的高度上保持对现实的观照。通过这样的调研，我积累了大量的第一手资料，并结合定量分析，力图为城乡协同发展提供具有操作性的建议。

　　在书稿形成过程中，编辑老师给予了我极大的帮助。编辑老师在结构布局、语言表达等方面给了我宝贵的建议，使得书稿的内容更加流畅清晰。在此，我要特别感谢每一位编辑老师，他们的专业精神和严谨态度使得本书得以顺利完成。此外，我还要感谢众多做了很多辅助性工作的科研团队师生，张晓恒、严斌剑、范毅、吴未、陈蓉蓉、潘军昌、周恩泽、薛虎、张培文、徐霞、陈思洁、陶宇霄、金珊珊、吴张鑫、黄雨琪、季雨辰、许恩博、王誉洁、石璐璐等，他们的辛勤付出为本书的实证研究部分提供了强有力的支持。特别要感谢周恩泽博士研究生，带领研究生团队辛勤付出，为本书的出版做了大量艰辛而富有成效的科学研究与组织协调工作，徐霞博士研究生也在后期的校对工作中倾注了热情与精力，在此一并谢过并铭记于心。

在研究的过程中，我也得到了周应恒、胡浩等许多学术前辈和同行的帮助与指导。感谢他们在书稿撰写过程中提供的意见和建议，特别是在城乡关系理论创新和制度分析方面，他们的见解让我对一些关键问题有了更深的理解。我要特别感谢那些为本书提出修改意见的专家和审稿人，他们的反馈使得本书的内容更加完善和严谨。

本书的完成，也离不开我的家人和朋友的支持。正是他们的鼓励与陪伴，帮助我度过了写作中的许多瓶颈期。学术研究和著作创作是一个孤独的过程，但在这一过程中，我始终感受到了家人给予我的力量和温暖。

对于本书的读者，我寄予了几个希望。首先，我希望读者能通过本书深入理解城乡融合发展这一复杂课题，尤其是以人为核心的新型城镇化和乡村振兴理念。我相信，在这一框架下，读者能够更好地理解如何通过政策设计、资源配置、制度创新来推动城乡融合发展。其次，我希望本书能够为政策制定者提供有价值的参考。书中的理论分析和实证研究，虽然只是冰山一角，但我相信，它们能够为中国未来城乡融合发展的政策设计提供一些启示。

城乡融合发展是一个长期而艰巨的任务，尽管本书试图为这一课题提供系统性的分析和解决方案，但我深知，书中的研究依然有许多不完善之处。城乡关系的复杂性决定了在实际操作中，政策效果往往不尽如人意。希望读者在阅读本书时，能够结合具体的实践背景，批判性地思考书中的观点，并提出更多有建设性的意见。

最后，我真诚地希望本书能够激发更多的学者和研究者投身于城乡融合发展这一领域。中国的城乡关系随着社会经济的快速发展正在发生深刻的变化，如何在这一过程中推动城乡共同繁荣，如何在全球化背景下找到适合中国国情的发展路径，是每一个关注中国未来的人都应该思考的问题。

再次感谢所有为本书付出努力的人，期待本书能够给读者带来有益的启发和思考。

耿献辉

2024 年 10 月